波斯和古代中亞

讀書劄記

余太山 著

圖書在版編目（CIP）數據

波斯和古代中亞：讀書劄記/余太山著．—北京：商務印書館，2023（2024.11重印）
ISBN 978-7-100-21616-6

Ⅰ.①波… Ⅱ.①余… Ⅲ.①波斯帝國－歷史－文集 ②中亞－古代史－文集 Ⅳ.①K124.4-53 ②K360.2-53

中國版本圖書館CIP數據核字（2022）第153900號

權利保留，侵權必究。

波斯和古代中亞
讀書劄記
余太山 著

商務印書館出版
（北京王府井大街36號 郵政編碼 100710）
商務印書館發行
三河市尚藝印裝有限公司印刷
ISBN 978-7-100-21616-6

2023年1月第1版　開本 880×1230　1/32
2024年11月第2次印刷　印張 9 1/8

定價：56.00元

目錄

緒說 ... 001

一　阿喀美尼德帝國居魯士二世與瑪薩革泰人 ... 003
二　阿喀美尼德帝國大流士一世與中亞塞種 ... 025
三　阿喀美尼德帝國君主與巴克特里亞督區總督 ... 046
四　帕提亞帝國創始人阿薩息斯的淵源 ... 070
五　帕提亞帝國與希臘—巴克特里亞王國 ... 092
六　帕提亞帝國與塞種 ... 107
七　薩珊帝國與貴霜 ... 125
八　薩珊帝國與嚈噠 ... 148
九　薩珊帝國對原嚈噠領土的統治方式 ... 218
十　薩珊帝國庫薩和一世與突厥 ... 227

附錄　迦膩色伽的年代補說 ... 240
徵引文獻 ... 249
索引 ... 273
後記 ... 286

緒説

突厥興起在中亞史上劃一時代，前此屬於古代。本書所謂波斯，指阿喀美尼德帝國（Achaemenid Empire）、帕提亞帝國和薩珊帝國。中亞則大致指今天"中亞五國"（哈薩克斯坦、吉爾吉斯斯坦、塔吉克斯坦、烏茲別克斯坦、土庫曼斯坦）和阿富汗所在地域。

這一時期，與塞種、貴霜、嚈噠的關係無疑是波斯與中亞關係之重點，本書擬從波斯的角度考察之，以往探索塞種、貴霜和嚈噠史的過程中已涉及諸問題詳者略之、略者詳之。波斯和中亞其他關係亦有所涉及。

"讀書劄記"者，斷簡零篇也。在昔淺薄，妄稱"研究"者，其實亦"劄記"耳。思之汗顔！

一 阿喀美尼德帝國居魯士二世與瑪薩革泰人

A

阿喀美尼德帝國的奠基人居魯士二世（Cyrus II，約前559—前530年在位）和瑪薩革泰人（Massagetae）鬥爭之始末見於希羅多德（Herodotus，約前484—前425）《歷史》（*History*）[1]，據載：

> 當居魯士把巴比倫人（Babylonians）這個民族也征服了之後，他就想把瑪薩革泰人也收歸自己的統治之下。而瑪薩革泰人據説是一個勇武善戰的强大民族，他們住在東邊日出的方面，住在阿拉克賽斯（Araxes）河對岸、和伊賽多涅斯人（Issedones）相對的地方。有一些人説他們是斯基泰（Scythia）的一個民族。(I, 201)
>
> 這時，瑪薩革泰人的統治者是一個在丈夫去世之後即位的女王托米麗司（Tomyris）。居魯士派遣使節到她那裏去，指示他們假裝表示代他向她求婚，就是説想娶她爲妻。但托米麗司

知道他所要的不是她本人,而是瑪薩革泰人的王國,於是便不許他們的任何人前來見她。居魯士看到他的詭計未能得逞,便把大軍開抵阿拉克賽斯河,公開地表示出進攻瑪薩革泰人的意圖。他著手在河上架橋,以便使他的軍隊開過去,並在渡河用的浮橋上修築舫樓。(I, 205)

但是,"正當居魯士這樣做的時候,托米麗司派了一名使者到他這裏來",使者對居魯士二世說:"如果你非常想與瑪薩革泰人兵戎相見的話,你現在就不要再費事去架橋了。請容許我們從阿拉克賽斯河向後退三日的路程,然後你再率領軍隊渡河到我們國裏來;否則,如果你願意在你的河岸那邊與我們作戰的話,那你們也請退同樣日程的道路吧。"多數居魯士的謀士都"贊同要托米麗司渡河過來,在波斯的土地上對她作戰"。(I, 206)唯獨呂底亞(Lydia)人克洛伊索斯(Croesus)持相反意見。(I, 207)

最後,居魯士二世接受了克洛伊索斯的建議,跨過阿拉克賽斯河與托米麗司決戰。初戰波斯人獲勝,設計俘獲瑪薩革泰軍隊統帥,亦即托米麗司之子 Spargapises。(I, 211) Spargapises 在被俘後自戕,托米麗司則立誓復讐,集合全部軍隊和居魯士交鋒(I, 212-213)。據希羅多德記載:

在一開頭的時候,他們雙方在對峙的情況之下相互射箭,很快地在他們的箭全都射完的時候,他們便相互猛衝上來用槍、劍之類的武器進行了殊死的廝殺。據說,他們便這樣地廝殺了很長的一個時候，哪一方面都不想退卻。結果是瑪薩革泰人取得了勝利。波斯的軍隊大部分都死在那裏，而居魯士本人也在統治了二十九年之後在這一場戰爭中戰死了。托米麗司用革囊盛滿了人血，然後便在波斯陣亡者的屍體中間尋找居魯士的屍體。她找了他的屍體，就把他的首級割下來放到她那只盛血的革囊裏去，而且在踩躪居魯士的屍體時，她說："我現在還活著，而且在戰鬥中打敗了你，可是由於你用奸計把我的兒子俘虜了去，則戰敗的勿寧說是我了。然而我仍然想實現我威嚇過你的話，把你的頭用血泡起來，讓你飲個痛快吧。"(I, 214)

就這樣，居魯士二世死於同瑪薩革泰人的戰爭中。

可以補充者有以下兩點：

1. 據希羅多德，居魯士二世視 Sacae 爲阻礙其實現宏圖的民族之一，擬親討之。(I, 153) 但全書並沒有關於居魯士二世征討 Sacae 的記載，卻記載了居魯士二世在征服巴比倫之後對瑪薩革泰人的征討。(I, 201-214) 既然希羅多德列舉的被居魯士二世視爲障礙的諸族中並不包括瑪薩革泰人，而"瑪薩革泰"一名又可以釋爲"大 Sacae 部落"[2]，不妨認爲居魯士二世打算親征的 Sacae 人便是瑪薩革泰人。

2. 據希羅多德，"波斯人是把所有斯基泰人都稱爲 Sacae 的"(VII, 64)，既然"Sacae"一名最初被用來指稱瑪薩革泰人，希羅多德這句話似可理解爲：波斯人後來將 Sacae 這一專稱用來泛指所有斯基泰人。蓋據希羅多德，"瑪薩革泰人穿著和斯基泰人相同的衣服，又有著同樣的生活方式"（I, 215）。而且確實"有一些人說他們是斯基泰人的一個民族"（I, 201）。所謂"同樣的生活方式"，乃指遊牧。

B

就希羅多德所述居魯士二世和瑪薩革泰人的這場戰爭本身，似可作以下分析：

1. 托米麗司所提出雙方決一死戰的設想：要麼瑪薩革泰人後退三日行程，放波斯人過河；要麼波斯人後退三日行程，讓瑪薩革泰人過河。希羅多德就此語焉不詳，其原因無從確知。若允許推測，很可能是這位瑪薩革泰女王擔心一旦波斯人在阿拉克賽斯河上架橋成功（加上船隻），波斯大軍及其輜重可源源不斷運往河北，形勢將不利於瑪薩革泰人，不如立啓戰端，一決雌雄。

2. 居魯士二世最初考慮讓托米麗司渡阿拉克賽斯河南下，在波斯土地上決戰。很可能他認爲這樣做，既可以避免背水作戰的弊端，又可以獲得本土的人力和物力支援，勝利把握較大。

3. 居魯士二世最終接受了克洛伊索斯的建議，渡過阿拉克賽斯河與瑪薩革泰人決戰。克洛伊索斯對居魯士二世是這樣說的：

　　一旦你同意你的敵人進入你的國土，你想想要冒著多大的危險啊！一旦兵敗，你就會失去整個帝國了。可以肯定的是，如果瑪薩革泰人獲得勝利，他們是不會撤兵回國的，而是要向你的帝國的各個行省進軍。如果是你贏得了勝利，那麼，你的戰果就遠遠小於你渡河作戰獲勝的戰果，因爲渡河之後，你可以乘勝追擊。同樣，如果他們在你自己的領土上把你擊敗了，他們也會因爲你的損失而取得赫赫戰果的。如果你能在河對岸把托米麗司的軍隊擊潰，那你立刻就可以推進到她的帝國的心臟地帶了。(I, 207)

顯然，居魯士二世終於決定北渡阿拉克賽斯河和瑪薩革泰人決戰，也許不是因爲擔心在自己的國土上被擊敗而造成多大的損失，而是覺得自己所向無敵，區區瑪薩革泰人不堪一擊。這正如希羅多德所說：

他（居魯士二世）在先前戰爭中好運不斷，在那些戰爭中，他總是會發現，無論他興師出征哪個地方，那裏的人民就一定淪爲他的臣民。(I, 204)

何況，渡河作戰一旦成功，可以乘勝追擊，一舉平定河北之地，爲王朝開闢一片新的疆土。

4. 至於戰無不勝的居魯士二世最終兵敗身死阿拉克賽斯河北，亦非偶然。一則，瑪薩革泰全族上下同讐敵愾，誓與入侵者作殊死鬥；女王之子中計身死，則成了催化劑。二則，居魯士二世犯了背水作戰之忌，失去了迴旋餘地，又不能及時得到本土的救援。

5. 事實上，瑪薩革泰人並沒有如克洛伊索斯所言在獲勝後進軍波斯本土。這似乎表明托米麗司並無侵吞阿喀美尼德帝國領土的野心，儘管如希羅多德所言，瑪薩革泰人是一個"勇武善戰的強大民族"。托米麗司使者所言"請滿足於和平地治理你自己的王國并容忍我們治理我們所統治的人們吧"（I, 206），並非虛言。

6. 據希羅多德，克洛伊索斯原係呂底亞國王，居魯士二世進犯呂底亞。呂底亞國破，克洛伊索斯被俘，居魯士二世免他一死。[3] 克洛伊索斯從此追隨居魯士二世，獻計獻策。（I, 75-91）在居魯士二世計劃進攻瑪薩革泰人時，他力排衆議，別有用心亦未可知。

7. 居魯士二世死後，其子岡比西斯二世（Cambyses II，前530—前522年在位）繼位。據希羅多德，岡比西斯二世曾責備克洛伊索斯説："在瑪薩革泰人願意渡河到我們國土來的時候，你卻囑告他（居魯士）渡過阿拉克賽斯河去攻打他們。因此，你由於錯誤地治理你的國家而招來了滅亡，又由於錯誤地説服了居魯士而毀了居魯士。"（III, 36）岡比西斯二世似乎也覺得克洛伊索斯居心叵測。

8. 已知岡比西斯二世作為阿喀美尼德帝國君主的主要業績是征服埃及，時間在前525年。但是，很可能在此之前，岡比西斯二世有過征討瑪薩革泰人之舉，只是史失記載。揆情度理，居魯士二世敗死之後，瑪薩革泰勢力囂張，若阿喀美尼德帝國在其東北邊境無所作為，岡比西斯二世不可能放心西征。也就是説，他即位之後，首要的任務就是征服瑪薩革泰人。[4] 岡比西斯二世和瑪薩革泰人的戰爭很可能以阿喀美尼德帝國的勝利告終。證據有二：

　　a. 今設拉子（Shiraz）東北 90 公里，曾是阿喀美尼德帝國第一個首都 Pasargadae 所在（Mašhad-e Morḡāb），該處有居魯士二世墓葬。[5] 而據希羅多德，瑪薩革泰女王為報殺子之讎，覓得居魯士二世屍體而蹂躪之。而科特西亞（Ctesias，前五世紀）《波斯史》（Persica）記岡比西斯二世："他登基時，命宦官 Bagapates 扶其父靈柩安葬，並按其父遺命處理一切。"[F 13. Photius, 37a 26-40a 5 (§9-33)][6] 換言之，岡比西斯二世得以取回其父遺體而安葬之，其前提極可能是瑪薩革泰人臣服阿喀美尼德帝國。[7]

　　b. 一般認為大流士一世（Darius I，前 522—前 486 年在位）的貝希斯登（Behistun）銘文（DBi, 16-17）鐫刻於其即位之初，銘文中 Sakā（Sacae）被列為臣服阿喀美尼德帝國的地區之一。如前述，波斯人把所有斯基泰人都稱為 Sacae，而瑪薩革泰人也被認為是斯基泰的一個部族。換言之，大流士一世即位之初瑪薩革泰人是臣服阿喀美尼德帝國的。而在即位最初幾年，大流士一世忙於鎮壓內亂，鞏固政權，顯然無暇征討瑪薩革泰人。Sakā 即瑪薩革泰人臣服阿喀美尼德帝國似應歸功於岡比西斯二世。

C

　　為落實希羅多德所載居魯士二世所攻擊的瑪薩革泰人居地的位置，歷來討論多聚焦於阿拉克賽斯河的地望。希羅多德有關這條河的記述（I, 201, 202, 205, 206, 210, 211, 216; III, 36; IV, 11, 40）中直接涉及其地望者可臚列如下：

> 1. 這個阿拉克賽斯河，有人說它比 Ister 河[8] 大，有人說它比伊斯特河小，在這個河上面有許多據說和 Lesbos 島[9] 同樣大的島。……阿拉克賽斯河和被居魯士洩到三百六十條壕溝裏面去的 Gynders 河[10] 一樣，也是發源於 Matieni 人[11] 所居住的土地的，它有四十個河口，在這四十個河口中間，除去一個河口之外，都流入沼澤地帶。……這條河所剩下的另一個河口則是以清清楚楚通行無阻的一個河道流入裏海的。裏海是與其他的海不相通的、獨立的海。（I, 202）[12]
>
> 2. 居住在亞細亞的遊牧的斯基泰人由於在戰爭中戰敗而在瑪薩革泰人的壓力之下，越過了阿拉克賽斯河，逃到了奇姆美利亞人（Cimmerians）[13] 的國土中去。（IV, 11）
>
> 3. 上面所談的是亞細亞的波斯以西的土地。至於在波斯人、米底（Media）人、Saspires[14] 和 Colchians[15] 上方以東和日出方面，則它的界線一方面是紅海，北方則是裏海和向著日出方向流的阿拉克塞斯河。亞細亞直到印度地方都是有人居住的土地，但是從那裏再向東則是一片沙漠，誰也說不清那裏是怎樣的一塊地方了。（IV, 40）

此外，就是前引作爲阿喀美尼德帝國和瑪薩革泰領土界河的阿拉克賽斯河了（I, 205）。

一般認爲，希羅多德將不同來源的信息混爲一談了。[16]或者説，他將若干不同的河流都稱爲阿拉克賽斯河了。[17]具體而言，上述第三條（IV, 11）中出現的阿拉克賽斯河應指伏爾加河[18]，第一條（I, 202）和第四條（IV, 40）中出現的阿拉克賽斯河應指今流入裏海的 Aras 河。[19]這兩點學界似無異議。

至於作爲瑪薩革泰人和阿喀美尼德帝國界河的阿拉克賽斯河（I, 205），多數學者認爲可能指今天的阿姆河或錫爾河[20]；而究竟指阿姆河還是錫爾河，則存在不同意見[21]。今案：錫爾河説較勝，蓋希羅多德對阿姆河似有專稱：

> 在亞細亞，有一個四面給山環繞起來的平原，在這些山當中有五個峽谷。這個平原以前是屬於花剌子模人（Chorasmians）[22]的，它位於和花剌子模人本身、赫卡尼亞人（Hyrcanians）[23]、帕提亞人（Parthians）[24]、Sarangians（即德蘭葵亞那人，Drangians）[25]、塔瑪奈歐伊人（Thamanaeans）[26]的土地交界的地方。……從這周邊的諸山，有一條稱爲 Aces 的大河流出來。這條大河分成五個支流，在先前它們分別穿過五道峽谷而灌溉了上面所説的那些民族的土地。（III, 117）

質言之，此處所見 Aces 河極可能指阿姆河。[27]儘管所説 Aces 河時所涉及部族的居地，僅花剌子模人居地位於阿姆河流域，其餘赫卡尼亞等人之居地均在阿姆河之南，視作阿姆河流域稍嫌牽強，但這些地區與錫爾河完全無關則可肯定。倘若希羅多德稱阿姆河爲 Aces 河，則作爲阿喀美尼德帝國和瑪薩革泰人界河的阿拉克賽斯河更可能是錫爾河。

另，亞里士多德（Aristotle，前 384—前 322）《氣象學》（Meteorologica, I, xiii）一書[28]中也提到一條名爲阿拉克賽斯的河流：

> 最大的河流發源於最高的山脈。……亞洲的河流最多，而其中最大的河流是從所謂的 Parnassus（興都庫什山）群山發源的，它被公認爲是朝向冬天黎明（東南方）的一切山中最大的。當你越過它時，就看到了外面的洋，它的限界不爲我們這裏的人所知曉。除其他河外，從這座山中還流出了 Bactrus 河（阿姆河）、Choaspes 河（可能是喀布爾河）、阿拉克賽斯河（錫爾河）；從後一條河中，分出了 Tanais 河（頓河），並流入 Maeotis 湖（亞速海）。從它之中，也流出了印度河，其流量是一切河流中最大的。……

一說此處阿拉克賽斯河指今錫爾河無疑，而其中 Parnassus 是阿卡德語 Paruparaessana 的希臘語形式，指今興都庫什山脈，Bactrus 河則指今阿姆河。[29]

今案：其說若不誤，則今錫爾河確曾被稱爲阿拉克賽斯河。這固然不能由此推斷居魯士二世時期阿喀美尼德帝國和瑪薩革泰人的界河是錫爾河，但可視作這條界河正是今錫爾河的佐證。

要之，由於受視野局限，希羅多德所提供的有關阿拉克賽斯河地望的記載含混不清，很難據以確證瑪薩革泰人居地的位置。

換言之，確認瑪薩革泰人居地的位置只能另闢蹊徑。

D

瑪薩革泰人遊牧於阿拉克賽斯河北，是前七世紀末歐亞草原一次民族大遷徙的結果。記載這次大遷徙的正是希羅多德《歷史》。希羅多德利用不同來源的資料記述了這次遷徙。他在一處說：

> 居住在亞細亞的遊牧的斯基泰人由於在戰爭中戰敗而在瑪薩革泰人的壓力之下，越過了阿拉克賽斯河，逃到了奇姆美利亞人的國土中去，因為斯基泰人現在居住的地方一向是奇姆美利亞人的土地。(IV, 11)

他在另一處說：

> 伊賽多涅斯人被 Arimaspi 趕出了自己的國土，斯基泰人又被伊賽多涅斯人所驅逐，而居住在南海（這裏指黑海——譯者）之濱的奇姆美利亞人又因斯基泰人的逼侵而離開了自己的國土。(IV, 13)

因此，實際上可能是伊賽多涅斯人戰勝了瑪薩革泰人，後者又戰勝了斯基泰人，迫使斯基泰人侵入了奇姆美利亞人的居地。斯基泰人所受壓力直接來自瑪薩革泰人，間接來自伊賽多涅斯人。[30]

據希羅多德，在 Caspia 海（今裏海）的"東面日出的地方則是一片一望無際的平原，這一廣闊的平原的大部分屬於居魯士現在很想征討的瑪薩革泰人"（I, 204）。可知當時被伊賽多涅斯人逐出故地後，迫使"亞細亞的遊牧的斯基泰人"西遷的瑪薩革泰人之居地必定位於錫爾河北岸的大草原上，蓋裏海以東、阿姆河以北並不存在"一片一望無際的平原"。

又據希羅多德，瑪薩革泰人居地"在阿拉克賽斯河對岸、與伊賽多涅斯人相對的地方"（I, 201）。瑪薩革泰人居住在阿拉克賽斯河北正是被伊賽多涅斯人驅逐的結果，而伊賽多涅斯人的居地正是瑪薩革泰人的故地。如果此處阿拉克賽斯河指錫爾河，則伊賽多涅斯人的居地可指為伊犁河、楚河流域。反之，如果此處阿拉克賽斯河指阿姆河，則伊賽多涅斯人的居地無從落實。[31]質言之，瑪薩革泰人居住在錫爾河以北，其勢力範圍向西直抵裏海，向東則止於伊犁河、楚河流域。

如果這裏的阿拉克賽斯河指錫爾河，那麼伊賽多涅斯人的居地可指為伊犁河、楚河流域。

伊犁河、楚河流域在《漢書·西域傳》[32]中被稱為"塞地"，意即 Sacae 人之居地。該處之所以得名"塞地"，因為它曾經是瑪薩革泰人的居地，蓋瑪薩革泰人被波斯人稱為 Sacae。而將瑪薩革泰人逐出伊犁河、楚河流域的伊賽多涅斯人，後來繼續西進，將瑪薩革泰人逐出錫爾河北岸，佔有該處，因而也被波斯人稱為"Sacae"，以至伊犁河、楚河流域保留了"塞地"這一稱呼。當然，也可能組成伊賽多涅斯聯盟的部落之一名爲 Sacarauli [33] 是伊犁河、楚河流域在瑪薩革泰人被逐走後繼續被稱爲"塞地"的原因。伊賽多涅斯人居地的位置既定，居魯士二世時期阿喀美尼德帝國和瑪薩革泰人居地之界河只能是錫爾河。

要之，從希羅多德所載瑪薩革泰人和其他部族的相對位置，可以推得居魯士二世所進攻的瑪薩革泰人居地無疑在錫爾河北岸。

斯特拉波（Strabo，前64/63—約公元24）《地理志》（*Geography*）[34] 詳細記述了阿喀美尼德帝國居魯士二世遠征"Sacae"的情況。（XI, 8.5）他所説 Sacae 應即希羅多德所載瑪薩革泰人，因而他總結説："瑪薩革泰人在對居魯士的戰爭中展示了他們的英勇。"（XI, 8.6）

必須指出，斯特拉波還記載瑪薩革泰人"有的居住在山裏，有的居住在平原，有的居住在河水形成的沼澤，有的居住在沼澤中的島嶼。據説，該地區幾乎完全被阿拉克賽斯河佈滿，該河分出無數支流，其中祇有一條注入赫卡尼亞灣，其餘均注入北海"（XI, 8.6）。所言含糊，其人究竟居住在錫爾河（阿拉克賽斯河）的哪一側不得而知，恐怕已和後來的記錄相混淆了。他接下來又引 Eratosthenes 説："瑪薩革泰位於巴克特里亞附近，沿 Oxus 河而西。"（XI, 8）則顯然是在説被伊賽多涅斯人逐出錫爾河北岸的部分瑪薩革泰人的情況了。[35]

E

　　如果分析居魯士二世時期阿喀美尼德帝國東北邊境的形勢，則能進一步確定居魯士二世跨越的阿拉克賽斯河即今錫爾河。

　　1. 一般認爲，阿喀美尼德帝國在前546—前539年間征服包括索格底亞那在内的阿姆河以北中亞地區。[36]

　　居魯士二世在前546年征服吕底亞[37]，而在前539年征服巴比倫（Babylonia）。蓋據Berossus（前三世紀初）的《拜占庭史》（*Babyloniaca*, III, 5.1），居魯士二世在統治巴比倫九年（前539—前530）後去世。[38]

　　而希羅多德在記述居魯士二世的征略時說："原來，他近旁有巴比倫阻礙著他，巴克特里亞人、Sacae人和埃及人對他來說也是這樣。因此他打算親自去征討這些民族，而把征服伊奧尼亞（Ionia）人的事情委託給他的一個將軍去做了。"（I, 153）又說：

> 正當Harpagus[39]這樣地蹂躪著下亞細亞（Lower Asia）[40]的時候，居魯士本人在上亞細亞（Upper Asia）把一切民族也都一個不留地給征服了。關於這些征服，大部分我將要略過去，只談曾使居魯士遇到最大困難和最值得一述的那次征服。（I, 177）

　　既然居魯士二世死於征服巴比倫之後，並未進兵埃及，希羅多德這兩段話合起來就可以理解爲居魯士二世在征服巴比倫前後征服了上亞細亞各地。不管怎樣,當居魯士二世試圖征討瑪薩革泰人(Sacae)時,包括索格底亞那在內的阿姆河北岸已被征服。[41]

不僅如此,關於居魯士二世征服巴克特里亞,在科特西亞的《波斯史》(F. 9 §2)中有明確記載:

> 居魯士對巴克特里亞人發動了戰爭。雙方勢均力敵。但是,當巴克特里亞人得知 Astyïgas 成了居魯士的父親,Amytis 成了居魯士的母親和妻子時,他們心甘情願地向 Amytis 和居魯士投降。(BOOKS 7-11, F. 9 §2)

儘管這段話頗為費解[42],但居魯士二世征服巴克特里亞是確鑿無疑的。

此外,大流士一世的貝希斯登銘文(DBi. 16)記載當時在阿喀美尼德帝國治下的各地區中包括索格底亞那(Sogdiana)。該銘文鐫刻於大流士一世即位之初,因此,銘文所載包括索格底亞那(Suguda)在內的各屬土,應是居魯士二世征服的。[43]

今案:既然居魯士二世去世前業已征服索格底亞那,居魯士二世進攻瑪薩革泰人必定以索格底亞那為基地。這和後來阿里安(Arrian,約86—160)《亞歷山大遠征記》(*Anabasis*, IV, 2-4)[44]所載亞歷山大跨越 Tanais 河(今錫爾河)進攻 Sakā 人的形勢完全一致。不用說,這表明作為阿喀美尼德帝國和瑪薩革泰人界河之阿拉克賽斯河只能是今錫爾河。

2. 居魯士二世所建 Cyropolis 城則是另一條重要證據。此城見載於阿里安的《亞歷山大遠征記》（IV, 2）和昆圖斯・庫爾提烏斯（Quintus Curtius，公元一世紀）的《亞歷山大大帝史》（*Histories of Alexander the Great*, VII, 6.16, 19-20）[45]。

一般認爲，居魯士二世建立的 Cyropolis 城位於今塔吉克斯坦俱戰提（Khojand）西南的 Ura-Tyube 或 Jizak。[46] 不管怎樣，該城應在錫爾河南岸的索格底亞那，也就是阿里安所載亞歷山大建築遠東亞歷山大城處。(IV, 4) 居魯士二世築 Cyropolis 城的確切時間雖然無法考定，但無疑在征服巴克特里亞和索格底亞那之後、渡阿拉克賽斯河向瑪薩革泰人進軍之前。這充分表明，希羅多德所載居魯士二世最後一戰是在錫爾河北岸，而不是在阿姆河北岸。

以上兩點清楚地告訴我們，居魯士二世和後來的亞歷山大一樣，都是從索格底亞那跨越錫爾河進軍的。居魯士二世出征瑪薩革泰人而陣亡，説明直至居魯士二世末年阿喀美尼德帝國的領土未能越過錫爾河。

F

關於居魯士二世之死，除希羅多德所載，主要還有以下幾種不同説法：

1. 據科特西亞的《波斯史》(F. 9 §7-8)，居魯士二世死於他征討迪比斯人（Derbices）[47] 時。迪比斯王 Amoraeus 得印度人及其戰象支援。戰時，Amoraeus 埋伏的大象突然衝出，居魯士二世的騎兵受驚逃跑，居魯士二世本人亦自馬上摔下，被一印度人刺傷，雖被救回，但因傷重不治去世。[48] 臨終前指定其長子岡比西斯爲王位繼承人。此外，他還"任命 Spitamas 之子 Spitaces 爲迪比斯人的總督"[49]。似乎迪比斯人終被波斯人征服，居地被併入阿喀美尼德帝國。但是一般認爲，迪比斯人居地在赫卡尼亞，因而有人認爲這場戰爭發生於錫爾河源頭東北。[50]

一說科特西亞其實是將 Derbices 與拜占庭的斯特法努斯（Stephanus Byzantinus，公元六世紀）的《地名詞典》提到的 Dyrbaier（Ethnica, D 142, T 107）[51] 混爲一談了。後者居地在索格底亞那東部。[52] 今案，如果從居魯士二世之敗於印度人及其戰象的角度來看，似乎居魯士二世所征討的"迪比斯人"居地靠近印度，因而此說較爲合理。不僅如此，此說可與希羅多德關於居魯士二世死於征討瑪薩革泰人之戰的記載相銜接。換言之，很可能居魯士二世不僅並未死於征討 Dyrbaier 人之戰，而且最終征服了 Dyrbaier（否則就談不上任命該處總督之事）；而由於包括 Dyrbaier 在內的索格底亞那被征服，阿喀美尼德帝國有了跨越錫爾河進攻瑪薩革泰人的據點。

2. 據色諾芬（Xenophon，約前 440—前 355）的《居魯士的教育》[53]（*Cyropaedia*, VIII, 7），居魯士二世是在其都城壽終正寢的。

3. Berossus 的《拜占庭史》[54] 則稱：

> 居魯士統治巴比倫九年（前 539—前 530）後，死於 Daas 人平原的一場戰爭。（III, 5.1）

一般將 Daas 與 Dahae 勘同，但並無確據。[55] 即使 Daas 是 Dahae [56]，其時"Daas 人平原"未必爲 Dahae 人居住。也許曾爲 Dahae 人居住的平原在居魯士二世時代已是瑪薩革泰人的居地。既然 Dahae 也被視爲斯基泰之一種，Berossus 的記載和希羅多德所述說是同一事件也未可知。

希羅多德稱："關於居魯士的死的傳說的確是有很多的，但我只敘述了上面的一種（案即前引死於與瑪薩革泰人之戰），因爲我認爲這個說法是最可信的。"（I, 214）茲按照希羅多德的選擇作以上考述。

■ 注釋

[1] Grene 1987，漢譯採自 WangYzh 1985，略有改動。

[2] Tarn 1951, pp. 80-81; Minns 1913, pp. 111-112.

[3] 一般認爲，時在前 546 年。

[4] 參見 Gershevitch 1985, p. 214。

[5] 關於居魯士二世的墓葬，斯特拉波《地理志》（XV, 3.7）、阿里安《亞歷山大遠征記》（VI, 29）均有明確的記載。參見 Gershevitch 1985, pp. 838-841, 849。

[6] Llewellyn-Jones 2010, p. 177.

[7] 大流士一世貝希斯登銘文中提到的 Sakā 是伊賽多涅斯人。也就是説：在大流士一世即位之前、居魯士二世去世之後的某時，伊賽多涅斯人自伊犁

河、楚河流域繼續西進，佔有錫爾河北岸瑪薩革泰人的居地。也許爲了鞏固對瑪薩革泰人的勝利，伊賽多涅斯人曾向阿咯美尼德王朝表示臣服，直至岡比西斯二世去世，纔乘亂揭起叛旗，從此被波斯人稱爲 Sakā。見 YuTsh 1992, pp. 1-23。當然，客觀上還存在另一種可能性：大流士一世貝希斯登銘文中提到的臣服阿咯美尼德帝國的 Sakā 是被岡比西斯二世征服的瑪薩革泰人，只有被大流士一世征服的 Sakā 纔是將瑪薩革泰人逐出錫爾河北岸的伊賽多涅斯人。

[8] Ister 河，即多瑙河。

[9] Lesbos 島，位於愛琴海東北。

[10] Gynders 河，可能指今伊朗卡爾黑（Karkheh）河。

[11] Matieni 人，居地在伊朗西北部。有關情況，可參看 Gershevitch 1985。

[12] 一般認爲這一節（I, 202）所述流入裏海的阿拉克賽斯河似乎是今 Aras 河。而以下各節所述作爲阿咯美尼德王朝和瑪薩革泰人界河的阿拉克塞斯河若非阿姆河便是錫爾河。如 Godley 1920, p. 255。

[13] 奇姆美利亞人，一個遊牧的印歐部族，約前八至前七世紀居住在高加索和黑海以北，被斯基泰人逐出德涅斯特河和頓河之間的故地西遷。有關情況可參看 Liverani 2014。

[14] Saspires，起源不明，可能是一個斯基泰人的部落。有關情況可參看 Laird 1921。

[15] Colchians，居地在黑海東南岸。有關情況可參看 Braund 2007、Nieling 2010。

[16] 如 How 1912, p. 152。

[17] 如 Wheeler 1854, p. 192, 認爲 Araxes 乃一泛稱，意指"激流"（rapid）。

[18] 如 How 1912, p. 152 等。

[19] 如 Rawlinson 1862, p. 275, no. 8; How 1912, p. 152; Godley 1920, p. 255 等。

[20] 如 Rawlinson 1862, p. 275, no. 8; Godley 1920; p. 255。

[21] 指爲錫爾河者，如 How 1912, p. 152; Gershevitch 1985, p. 213 等。指爲阿姆河者，如 Harmatta 1979; Verbrugghe 2001, p. 61, no. 47; Beckman 2018 等。又，Asheri 2007, pp. 212-213，可能拘泥於後來阿里安關於亞歷山大東征時的記載，以爲居魯士二世時代瑪薩革泰人居地在索格底亞那，亦即在錫爾河與阿姆河之間，亦即指阿拉克賽斯河爲阿姆河。今案：其説非是。

[22] 花剌子模，阿姆河下游的綠洲，靠近鹹海。

[23] 赫卡尼亞，位於裏海東南。

[24] 帕提亞，位於今伊朗東北部。

[25] 德蘭葵亞那，位於今錫斯坦的赫爾曼德（Helmand）河流域。

[26] 塔瑪奈歐伊人居地位置不詳。據希羅多德（III, 93），它與 Sarangians 等地共爲阿喀美尼德王朝第十四督區。

[27] Wheeler 1854, p. 192，贊同希羅多德的 Aces 河（III, 117）爲阿姆河説。

[28] Lee 1952. 漢譯見 MiaoLt 2106。

[29] 詳見 Bosworth 1993。

[30] 關於公元前七世紀末的這次遷徙，詳見 YuTsh 1992, pp. 1-23。

[31] 一説自最東端的斯基泰人居地往東，首先遇到的是 Argippaei 人，斯基泰人的地區是一片平原，而 Argippaei 人則居住在崎嶇不平的山地，應即哈薩克丘陵地帶，可見與阿拉克賽斯河北岸的瑪薩革泰人毗鄰的伊賽多涅斯人衹可能居住在伊犁河、楚河流域。見 MaY 1990。

[32] 所引《漢書》見 BanG 1975, pp. 3871-3932；下同。

[33] Sacarauli 是滅亡希臘—巴克特里亞王國的四個 Sacae 部落之一，見斯特

拉波《地理志》(XI, 8)。今案：四者組成部落聯盟，這一聯盟正是希羅多德所載伊賽多涅斯人。説見 YuTsh 1992, pp. 1-23。

[34] Jones 1916.

[35] 同理，據阿里安《亞歷山大遠征記》(IV, 16-17)，亞歷山大在中亞遇見的瑪薩革泰人也已經失去了錫爾河北岸的居地。當時這些瑪薩革泰人"極端貧困，既没有城鎮，又没有定居之處，所以他們對於家園毫無顧慮。因此，祇要有人勸，很容易就能把他們拉去打仗，不管打什麽仗都行"云云。

[36] Nourzhanov 2013, p. 12.

[37] Bury 1900, p. 82.

[38] Müller 1848, p. 505; Burstein 1978, p. 29; Dandamayev 1989, p. 67; Verbrugghe 2001, p. 61.

[39] 據希羅多德《歷史》，Harpagus，米底將軍，因在 Pasargadae 之戰中變節，使居魯士（二世）得以推翻米底人的統治而登上王位(I, 123, 127, 129)。嗣後，他追隨居魯士，屢建戰功，包括征服小亞細亞 (I, 164-177)。

[40] 下亞細亞，一般指部分小亞地區，大致以 Kızılırmak/Halys 河爲界。

[41] Gershevitch 1985, pp. 397-398.

[42] Garvin 2002, pp. 52-53.

[43] Gershevitch 1985, pp. 397-398.

[44] Brunt 1983.

[45] Rolfe 1956.

[46] Gershevitch 1985, p. 399, 則認爲更向北靠近錫爾河的今 Kurkath 遺址説

似乎更令人信服。另説即今 Istaravshan，見 Baumer 2012, p. 279。

[47] 迪比斯人，一般認爲其居地在赫卡尼亞。有關討論不少，可參看 Garvin 2002, pp. 97-99; Brunner 2012 等。

[48] Thirlwall 2010, p. 174.

[49] Llewellyn-Jones 2010, pp. 159-176, esp. 173-174.

[50] Thirlwall 2010, pp. 173-174.

[51] Billerbeck 2011, p. 77; Billerbeck 2016, p. 301.

[52] Jacobs 2016.

[53] Miller 1914.

[54] Müller 1848, p. 505; Burstein 1978, p. 29; Dandamayev 1989, p. 67; Verbrugghe 2001, p. 61.

[55] Dandamayev 1989, p. 67.

[56] 關於 Dahae，參見 Blois 2011。

二　阿喀美尼德帝國大流士一世與中亞塞種

中亞的遊牧部族 Sakā（Sacae）和阿喀美尼德帝國之關係有若干值得探討的問題。所謂 Sakā，乃波斯人對不同時期出現在其北方的遊牧部族的泛稱[1]，主要因爲他們的生活和生產方式大致相同。本文主要考述大流士一世和中亞 Sakā 人的關係，也涉及一些其他問題。

A

阿喀美尼德帝國大流士一世曾出兵討伐 Sakā 人，其經過主要見載於大流士一世的貝希斯登銘文（DB, 5.74）[2]：

王大流士説：後來，我率領一支軍隊出征 Sakā，討伐戴尖頂帽的 Sakā 人。這些 Sakā 人背叛了我。當我到達海邊之後，我率領全軍渡海到達彼岸。我大敗 Sakā 人。我擒獲其一名首領，他被縛送我處，我處決了他。他們擒獲其另一名首領斯昆哈（Skunkha）並縛送到我處。隨後，在那裏按我的旨意，任命了另一個人做首領。這個地區立即又成了我的。

一般認爲，這段銘文所反映的史實應指大流士一世對中亞 Sakā 人的征討，而不是大流士一世對歐洲斯基泰人的征討。蓋據希羅多德的《歷史》[3]（IV, 83-144），大流士一世曾有進攻歐洲斯基泰人之舉。而對於波斯人來說，這不能算是一次成功的征討。由於斯基泰人大踏步後退，避免和波斯大軍正面交鋒，同時堅壁清野，大流士一世興師動衆，並無虜獲，最後幾乎是逃離歐洲的。銘文所載卻是一次成功的征伐。兩者大異其趣。[4]

但這樣理解並不是完全沒有問題的。這主要是大流士一世在攻擊 Sakā 人之前渡過的"海"究竟是哪個海。質言之，只有排除大流士一世渡海乃指跨越博斯普魯斯的可能性，纔能完全排除這次進軍是攻擊歐洲斯基泰的可能性。困難在於貝希斯登銘文的第五欄多處漫漶不清，難以從中找到直接的證據。有幸的是歷經多位學者的努力，真相似乎正在逐步呈現。[5]

以下所錄是各種釋讀（readings）中我偏愛的一則（下文稱"另釋"）：

王大流士說：後來，我率領一支軍隊攻打 Sakā 人的領土，而戴尖頂帽的 Sakā 人進犯我。我來到海（draya）邊，帶著所有的裝備跨越了 Araxšā 河。我殺戮 Sakā 軍。另一支軍隊被俘虜，捆綁至我處。Sakā人首領斯昆哈（Skuxa）被捕後帶到我處。在那裏，我按照自己的意願任命了另一個首領。(DB, 5.21-29)

銘文關鍵的漫漶處可以有種種釋讀，之所以認可這則釋讀，主要是因爲考慮到它與希羅多德《歷史》關於居魯士二世進攻瑪薩革泰人的記載暗合。質言之，如果這則釋讀可以接受，則銘文所載被大流士一世征伐的"戴尖頂帽的Sakā人"極可能是中亞的Sakā人。[6]大流士一世跨越的Araxšā河應該就是希羅多德所載居魯士二世跨越的阿拉克賽斯河，亦即今錫爾河。[7]至於大流士一世跨越的"海"很可能指該河開闊的河面。[8]

另外，一般認爲大流士一世遠征歐洲斯基泰人在前513年[9]，而據較可信的研究，可知大流士一世征討中亞的Sakā人在他即位的第二年和第三年（前520年和前519年）。[10]

大流士一世先後打垮了兩支Sakā人的軍隊，一支如銘文所述，乃戴尖頂帽的Sakā人，另一支有可能是飲haoma汁的Sakā人。Skuxa（= Skunkha）則可能是全部Sakā人的首領。

B

據同一篇大流士一世的貝希斯登銘文（DB, 6.1.12-17），大流士聲稱阿喀美尼德帝國治下包括"Sakā"在内共23個督區：

王大流士說：賴阿胡拉瑪茲達（Ahuramazda）之佑，下列諸督區——波斯、埃蘭（Elam）、巴比倫、亞述、阿拉伯、埃及、沿海諸地、薩迪斯（Sardis）、伊奧尼亞、米底、亞美尼亞（Armenia）、卡帕多西亞（Cappadocia）、帕提亞、德蘭葵亞那、阿瑞亞（Aria）、花剌子模、巴克特里亞（Bactria）、索格底亞那、犍陀羅（Gandara）、Sakā、撒塔巨提亞（Sattagydia）、阿拉霍西亞（Arachosia）、馬卡（Maka），總共23個督區歸屬於我。

一般認爲，貝希斯登銘文第一欄鐫刻時間早於第五欄。第一欄可能鐫刻於大流士一世即位第一年，第五欄鐫刻於其即位第二和第三年。果然，第五欄所見Sakā與第一欄所見Sakā是什麼關係？究竟是兩處不同的Sakā，還是同一處Sakā歸而復叛？

　　今案：據希羅多德《歷史》，居魯士二世死於征討錫爾河北岸瑪薩革泰人的戰役，瑪薩革泰人女王爲報殺子之讎，曾蹂躪居魯士二世屍身。[11] 但是，已知居魯士二世之子岡比西斯二世即位不久就遠征埃及。這不能不令人懷疑。蓋不難想見，由於居魯士二世之死，阿喀美尼德帝國必定元氣大傷。與此相對，瑪薩革泰人肯定氣焰囂張。岡比西斯二世發動西征之前，絕不可能聽之任之。換言之，他在遠征埃及前務必設法安定其東北邊境。果真如此，其可能性不外以下三種：

　　其一，岡比西斯二世在遠征埃及之前，曾率領王朝軍隊再次跨過錫爾河，進擊瑪薩革泰人，直至其人臣服。岡比西斯二世乘勝奪回了居魯士二世的屍身，安葬於首都Pasargadae。[12]

其二，瑪薩革泰人認清形勢，知道自己力量不如阿喀美尼德帝國，主動求和，送還居魯士二世遺體。

據希羅多德《歷史》(7.64)，瑪薩革泰人也被稱爲Sakā。因此，貝希斯登銘文第一欄中臣服阿喀美尼德帝國，被列爲督區之一的Sakā，可能是被岡比西斯二世征服的瑪薩革泰人，也可能是自動歸順的瑪薩革泰人。

當然，還存在第三種可能，銘文第一欄所見Sakā已不再是瑪薩革泰人，而是將瑪薩革泰人逐出錫爾河北岸的伊賽多涅斯人。這是一個以Asii爲核心的由四個部落（Asii、Gasiani、Tochari和Sacarauli）組成的遊牧部落聯盟。蓋據希羅多德，約前七世紀末，歐亞大陸發生了一次大規模的民族遷徙。結果是瑪薩革泰人佔有錫爾河北岸，而伊賽多涅斯人領有其東伊犁河、楚河流域。根據後來發生的情況，不難推斷，伊賽多涅斯人很可能繼續西進，迫使瑪薩革泰人進一步西遷，自己佔有了錫爾河北岸。而由於新來乍到，伊賽多涅斯人不得不歸順阿喀美尼德帝國。[13]

伊賽多涅斯這一名稱，似可佐證大流士一世所討伐者不是瑪薩革泰人，而是伊賽多涅斯人："Isse"無疑可與"Asii"勘同，"-don"可釋爲伊朗語Ormuri [14]、Parachi [15]、Yagnobi [16]和Shughni [17]中表示"地方"（place）的後綴-tūn。[18]因此，"Issedones"之本意當爲"Asii人居地"。正由於其人自伊犁河、楚河流域西向擴張，取代瑪薩革泰人佔有錫爾河北岸後，被波斯人稱爲Sakā，於是Isse一名被Sakā取代，以至伊犁河、楚河流域得名"塞地"（Sakā人居地）。

再者，大流士一世跨過錫爾河征服的 Sakā 人有戴尖頂帽之習俗，而希羅多德並未記載瑪薩革泰人有這種習俗，由此亦可見大流士一世所征伐的 Sakā 人很可能已不再是瑪薩革泰人，而是伊賽多涅斯人。

總之，這第三種或然率最大：由於驅逐瑪薩革泰人的伊賽多涅斯人立足未穩，一度向阿喀美尼德帝國稱臣，送還得自瑪薩革泰人的居魯士二世屍身，岡比西斯二世遂得以放心西征埃及。而在大流士一世即位後某時，Sakā（伊賽多涅斯）人不再向阿喀美尼德帝國納貢，甚至進犯阿喀美尼德帝國（見另釋），形同反叛，遂遭大流士一世討伐。

C

在大流士一世的 Naqš-i-Rustam 銘文（DNa, 3.15-30）中，所列歸屬阿喀美尼德朝的 Sakā 不再是一種，而有以下三種：

> 大流士王說：賴阿胡拉瑪茲達之佑，我佔領了從波斯到下述遙遠的地區：米底、依蘭、帕提亞、阿瑞亞、巴克特里亞、索格底亞那、花剌子模、德蘭葵亞那、阿拉霍西亞、撒塔巨迪亞、犍陀羅、印度、飲 haoma 汁的 Sakā 人（Haumavargā Sakā）、戴尖頂帽的 Sakā 人（Tigraxaudā Sakā）、巴比倫、亞述、阿拉比亞、埃及、亞美尼亞、卡帕多西亞、薩狄斯、伊

奧尼亞、海對面的 Sakā 人、斯庫德拉（Skudra）人、持盾牌的伊奧尼亞人、利比亞人、埃塞俄比亞人、馬卡人、卡里亞人（Carians）。

問題在於，"飲 haoma 汁的 Sakā 人"[19]、"戴尖頂帽的 Sakā 人"、"海對面的 Sakā 人"和貝希斯登銘文中的 Sakās 是什麼關係？

質言之，在年代較貝希斯登銘文稍後的 Naqš-i-Rustam 銘文（DNa）中（一説鑴刻於大流士一世統治的最後十年內）[20]，Sakā 仍被作爲督區列出，但與前者不同，在後者中出現的 Sakā 人督區不再是一個，而是三個，也就是説存在三個 Sakā 人居地。

今案："飲 haoma 汁的 Sakā 人"和"戴尖頂帽的 Sakā 人"兩督區一前一後，緊靠在一起，這似乎表明這兩個督區是相鄰的。兩者均被列在犍陀羅之後，這一點和 Sakā 作爲一個督區在貝希斯登銘文中出現時所見位置大致相同，儘管在 Naqš-i-Rustam 銘文（DNa）中，兩 Sakā 督區和犍陀羅督區間還隔著一個 Sind 督區，然而這並不妨礙上述判斷，蓋印度督區並未出現在貝希斯登銘文中。[21] 由此不妨認爲，Naqš-i-Rustam 銘文（DNa）出現的"飲 haoma 汁的 Sakā 人"和"戴尖頂帽的 Sakā 人"這兩督區乃自貝希斯登銘文中出現的 Sakā 督區分出。

至於貝希斯登銘文中出現的 Sakā 督區被一分爲二，很可能是因爲伊賽多涅斯這一部落聯盟，如前所述，至少包含四個部落：Asii、Gasiani、Tochari 和 Sacarauli。這四者在 Naqš-i-Rustam 銘文鑴刻當時因習俗有別被波斯人大別爲兩類，也可能其人因習俗不同別地而居，因而其居地形成兩個督區。不管怎樣，本來屬於同一部落聯盟的 Sakā 人，被波斯人按習俗分成了兩個。

特別是 Gasiani，很可能從 Asii 分出，也就是說兩者很可能同源，後來分部而立，而有意無意以不同的拼綴表示同源異流的部落名在古籍中並不少見。就名稱而言，兩者可以勘同。質言之，Gasiani 和 Asii 之習俗應該相同。[22]

值得注意的是，希羅多德《歷史》（VII, 64）中有這樣一段話：

> Sacae 人或者說斯基泰人，下身穿著褲子，頭戴一種尖頂而直挺的高帽子。他們帶著他們本地自製的弓和短劍，還帶著被他們稱爲"薩伽利斯"（sagaris）的戰斧。説實話，這些人是屬於 Amyrgian Scythians，但是波斯人卻稱他們爲 Sacae 人，因爲波斯人把所有的斯基泰人都稱爲 Sacae 人。

一般將 Amyrgian Scythians 和大流士一世銘文所見 Sakā Haumavargā 勘同。果然，至少在希羅多德看來，"飲 haoma 汁的 Sakā 人"和"戴尖頂帽的 Sakā 人"難分彼此，也許這兩種風俗的 Sakā 人最初是混居的。一説 Haumavargā 和 Amyrgioi 不能勘同，前者是一組 Sakā 人的名稱，後者是一個獨立的部落[23]；然其説並無充分依據。

此外，科特西亞的《波斯史》[24]（7-11, F. 9 §3）有載：

> 居魯士與 Sakā 人開戰，並俘虜了 Sakā 人的國王、斯帕利斯（Sparethre）的丈夫 Amorges。在丈夫被俘後，斯帕利斯召

集軍隊，率 30 萬男兵和 20 萬女兵繼續對抗居魯士。她打敗了居魯士，活捉了許多人，其中包括阿米提斯（Amytis）的兄弟帕米塞斯（Parmises）和他的三個孩子，後來在一次囚犯交換中，Amorges 被釋放。

一說此時居魯士所討 Sakā 應即見諸後來大流士一世 Naqš-i-Rustam 銘文(DNa)的 Amyrgians，而 Amyrgians 得自 Sakā 王名 Amorges。[25]

今案：這則記載很可能是希羅多德所載居魯士二世和瑪薩革泰人之戰的另一種版本。其中，所謂 "Sakā" 應即瑪薩革泰人，而斯帕利斯相當於瑪薩革泰人女王托米麗司，因而將 Amorges 與 Amyrgians 牽扯到一處有欠考慮。

至於第三種，位列於愛奧尼亞和斯庫德拉之間的 "海對面的 Sakā 人"，應該就是希羅多德《歷史》所載大流士一世征討的歐洲斯基泰人。一般認為 "海" 指黑海，或是。[26]

D

Polyaenus（公元二世紀）的《戰爭的策略》(Strategica of War)一書[27]有載：

當大流士遠征 Sacae 時，他發現自己面臨被三支軍隊包圍的危險。因此，他以最快的速度向離他最近的軍隊進攻，並擊敗了它。然後他給他的士兵穿上 Sacae 人的衣服和拿起 Sacae 人的武器，向另一支 Sacae 軍隊進軍，步伐緩慢而自信，好像是去迎接一朋友。而當對方走到長矛能擊中的範圍時，波斯人並未問好，而是下令撲向敵人，將他們砍成碎片。用這種方法打敗了敵軍的兩支軍隊後，大流士這纔向第三支軍隊發起了進攻，由於後者業已得悉其它兩支軍隊的命運，沒敢冒險開打就投降了。(7.11.6)

既然貝希斯登銘文所載大流士一世所討 Sakā 人已是伊賽多涅斯人，很可能，大流士所面對的不是三支 Sakā 人的軍隊，而是同屬伊賽多涅斯聯盟的三個部落。蓋 Polyaenus 又載：

當大流士攻擊 Sacae 時，Sacae 的三位國王——Sacesphares、Amorges 和 Thamyris——退而商量應對這一緊急情況的措施。(7.12.1)

儘管這三位國王的名字很可能是作者杜撰的，或者是以訛傳訛[28]，但這無礙於 Polyaenus 的記載反映了大流士一世面對的 Sacae 人是一個至少有三個部落組成的聯盟這一可能性。

由於直至伊賽多涅斯人西向擴張至錫爾河北岸時，這一聯盟的組分如何，無從確知，面對大流士一世進攻的究竟是哪三個部落，也就無從確知。如果允許推測，應該是 Asii、Tochari 和 Sacarauli 三者，其中 Asii 無疑是聯盟之主。

大流士一世經過這次征討，纔知道錫爾河對岸的 Sakā 並非鐵板一塊，於是在 Naqš-i-Rustam 銘文中將貝希斯登銘文中的 Sakā 分爲兩種列舉。

結合前引另釋貝希斯登銘文（DB, 5），可知大流士一世跨過錫爾河先後打敗了兩支 Sakā 人，這兩者當然都可能屬於伊賽多涅斯聯盟，但未必屬於一個部落，銘文的這些敘述正可與 Polyaenus 的記載互參。這兩者都可看作當時所謂 Sakā 人已是伊賽多涅斯人的佐證。

貝希斯登銘文僅載 Sakā 人尖頂帽之風俗，沒有提及飲 haoma 汁之風俗。但是，很可能正因爲這次北伐，使波斯人對錫爾河北的 Sakā 人的風俗有了進一步的了解，終於在 Naqš-i-Rustam 銘文中得到了反映。

E

大流士一世的波斯波利斯（Persepolis）銘文（DPh, 2.3-10）首次明確指出了中亞 Sakā 人的位置：

> 王大流士曰：這是我擁有的王國，從索格底亞那對面的 Sakā 人居地直至埃塞俄比亞（Ethiopia），從印度直至薩迪斯[29]。最偉大的神阿胡拉瑪茲達將它賜予我。願阿胡拉瑪茲達保佑我和我的王室。

值得注意的是，這篇銘文中，以 Sakā 人的居地標誌阿喀美尼德帝國的領土範圍。[30] 這使我們得以明確以下兩點：

1. 貝希斯登銘文（DB, 1）中所載 Sakā 人居地位於索格底亞那以北，隔錫爾河相望，與同一篇銘文（DB, 5）所載大流士一世跨"海"征討的反叛的 Sakā 人居地同在一處。大流士一世所跨之"海"係錫爾河無疑。

2. 此處索格底亞那對面的 Sakā 人並未被分爲"飲 haoma 汁的 Sakā 人"和"戴尖頂帽的 Sakā 人"兩種，這並不表明這兩種習俗不同的 Sakā 人已合併爲一個督區，只是表明這兩個督區緊鄰。銘文僅提及 Sakā 只是爲了描述王國領土的方便。

F

薛西斯一世（Xerxes I，前 486—前 465/464 年在位）的波斯波利斯（Persepolis = Daiva）銘文（XPh, 3.13-28）在有關督區的敘述中又出現了"飲 haoma 汁的 Sakā 人"（Amyrgian Sakās）和"戴尖頂帽的 Sakā 人"（Pointe-Cap Sakās）：

> 王薛西斯曰：賴阿胡拉瑪茲達之佑，我作爲王，領有下述地區：……米底、埃蘭、阿拉霍西亞、亞美尼亞、德蘭葵亞那、帕提亞、阿瑞亞、巴克特里亞、索格底亞那、花剌子模、巴比倫、亞述、撒塔巨迪亞、薩迪斯、埃及、伊奧尼亞、海邊

的居民、海對面的居民、馬卡人、阿拉比亞人、犍陀羅、印度、卡帕多西亞、Dahae、Amyrgian Sakā人、戴尖頂帽 Sakā 人、斯庫德拉、阿考法卡（Akaufaka）、利比亞（Libya）、卡里亞、埃塞俄比亞。

這和以上的推論並無矛盾：和 Naqš-i-Rustam 銘文（DNa）一樣，兩 Sakā 督區均列於犍陀羅和印度督區之後，只是中間被卡帕多西亞和 Dahae 兩個督區隔開。這是 Dahae 首次在阿喀美尼德朝國王銘文中出現，它與 Sakā 人同屬中亞遊牧部落[31]，並列一起不足為怪。而卡帕多西亞位於今土耳其的中心地區，在大流士一世的貝希斯登銘文和 Naqš-i-Rustam 銘文中均列於亞美尼亞之後，按之地理位置，卡帕多西亞[32]在薛西斯一世的波斯波利斯銘文中出現在印度之後顯然有欠考慮。但是，這些例外無礙於以上有關 Sakā 人居地位置的推斷自不待言。

另外，"海對面的 Sakā 人"在這篇銘文中沒有被提到，很可能被包括在"海對面的居民"中了。這也間接表明，其人與"飲 haoma 汁的 Sakā 人"和"戴尖頂帽的 Sakā 人"的居地位置不在一處。

G

被阿喀美尼德帝國征服的 Sakā（Sacae）人大概就此成為阿喀

美尼德帝國的屬國,有納稅之義務。據希羅多德《歷史》(III, 93)記載:

> Sacae 人、卡斯庇人(Caspii)共繳納貢金 250 塔連特。這是第十五省區。

作爲屬國,除納稅外,尚有服兵役等義務。[33] 茲按希羅多德《歷史》,以薛西斯一世治期的 Sacae 人例證之。

1. 前 490 年 9 月,在波斯和希臘的馬拉松(Marathon)戰役中:

> 兩軍在馬拉松平原上廝殺了很長的時間;位於異族軍戰陣的中央部分的,是波斯本族人和 Sacae 人,在這裏,異族軍取得了勝利,他們攻破希臘人的防綫,向內地方向追殺過來;但是在左右兩翼,雅典人和普拉提亞人(Plataeans)卻雙雙擊敗了敵人。(VI, 113)

2. 前 481 年,薛西斯一世計劃進攻希臘之前,大流士一世之婿 Mardonius 對薛西斯一世說過一番話,其中有云:

> 如果不是因爲這些民族對我們有任何侵害,而只是因爲我們想擴大我們的帝國,我們就征服并奴役了 Sacae 人、印度人、埃塞俄比亞人、亞述人以及其他許多偉大的民族,反而沒有懲罰先行不義的希臘人,這顯然是可怕的。(VII, 9)

3. 隨薛西斯一世出征各族中包括 Sacae 人：

　　Sacae 人或者說斯基泰人，下身穿著褲子，頭戴一種尖頂而直挺的高帽子。他們帶著他們本地自製的弓和短劍，還帶著被他們稱爲"薩伽利斯"（sagaris）的戰斧。說實話，這些人是屬於 Amyrgian Scythians，但是波斯人卻稱他們爲 Sacae 人，因爲波斯人把所有的斯基泰人都稱爲 Sacae 人。巴克特里亞人和 Sacae 人的指揮官是大流士的兒子海斯塔斯皮斯（Hystaspes），他的生母是居魯士的女兒阿托薩（Atossa）。（VII, 64）

4. 薛西斯一世的海軍陸戰隊亦有 Sacae 戰士：

　　在每一艘艦船上，除了各地的地方士兵以外，還各有 30 名戰士，他們是波斯人、米底人或者 Sacae 人，這樣就還得加上 36210 人。（VII, 184）

5. 前 479 年 Mardonius 在普拉提亞[34]戰役中率領的波斯軍隊包括 Sacae 人：

　　接著巴克特里亞人的是印度人，與他們相對的是赫爾米奧涅人（Hermione）、愛利特萊人（Eretria）、斯狄拉人（Styra）和卡爾基斯人（Chalcis）；挨著印度人的 Sacae 人，與他們相對的是安布拉基亞人（Ambraciots）、阿那克托利亞人（Anactorians)、琉卡斯人（Leucadians）、帕列耶斯人（Paleans）和埃吉那人（Aeginetans）；最後，在 Sacae 人的側面，面對雅典人、普拉提亞人（Boeotians）、麥加拉人（Malians）的是波奧提亞人（Boeotians）、洛克里人（Locrians）、馬里斯人（Malians）、色薩利人（Thessalians），另外還有 1000 名佛基斯人（Phocians）。（IX, 31）

6. Mardonius 統帥的騎兵：

在異族軍隊中，步兵當中最驍勇善戰的是波斯人；在騎兵當中，則是 Sacae 人；而就個人而論，最驍勇善戰的當屬 Mardonius 了。（IX, 71）

這種從屬的關係一直持續到何時，其間又發生過什麼變化，由於史失記載，不得其詳而知。我們只知道，阿喀美尼德帝國發動的戰爭中，經常出現 Sacae 人的身影，這大概是其人作為屬國的義務。

H

可以肯定的是，至遲在阿喀美尼德帝國末世，亦即大流士三世（Darius III，前336—前330年在位）去世前後，Sacae 人已經不再是王朝的屬國，而成了王朝的盟國，據阿里安《亞歷山大遠征記》[35]記載：

> 大流士的部隊之所以這樣龐大，是因爲有大批援軍。有巴克特里亞邊境上的一些印度部族，加上索格底亞那人和巴克特里亞人。以上這些部隊都由巴克特里亞總督柏薩斯（Bessus）指揮。和這些人一起前來支援的，還有居住在亞洲斯基泰人當中的一個叫 Sacae 的部族。他們所以來支援，並不是因爲他們附屬於柏薩斯，而是因爲他們和大流士結了盟。[36]這批部隊是馬上弓箭手，指揮官叫馬那西斯。還有阿拉霍西亞總督巴散提斯（Barsaentes）率領的阿拉霍西亞人和所謂的印度山地人、阿瑞亞總督薩提巴贊斯（Satibarzanes）率領的阿瑞亞部隊、帕西亞指揮的赫卡尼亞和塔普瑞亞部隊。所有騎兵都由福拉塔弗尼斯（Phrataphernes）指揮。還有阿特羅帕提斯率領的米底部隊。跟米底部隊在一起的，還有卡杜西亞（Cadusians）、阿爾貝尼亞（Albanians）、薩色辛尼亞（Sacesinians）等部隊。（III, 8）

作爲阿喀美尼德帝國的盟國，會戰中，Sacae（斯基泰）騎兵曾是馬其頓（Macedonia）人的勁敵：

> 和希臘部隊平行前進的斯基泰騎兵已與部署在亞歷山大主力前邊的部隊接觸。但亞歷山大仍沉著而堅定地繼續朝右翼伸展，幾乎走過了波斯軍踏平了的那片戰場。大流士看到這情況，深恐馬其頓部隊開到不平整的地方去，使他的戰車失去作

用，於是就下令他的左翼前沿部隊包抄亞歷山大率領的希軍右翼，以阻止他們再向右延伸。針對大流士的這一着，亞歷山大下令米尼達斯所率雇傭兵向他們衝擊。於是大流士的斯基泰騎兵和跟他們編在一起的巴克特里亞騎兵就同時向他們撲來，以其數量上壓倒的優勢把他們趕了回去，這時亞歷山大命令阿瑞斯托旅、培歐尼亞部隊和雇傭部隊去攻擊斯基泰騎兵，於是波方遲疑起來。但其餘的巴克特里亞部隊，一經和培歐尼亞部隊以及外籍部隊交手，馬上就使開始往後逃跑的友鄰部隊壯了膽，重又投入了戰鬥。(III, 13)

這也許是因爲此際 Sacae 人意識到自己面臨一個新的強大的征服者，因而自覺和波斯人並肩作戰。

這些 Sacae 或斯基泰騎兵顯然來自錫爾河北岸，亦即被大流士一世征服的地區。阿里安在別處提到"流經斯基泰地區的藥殺水（Jaxartes）"（VII, 16），可以爲證。"藥殺水"無疑就是錫爾河。

■ 注釋

[1] 據普利尼（Pliny, 23/24—79）《自然史》（*Natural History*），"波斯人只把那些離他們最近的斯基泰人稱爲 Sacae"（VI, 19）。見 Bostock 1855 和 Rackham 1938。

[2] 本書所引阿咯美尼德朝波斯諸王銘文均見 Kent 1953，除非必要，不另注。

[3] 希羅多德《歷史》見 Grene 1987。

[4] 銘文所載大流士一世與 Sakā 人之戰究竟發生在中亞，還是發生在歐洲，學界曾反復討論，詳見 Shahbazi 1982。

[5] Shahbazi 1982。

[6] Harmatta 1979。今案：J. Harmatta 以爲 Araxšā 河應即希臘文獻所見阿拉克賽斯河，甚是，但他指阿拉克賽斯河爲今阿姆河則非是，阿拉克賽斯河只可能是今錫爾河。又，大流士一世到達的"海"亦未必係說者所指鹹海。

[7] 說見本書第一篇。

[8] Shiratori 1970, esp. p. 371，認爲 drayā 一詞在古波斯語中指"大水"，也許適用於"大河"，或即 darya，見諸 Amu Darya 和 Syr Darya。案：有時"drayā"徑被英譯爲"river"，見 https://www.livius.org/sources/content/behistun-persian-text/behistun-t-45/。

[9] Boardman 1982, pp. 239-243。

[10] Cameron 1951; Cameron 1975; Shahbazi 1982。

[11] 參見本書第一篇。

[12] 關於居魯士二世之墓葬，見 Gershevitch 1985, pp. 838-841, 849。

[13] 參見 YuTsh 1992。

[14] Ormuri，東伊朗語之一種，Ormuri 人居住在阿富汗東南部和 Waziristan。

[15] Parachi，伊朗語之一種，Parachi 人居住在今阿富汗東部。

[16] Yagnobi，東伊朗語之一種，Yagnobi 人居於 Zarafshan 河上游。

[17] Shughni，帕米爾語之一種，屬東南伊朗語支。

[18] Morgenstierne 1938, p. 43; Bartholomae 1895, p. 282 (51.6)。

[19] Haumavargā 之語源以及 Sakā Haumavargā 之地望，衆說紛紜，迄無定見；

見 Schmitt 2003、Callieri 2016 等。今案：其人每與 Tigraxaudā Sakā 並列，兩者位置相鄰，關係密切當毋庸置疑。

[20] Gall 2009.

[21] Artaxerxes II Mnemon（前404—前358 的波斯波利斯銘文）（AIIP, 14-15）中的排列次序與此銘文全同：兩 Sakā 並列（Sakā Haumavargā、Saka Tigraxaudā），緊隨犍陀羅、Sind 之後。

[22] Marquart 1901, p. 206，以爲 Asii 即 Gasiani（Pasiani），非是。但就名稱而言，兩者確實可以勘同。對於具有相同名稱的不同部落，古人常以這種方法區別之。最明顯的例子見諸《漢書·西域傳》。

[23] Narain 1987.

[24] Llewellyn-Jones 2010.

[25] P'iankov 1994.

[26] 據 Boardman 1982, pp. 239-243。另可參見 Cook 1985, Vasilev 2015, p. 70。戰役發生在頓河、多瑙河與黑海之間。大流士一世渡黑海征討斯基泰人在前 513 年。今案：據希羅多德《歷史》（VII, 64），"波斯人把所有的斯基泰人都稱爲 Sacae 人"。

[27] Polyaenus 見 Shepherd 1796。

[28] 如：Amorges 與科特西亞《波斯史》（7-11, F. 9 §3）所載 Sacae 女王之夫 Amorges 同名，而 Thamyris 與希羅多德《歷史》（I. 205）所載瑪薩革泰人女王 Tomyris 同名。見 Nichols 2008 和 Llewellyn-Jones 2010。

[29] 薩迪斯，曾是呂底亞都城，位於今土耳其 Manisa 省 Salihli 附近，呂底亞被滅國後，成爲阿喀美尼德帝國重要都市之一。

[30] 參見 Cook 1985, esp. pp. 253-255; Briant 2002, p. 178; Dandamayev 1999, esp.

pp. 44-46 等。

[31] 一般認爲，Dahae 居地包括了今土庫曼斯坦的大部分，這一地區因此被稱爲 Dahestan。也有人認爲其人居地位於巴克特里亞東北和索格底亞那之東，若干活動於卡拉庫姆沙漠東緣、馬爾吉亞那（Margiana）附近。見 Blois 2011。

[32] 卡帕多西亞位於 Anatolia 中部，今土耳其中心地區。

[33] Garvin 2002, Dandamayev 1994, esp. pp. 44-46.

[34] 普拉提亞在 Boeotia（今希臘 Corinth 海灣）。

[35] 阿里安書見 Brunt 1983。

[36]《亞歷山大遠征記》(III, 19) 再次強調 Sacae 和阿喀美尼德帝國的結盟關係。

三 阿喀美尼德帝國君主與巴克特里亞督區總督

一般認爲，由居魯士二世創建的阿喀美尼德帝國有一個高效的官僚體制。這一體制是借鑒阿卡德帝國（Akkadian Empire）和亞述帝國（Assyrian Empire）管理模式再加以改進而形成的。按照這種模式，帝國被劃分爲督區（satrapy），由總督（satrap）管理，負責征稅、募軍、鎮壓叛亂、抵禦外患等。[1]

據大流士一世的貝希斯登銘文（DB, 6.1.12-17），帝國被劃分爲 23 個督區，明確規定各督區每年需要繳納的貢品。其中，位於中亞[2] 的有以下 6 個督區：德蘭葵亞那（今伊朗錫斯坦與阿富汗西南部）、阿瑞亞（阿富汗西部）、花剌子模、巴克特里亞（今阿富汗北部）、索格底亞那（今塔吉克斯坦西部和烏茲別克斯坦東部）和阿拉霍西亞（今阿富汗南部）。[3]

記載阿喀美尼德帝國督區者，除大流士一世的貝希斯登銘文外，主要是大流士一世的 Naqš-i-Rustam 銘文（DNa, 3.15-30）和薛西斯一世的波斯波利斯（Persepolis = Daiva）銘文（XPh, 3.13-28）等。[4] 書面資料主要爲希羅多德《歷史》[5]（III, 90-94）；而有關亞歷山大東征的史料，如阿里安的《亞歷山大遠征記》[6]等亦有記載。德蘭葵亞那、阿瑞亞、花剌子模、巴克特里亞、索格底亞那和阿拉霍西亞督區均見載於上述諸銘文，除阿拉霍西亞外，亦見載於希羅多德《歷史》。

今案：既然阿喀美尼德帝國的督區制度並非該王朝首創，蓋繼承阿卡德帝國和亞述帝國者，則最早可能在居魯士二世治期業已存在。而希羅多德《歷史》所載，反映的也許正是居魯士二世治期阿喀美尼德帝國的督區建制，儘管希羅多德宣稱這是大流士一世治期的督區情況。

一則，希羅多德所載督區僅20個，大流士一世貝希斯登銘文所載則有23個。此後，數目又有增加：大流士一世的Naqš-i-Rustam銘文和薛西斯一世的波斯波利斯銘文分別爲29個和30個。

二則，更爲重要的是，希羅多德所載各督區並無嚴格的區劃。就中亞各督區而言，草創痕跡清晰可見。如："從巴克特里亞人居地直到Aegli人居地"爲第十二督區，"帕提亞人、花剌子模人、索格底亞那人和阿瑞亞人"爲第十六督區等類似情況在貝希斯登銘文中已不復出現。我們不清楚，希羅多德自何處獲得這一份關於督區的資料，但若貝希斯登銘文鐫刻於大流士一世即位之初，則希羅多德所載爲居魯士二世治期督區情況的可能性不能排除。

囿於認知範疇，本文祇能略窺阿喀美尼德帝國君主和中亞主要督區巴克特里亞督區總督之關係。

A

阿喀美尼德帝國大流士一世即位的過程涉及該帝國設在中亞的巴克特里亞督區的總督，有關記載以下列三種最爲重要，茲述其概要如次：

據大流士一世的貝希斯登銘文（DB, 10-13, 1.26-61），居魯士二世有同母子：岡比西斯二世與巴爾迪亞（Bardiya）。岡比西斯二世殺了巴爾迪亞，而國人並不知情。岡比西斯二世接著遠征埃及，國內流言四播。有祆教祭司（Magian）名高墨達（Gaumata）者，在 Paišiyâuvâdâ 的 Arakadriš 山區作亂[7]，自稱"巴爾迪亞"，頗得人心。他佔領了波西斯（Persis）、米底等督區，於前522年7月篡位成功。岡比西斯二世去世後，高墨達在米底 Nisaia 的要塞 Sikayauvatish 被大流士誅殺。大流士一世登上王位，時在前522年9月。

而據希羅多德《歷史》記載：岡比西斯二世征服埃及後，行爲狂悖，不得人心（III, 1-38）。主要的一件暴行是因忌妒而派親信 Prexaspes 殺死了自己的兄弟斯美爾迪斯（Smerdis）（III, 30）。祭司帕提澤提斯（Patizeithes）兄弟得悉斯美爾迪斯已死，秘而不宣。帕提澤提斯在蘇薩（Susa）將其弟扶上王位。其弟亦名斯美爾迪斯，且長相和斯美爾迪斯完全一樣。嗣後，他遣使包括埃及在內的國內各地以及軍隊，宣佈居魯士（二世）之子斯美爾迪斯登基。岡比西斯二世聞信立即趕赴蘇薩懲治叛者，而在埃克巴塔那（Ecbatana）被自己的佩劍誤傷，不治身亡。岡比西斯二世在死前識破了帕提澤提斯的騙局，但在場的波斯人根本不信所言，認爲他杜撰了關於斯美爾迪斯死亡的故事，旨在使波斯人起而反對斯美爾迪斯。假斯美爾迪斯則宣佈豁免各地三年的賦稅和兵役，因而深得人心。加上 Prexaspes 在岡比西斯二世死後矢口否認自己殺死了王弟斯美爾迪斯，帕提澤提斯之弟平安統治了波斯七個月。騙局終被波斯貴族 Otanes 識破，他聯合另外六位波斯貴族，以及 Prexaspes（他改口證實斯美爾迪斯已死），密謀殺死了帕提澤提斯之弟（偽斯美爾迪斯）。其中一位貴族登上了波斯王位，史稱大流士一世。（III, 61-87）

今案：以上兩者所述有所不同，如：岡比西斯二世兄弟的名字，貝希斯登銘文作巴爾迪亞，希羅多德作斯美爾迪斯之類，但均稱阿喀美尼德帝國王位被冒充岡比西斯二世之弟者篡奪。

值得注意的是，科特西亞的《波斯史》[8] 在記述大流士一世登基一事時，提到了此事與阿喀美尼德帝國東北邊境最重要的督區巴克特里亞督區總督的關係，據載：

> ［居魯士二世］彌留之際，立其長子岡比西斯（Cambyses）爲王，委任其次子坦岳可薩克斯（Tanyoxarkes）爲巴克特里亞人、花剌子模人（Choramnians）、帕提亞人和 Carmanians 之主[9]，允許他蠲免上述地區之貢稅。（VII-XI, F9.8）

岡比西斯二世在位時，有祭司斯芬達達特斯（Sphendadates）向岡比西斯二世誣告其弟坦岳可薩克斯密謀造反。岡比西斯二世召見坦岳可薩克斯，後者因故不能按時前來，斯玢達達特斯以此坐實坦岳可薩克斯之叛。嗣後，岡比西斯二世將其弟秘密處死，因斯玢達達特斯長相酷肖坦岳可薩克斯，而令斯玢達達特斯假扮其弟。接著，斯玢達達特斯"被派往巴克特里亞，以坦岳可薩克斯的身份管理一切"。嗣後，岡比西斯二世意外去世。在他死前，已有知情者 Bagapates 和 Artasyras 謀劃讓斯玢達達特斯來統治王國，且在岡比西斯二世死後照辦了。然另一知情者 Izabates 攜岡比西斯二世屍體回波斯後向軍隊洩露了內情，大流士等七個波斯貴族遂起而殺死斯玢達達特斯。斯玢達達特斯死後，王位由大流士（一世）繼承。（XII-XIII, F13, 9-17）

其中，坦岳可薩克斯和貝希斯登銘文中的巴爾迪亞、希羅多德《歷史》中的斯美爾迪斯應爲同一個人。[10] 而篡位者斯玢達達特斯在貝希斯登銘文中作高墨達；在希羅多德《歷史》中作斯美爾迪斯（與居魯士二世之子同名）。[11]

科特西亞的記載透露了一個重要信息，岡比西斯二世聽信斯玢達達特斯的讒言，認爲坦岳可薩克斯可能謀反，篡奪王位，以至於手足相殘[12]，主要原因應該是其弟坦岳可薩克斯在其父生前就執掌巴克特里亞等帝國東北邊境重要督區。

目前，多數學者認爲以上各種記述存在一個根本性錯誤：岡比西斯二世並未殺害其弟，亦不存在冒名頂替的篡位者。岡比西斯二世去世後，即位者正是其弟。上述故事是大流士一世捏造出來的，無非是掩蓋自己弒君奪位之罪，以塞悠悠之口。[13] 至於貝希斯登銘文稱篡位者揭叛旗於扎格羅斯（Zagros）山，而不是巴克特里亞，可以這樣解釋：篡位者既欲問鼎中央，自然不會始終局趣於東北邊陲。而稱其揭叛旗於山區，很可能是因爲：按之祆教的宇宙觀，由阿胡拉瑪茲達創造的地球，擁有一個完美的、水平的表面；山脈被認爲是至高無上的神的對手安格拉·曼因尤（Angra Mainyu "敵對的靈魂"）反創造的結果。因而，篡位者揭叛旗於山區，是其邪惡之明證，必須記錄在案。[14]

今案：即使如說者所言，大流士一世得位不正，依舊無法排除巴克特里亞督區總督在這一事件中所起的作用。另據科特西亞記載，在岡比西斯二世秘密殺死其弟後：

> 岡比西斯召見對坦岳可薩克斯最具影響力的太監拉比克索斯（Labyxos），以及其他人，讓祭司以坦岳可薩克斯的姿勢落坐，並問道："你認爲這就是坦岳可薩克斯嗎？"拉比克索斯很驚訝，回答說："我還能認爲他是誰呢？"祭司和坦岳可薩克斯的外貌是如此相似，於是他被派往巴克特里亞，以坦岳可薩克斯的身份管理一切。五年過去，阿米提斯（Amytis）[15] 從太監 Tibethes 處獲悉已發生之事，Tibethes 曾被祭司打過一頓。她向岡比西斯索要斯玢達達特斯，但他拒絕了。於是，她詛咒了一聲，服毒而死。（XII-XIII, F 13, 13）

而在真坦岳可薩克斯死後，偽坦岳可薩克斯曾受命執掌巴克特里亞督區達五年之久，且廣樹恩信，也使他擁有了覬覦中央權力的實力。這同樣表明巴克特里亞督區在這一事件中所起的作用。

今案：本文並不關注大流士一世所殺巴爾迪亞之真偽。[16] 本文所關心者僅僅是巴克特里亞督區總督和岡比西斯二世兄弟之關係。據科特西亞的記載可知，無論大流士一世所殺者是真是假，似乎均與巴克特里亞督區脫不了瓜葛。這是史料中首次出現阿喀美尼德帝國分裂勢力以巴克特里亞督區爲依托的記載。

B

薛西斯一世治期，王室兄弟間同樣有爭位之事，同樣涉及巴克特里亞督區。蓋據查斯丁（Justin，公元二世紀）《龐培・特羅古斯［前一世紀］〈腓力史〉摘要》（*Epitome of Pompeius Trogus' Philippic Histories*）[17] 記載：

過了一段時間，大流士又要重新發動戰爭，卻在備戰的過程中去世。他留下了幾個兒子，有的在他登基前出生，有的在他登基後出生。其中最年長者亞里阿密尼斯（Ariamenes）根據長子繼承法宣佈他繼承王國，此法符合生育順序和自然法則，天下適用。薛西斯則說，亞里阿密尼斯確實出生最早，但其時大流士並無官職。而他本人是在大流士即位後最早出生的。因此，在他之前出生的他的兄弟們衹可要求大流士當時擁有的私產，而不能要求王國；他本人則是他的父親當國王時，把他培養成王位繼承人的長子。

除此之外，他還說，亞里阿密尼斯出生時不僅父親，而且母親也是一介平民，外祖父的地位也相霄黌。而他自己的母親是王后，除了國王的身份外，他從來沒有見過其他身份的父親。他的外祖是居魯士王，不是繼承人，而是如此偉大帝國的創始人；即使他們的父親給他們兩兄弟同樣的權利，他本人也該因繼承母親和外祖的權利而享有優勢。為解決這一爭端，他們在彼此同意的情況下，把它交付給叔父阿塔法尼斯（Artaphernes），因為他是家庭分歧的最恰當的裁判者；他在自己家裏聽了他們的懇求，決定支持薛西斯。這場鬥爭是以一種兄弟般的方式進行的，取得勝利的一方既沒有表現出任何不體面的勝利，失敗的一方也沒有表現出任何不滿；而且，在爭論期間，他們互贈禮物，這不僅顯示了彼此的信任，而且顯示了與對方交往的樂趣。判決也是在沒有證人的情況下宣佈的，聽取者也沒有一點怨言。那時兩兄弟分享最偉大的王國，比現在瓜分最小的產業還要圓滿得多。(II, 10)

要之，大流士一世身後留下多個兒子，最年長者為亞里阿密尼斯。亞里阿密尼斯依據長子繼承法宣佈即位。但薛西斯一世提出，只有他纔有權繼承王位，因為他是大流士當國王後生下的第一個兒子。亞里阿密尼斯作為一介平民之子只能繼承其父當時擁有的私產，無權繼承王位。這一爭端，雙方同意由其叔父阿塔法尼斯裁定。阿塔法尼斯判決繼位者應為薛西斯。亞里阿密尼斯並未表示不滿，兩兄弟從此友好相處云。

同一事件，亦見載於普羅塔克（Plutarch，約46—119/120）《道德論叢》（*Morals*）[18]一，第十五章"國王和將領的嘉言警語"（I, "The Apophthegms or Remarkable Sayings of Kings and Great Commanders"）[19]：

薛西斯：亞里阿密尼斯是大流士的兒子也是薛西斯的兄弟，離開巴克特里亞，率軍前來，要與薛西斯爭奪王位。薛西斯派員送上重禮，吩咐使者特別向他指出："這是你的兄弟薛西斯爲了表示情意所送的禮物，要是他登基稱王，你將在他的宮廷成爲位階最高的貴族。"等薛西斯被推戴成爲國王，亞里阿密尼斯立即效忠稱臣，同時將王冠放置在兄長的頭上，薛西斯提拔他成爲僅次於自己的二號人物。

以及《道德論叢》二，第三十五章"手足之情"（III, "Of Brotherly Love", 18）[20]：

大流士過世以後，有些人認爲亞里阿密尼斯有權繼位成爲國王，因爲他是先王衆多兒女當中的嫡長子；還有人擁護居魯士之女阿托薩生的兒子薛西斯，他呱呱落地的時候大流士已經登上九五之尊的寶座。亞里阿密尼斯離開米底[21]，率領的軍隊沒有表示敵意，平靜的姿態像是尋求法庭公正的判決。這時薛西斯已經加冕，就像一位國王在執行他的權責。聽到兄長來到的通報，取下王冠和佩戴的飾物，前去迎接亞里阿密尼斯，相互行擁抱之禮；他向兄長送上貴重的禮物，吩咐使臣要這樣說：「你的兄弟薛西斯這番心意，是爲表示他對你的推崇和敬愛，如果經由審查和選舉的程式，他要是被波斯人奉爲國王，就會讓你坐在他的右邊，擁有『一人之下，萬人之上』的地位。」亞里阿密尼斯說道：「我接受送來的禮物，然而我認爲我有權繼承波斯帝國，等到我擁有以後，保證與我的兄弟共享富貴，其中又以薛西斯居於首位。」最後判定的日子來到，波斯人指派大流士的兄弟阿塔巴努斯（Artabanus = Artaphernes）擔任庭長，薛西斯想要規避他們所作的決定，產生的結果可能出於阿塔巴努斯的授意，他認爲正確的方式是訴諸民衆對他的信任。他的母親阿托薩叱責他道：「我兒，阿塔巴努斯是你的叔父也是最正直的波斯人，爲何你對他毫無信心？不論哪位兄弟經過判定成爲波斯國王，就是居於第二同樣獲得尊榮，你對這樣的競爭爲何懷有畏懼之心？」薛西斯被他的母親說服不再有異議，等到審查經過裁定，阿塔巴努斯宣佈帝國的繼承權屬於薛西斯；亞里阿密尼斯聽到以後立即起身向他的兄弟致敬，用手引導他登上國王的寶座。從此以後亞里阿密尼斯受到重用，能夠享盡榮華富貴，他對薛西斯忠心耿耿，最後在 Salamis 海戰中陣亡，英勇的行爲可以表彰他的兄弟一生光榮的事蹟。讓我們把它當成善行和德行最爲崇高的模範。

從中可知，大流士一世去世後，長子亞里阿密尼斯曾自巴克特里亞督區率軍與其弟薛西斯爭奪王位。薛西斯一世遣使贈送禮物，允諾其繼位後，亞里阿密尼斯將成爲位階最高的貴族。兄弟間衝突方告結束。在另處，普羅塔克則説：亞里阿密尼斯自米底率軍前往首都繼承王位。其時，其弟薛西斯一世業已加冕，但他親自迎接亞里阿密尼斯，表示願經仲裁決定王位歸屬，負責此事的大流士一世兄弟阿塔巴努斯裁定王位由薛西斯繼承。亞里阿密尼斯表示服從，從此，亞里阿密尼斯對薛西斯一世忠心耿耿，最後在一次海戰中陣亡。

然而，除上述值得讚美的兄弟友愛之記載外，另有一段薛西斯一世與其同父同母兄弟瑪西斯特（Masistes）相殘的記錄。[22]

據希羅多德《歷史》（IX, 108-113）：薛西斯一世在薩迪斯時，覬覦其弟媳之美色，未能得逞。爲達目的，使其子娶此女與其弟之女爲妻。不料在蘇薩舉行婚禮後，薛西斯一世移情其子媳阿塔因塔（Artaÿnte）。然因阿塔因塔向薛西斯一世索取長袍，王后阿美斯特莉絲（Amestris）得知真相，蓋此袍乃阿美斯特莉絲親手爲薛西斯一世編織，遂遷怒於阿塔因塔之母。王后設法從薛西斯一世處獲得了折磨她的權力：割去其乳、鼻、耳、唇，拔除其舌。"瑪西斯特看到自己的妻子被殘害的慘狀，馬上就和他的兒子們商量，準備和他們以及其他一些人一起出發前往巴克特里亞，打算在巴克特里亞省煽起叛變，從而使國王受到重大的損害。""然而，薛西斯已經覺察到了他的意圖，派出了一支軍隊跟蹤追擊，在路途中把他本人、他的兒子們以及他的親兵悉數殺死。"

有關希羅多德上述記載，學界可謂衆説紛紜。

一、不少學者認爲，這一事件當發生於前479年Mycale戰役之後不久，無非是一場親兄弟間爭奪王位的鬥爭，希羅多德的渲染並不可信。[23] 或以爲希羅多德所載薛西斯一世和其親兄弟瑪西斯特之間發生的故事中已融入了普羅塔克和查斯丁依據的資料。[24]

二、亦有人相信，"Masistes" 其實不是人名，而是頭銜 maθišta，波斯語意指"一人之下，萬人之上"（the greatest after myself [the king]）。因此，可將瑪西斯特與普羅塔克所載亞里阿密尼斯勘同。[25] 另說，maθišta 意爲"王儲"（as potential heir to the throne）[26]，因而將瑪西斯特和亞里阿密尼斯視作同一人。

三、還有學者指出：在故事中王后阿美斯特莉絲爲薛西斯一世所織長袍不僅是一件衣服，而是波斯君主制之象徵。阿塔因塔索要長袍實際上是爲其父瑪西斯特向薛西斯一世索要王位。這也可以解釋何以阿美斯特莉絲懲罰瑪西斯特之妻而非其女，而後者所受酷刑乃常施諸叛逆者。[27] 等等。

今案：亞里阿密尼斯和瑪西斯特似非一人，這應該是薛西斯一世即位後發生的又一場同室操戈：

1. 亞里阿密尼斯和薛西斯一世同父異母，前者長於後者；瑪西斯特和薛西斯一世同爲大流士一世與其王后阿托薩所生，爲同父同母兄弟，後者長於前者，不可混淆。

2. 亞里阿密尼斯與薛西斯一世的衝突發生在後者即位之初，而瑪西斯特與薛西斯一世的衝突發生在後者即位之後。兩者不僅時間不同，情節也完全不同。

3. "Masistes" 果真是一個稱號或頭銜，亞里阿密尼斯和瑪西斯特有可能先後獲得，正如兩人先後任巴克特里亞總督一樣，特别应该指出，亚里阿密尼斯的巴克特里亚总督一职是由大流士一世任命的。换言之，不能据此将两人勘同。

4. 无论亚里阿密尼斯还是玛西斯特均没有成为王位继承者，"Masistes"似乎不应理解为"王储"，而只是当时采用的人名。证据见诸巴比伦时期（前429）Nippur城的一块黏土楔形文字碑，具体而言是一份商业文件；其中提及一人，名为Masishtu（Masištu）；经鉴定，此名是"Masistes"的阿卡德语形式。[28]

5. 据希罗多德《历史》（VIII. 89）和普罗塔克《道德论丛》（III），亚里阿密尼斯（希罗多德作Ariabignes）死于Salamis海战，时在前480年；而玛西斯特死于前479年Mycale战役之后。很可能亚里阿密尼斯投身军旅后，玛西斯特就接任巴克特里亚总督。[29]

值得玩味的是希罗多德对于玛西斯特事件的评论："我相信，如果他能够抵达巴克特里亚人和Sacae人那里的话，他完全能够达到自己的目的；因为他颇受这两个民族的爱戴，况且他又是巴克特里亚督区的总督。"（IX, 113）巴克特里亚人，甚至Sacae人爱戴玛西斯特的背后，是并不认可阿喀美尼德帝国的统治。

本文的兴趣聚焦于巴克特里亚总督与阿喀美尼德帝国君主的矛盾，盖事实真相很可能是薛西斯一世忌惮掌控边陲重镇的兄弟，所谓欲加之罪，何患无辞，以致酿成惨祸。

客观上，薛西斯一世在位期间，巴克特里亚连同毗邻的Sacae等地，对阿喀美尼德帝国中央政权构成威胁乃是不争的事实。

C

本節涉及亞達薛西斯一世（Artaxerxes I，前 465—前 424 年在位）治期。[30]

據科特西亞的《波斯史》（XIV-XVII, F 14, 35）[31]，在亞達薛西斯一世治期，有一位巴克特里亞總督造反：

> 巴克特里亞及其總督——另一個阿塔帕努斯（Artapanus）——反叛亞達薛西斯（一世）。這是一場勢均力敵的戰爭。當戰鬥再次爆發時，因為巴克特里亞人逆風而上，亞達薛西斯（一世）獲勝，整個巴克特里亞投降。

科特西亞稱之為"另一個阿塔帕努斯"，以區別於謀殺薛西斯一世的阿塔帕努斯。但是，其人事跡不詳。一般認為造反者其實是希斯塔斯普（Hystaspes）。[32]

據狄奧多羅斯（Diodorus，前 90/89—前 30）的《歷史集成》（*Bibliotheca Historica*）[33]，希斯塔斯普是阿喀美尼德帝國薛西斯一世之次子，當其父被大臣阿塔帕努斯（或 Artaban）暗殺後，其弟登上王位，史稱亞達薛西斯一世。薛西斯一世去世時，希斯塔斯普是巴克特里亞總督（XI, 69.2-6）。[34] 因此，希斯塔斯普很可能是薛西斯一世任命的。

希斯塔斯普的結局史失記載，但據狄奧多羅斯的《歷史集成》，亞達薛西斯一世即位後"首先是懲處那些謀殺他父親的叛逆分子，接著規劃和重組王國的事務，使得更能適合他個人的利益。有關總督之類重要的職務，舉凡對他產生敵意者予以解職，從友人中拔擢有才幹者充任"（XI, 71）。

又據約瑟夫（Josephus，約37—100）的《猶太人古代史》（*Antiquities of the Jews*）^[35]：

  亞達薛西斯執掌王權，任命了127個總督，從印度直至埃塞俄比亞。

謀反者果然是希斯塔斯普，其結局可想而知，不是被殺就是被罷免。

  今案：如果造反的巴克特里亞總督是希斯塔斯普，等於又出現了兄弟相殘的故事，而被害一方又是巴克特里亞總督。即使造反者是"另一個阿塔帕努斯"，只要他確係巴克特里亞總督，也依舊是本文題中應有之義。

D

  本節略述大流士三世治期阿喀美尼德帝國中央與巴克特里亞等中亞督區的關係。主要記載見諸狄奧多羅斯《歷史集成》、普羅塔克《亞歷山大傳》（*Life of Alexander*）^[36]、昆圖斯·庫爾提烏斯《亞歷山大大帝史》^[37]和佚名（公元四世紀）的《亞歷山大旅程》（*Itinerarium Alexandri*）^[38]等，在此僅列出阿里安《亞歷山大遠征記》，蓋已足以說明問題。其餘各種則擇要附見於注釋之中。

如前所述，早在居魯士二世時代，阿喀美尼德帝國領有中亞大部分地區。這種情況似乎直至大流士三世即位也沒有大的變化。[39] 馬其頓的亞歷山大入侵阿喀美尼德帝國，目的是當全亞洲之主；中亞自然包括在內。

據阿里安記載，前331年10月，在著名的高加梅拉（Gaugamela）戰役中，與馬其頓軍對峙的波斯軍中有來自包括巴克特里亞督區在內的中亞軍隊[40]：

> 大流士的部隊之所以這樣龐大，是因爲有大批援軍。有巴克特里亞邊境上的一些印度部族，加上索格底亞那人和巴克特里亞人。以上這些部隊都由巴克特里亞總督柏薩斯指揮。和這些人一起前來支援的，還有居住在亞洲斯基泰人當中的一個叫Sacae的部族。他們所以來支援，並不是因爲他們附屬於柏薩斯，而是因爲他們和大流士結了盟。[41] 這批部隊是馬上弓箭手，指揮官叫馬那西斯（Mauaces）。……（III, 8）

> 巴克特里亞騎兵掌握左翼。跟他們在一起的有Dahae和阿拉霍西亞人組成的部隊。……在左翼之前，即面對亞歷山大右翼的地方，部署的是斯基泰騎兵、一千來名巴克特里亞部隊和一百輛刀輪戰車。（III, 11）

戰鬥進行中，巴克特里亞和來自其他中亞地區的部隊面對馬其頓人時並未怯戰。（III, 13）[42] 直至高加梅拉戰役中波斯人敗績，追随大流士三世逃跑的部队中,也包括了巴克特里亞騎兵。(III, 16) 當時大流士決定,"如果亞歷山大繼續向他追擊,他就想到內地去,向帕提亞和赫卡尼亞撤退,甚至撤到遙遠的巴克特拉(Bactra)去"(III, 19)。這不妨認爲此時大流士三世已不得不依靠巴克特里亞總督柏薩斯,而中亞各督區(至少其總督)表面上還是支持阿喀美尼德帝國中央政權的。

但情況驟變,"跟大流士一起逃跑的騎兵司令那巴贊斯(Nabarzanes)、巴克特里亞總督柏薩斯、阿拉霍西亞和德蘭癸亞那總督巴散提斯等人已把大流士劫持起來"。亞歷山大聞訊揮兵急追,但沒趕上,只是"瞭解到大流士確已被劫持,裝在一輛篷車裏帶走。柏薩斯已頂替大流士掌握了大權。巴克特里亞騎兵和跟隨大流士逃跑的那些波斯部隊都尊他爲領袖"。(III, 21) [43] 弒君的"柏薩斯的帽子按國王的戴法戴著,還穿上波斯皇家錦袍[44],自稱亞達薛西斯,不再叫柏薩斯了。他還自稱亞洲之王(King of Asia)。……柏薩斯手下現在有跟他一起到達巴克特里亞的波斯部隊和一大批巴克特里亞當地部隊。他還期待斯基泰盟軍跟他會合"(III, 25) [45]。這大概可以認爲是巴克特里亞總督奪權最成功的一次。

柏薩斯這次成功奪權顯然與馬其頓人的入侵關係密切。但在當時業已分崩離析的帝國,不知有幾人想稱王稱霸,爲什麼成功劫持大流士三世的是巴克特里亞總督柏薩斯爲首的中亞諸督區的總督?具體原因固然可以指出不少,但究其根本,或是柏薩斯利用了中亞各地長期以來就存在的離心傾向。當阿喀美尼德帝國處於上昇階段時，這種離心傾向只是表現爲總督個人的叛亂。事實上，所謂民心可用不過是篡位者的一廂情願，柏薩斯最終還是失敗了，不是敗在馬其頓人之手，實際上是敗在包括巴克特里亞人在內的中亞土著之手。

據阿里安，"柏薩斯帶著原先跟他一起劫持大流士的波斯部隊，大約七千巴克特里亞部隊[46]和從 Tanais 河（即錫爾河）這邊來的 Dahae 人組成的部隊，把高加索山（Caucasus，即興都庫什山）下這一帶地方大肆破壞，企圖把他自己和亞歷山大之間的這片地方搞成荒地和廢墟"，企圖阻止亞歷山大軍隊的推進。而當他得知亞歷山大已越過興都庫什山，遂將部隊運過阿姆河，燒毀船隻，朝索格底亞那撤退，追隨他的人中包括索格底亞那騎兵以及大益人部隊。"祇有巴克特里亞騎兵聽說柏薩斯要逃跑，就分成若干小股各奔家鄉。"（III, 28）巴克特里亞總督被巴克特里亞人拋棄了。[47]歷任身處巴克特里亞覬覦中央政權的總督，終於沒有一位成功，也許這是最根本的原因，只不過在柏薩斯身上得到充分表現而已。

E

巴克特里亞位處東西交通要衝，人員、貿易往來是該處文化、經濟發達的基礎。加上自然條件不錯，物產富饒，兵強馬壯。[48]作爲阿喀美尼德帝國的督區，既是王朝著意經營西部的大後方，又是王朝抵禦北方草原遊牧人南下的前綫。故王朝也刻意經營之，尤其是道路的開闢和維護等。[49]

巴克特里亞督區既如此重要[50]，王朝勢必委任皇親國戚鎮守之。這些皇親國戚的主要特點似乎是具有潛在的王位繼承資格，將他們遠封至東北邊陲，能防止其爭權奪利，而巴克特里亞一地條件優越，於無緣王位者也可謂一種補償。[51] 但是，由於其地遠離王朝統治中心，所謂天高皇帝遠，鞭長莫及，總督難免與君主離心離德。另一方面，既然其地頗爲富庶，擁有割據一方的實力[52]，巴克特里亞總督則難免滋生野心，對君權構成威脅。反之，君主對巴克特里亞督區也不可能不提防或猜忌，這亦可能迫使本無野心的都督揭起叛旗。不言而喻，雙方利益算計是衝突產生的根本原因。[53]

必須指出，歷史上一再出現巴克特里亞總督覬覦大位的情況，很可能還與巴克特里亞土著和阿喀美尼德帝國離心離德有關。這種不甘臣服的民心和總督的野心很容易結合起來。例外容或有之，以上所述或有普遍性。

《周書·異域傳下》[54]載："波斯國：……王即位以後，擇諸子内賢者，密書其名，封之於庫，諸子及大臣皆莫之知也。王死，乃衆共發書視之，其封内有名者，即立以爲王，餘子各出就邊任，兄弟更不相見也。"今案：此類王位繼承法似乎不見伊朗史料。但其中"餘子各出就邊任"或始自阿喀美尼德帝國，而作出"兄弟更不相見"的規定，或許是因爲吸取了阿喀美尼德帝國的教訓，防患於未然的緣故。

■ 注釋

[1] Jacobs 2011.

[2] 本文所謂"中亞"僅限於今烏茲別克斯坦、吉爾吉斯斯坦、土庫曼斯坦、塔吉克斯坦、哈薩克斯坦和阿富汗。

[3] 另一與中亞關係密切的遊牧督區是 Sakā（今錫爾河北），有關考述見本書第二篇。

[4] Kent 1953. 本文凡引阿喀美尼德諸王銘文均見此書。大流士一世《貝希斯登銘文》有漢譯見 LiTj 1992 和 XuSy 2018（附錄二）。大流士一世 Naqš-i-Rustam 銘文（N）和薛西斯一世的波斯波利斯銘文（H）之漢譯亦見 LiTj 1992。

[5] Grene 1987. 希羅多德《歷史》有漢譯，見 WangYzh 1983 和 XuSy 2018。

[6] Brunt 1983. 阿里安《亞歷山大遠征記》有漢譯，見 LiH 1983。

[7] 可能位於波西斯（Persis）和埃蘭交界處的扎格羅斯（Zagros）山脈。

[8] Nichols 2008, Llewellyn-Jones 2010.

[9] 帕提亞（伊朗東北）、Choramnians 即 Kerman（伊朗東南），兩者與巴克特里亞均為中亞督區。Choramnia 即花剌子模。

[10] 其他，如埃斯庫羅斯（Aeschylus，約前 525/524—前 456/455）的《波斯人》（*Persians*, 774）作 Mardos，見 Garvie 2009。色諾芬（Xenophon，約前 430—前 354）的《居魯士的教育》（*Cyropaedia*, VIII, 7, 11, 16）作 Tanaoxares，稱他被居魯士二世委任為米底、亞美尼亞和 Cadusia 總督，見 Miller 1914；查斯丁（Justin）的《摘要》（I, 9）作 Smerdis，見 Watson 1853。

[11] 色諾芬《居魯士的教育》沒有提到篡位者；查斯丁的《摘要》（I, 9）

作 Oropastes。而埃斯庫羅斯《波斯人》(774) 中並沒有説 Mardos 是騙子，這業已被視作大流士一世爲爭正統而造假的證據，見 Garvie 2009, p. 300。

[12] 希羅多德《歷史》(III, 30) 的記載可以參看："岡比西斯熟睡時做了一個夢，夢見從波斯來了一名使者，使者説斯美爾迪斯已經登上了王位，而斯美爾迪斯的頭則一直觸著蒼天。"希羅多德《歷史》漢譯見 WangYzh 1983 和 XuSy 2018。

[13] 如 Olmstead 1963, pp. 107-118; Holland 2005/06, pp. 21-30; Van De Mieroop 2007, pp. 290-291; Axworthy 2008, pp. 17-20。另請參看 Gershevitch 1979, Schiena 2008 等。

[14] Lincoln 2007, pp. 59-62; Lendering 2020。

[15] 阿米提斯，岡比西斯二世之母。或以爲科特西亞此説不可從，見 Dandamayev 1990。

[16] 關於岡比西斯二世繼位者的真僞還可參看 Schiena 2008 等。

[17] Watson 1853。

[18] Hands 1878。

[19] Hands 1878 (I), p. 187; XiDy 2015(I), p. 380。

[20] Hands 1878 (III, 18), pp. 59-60; XiDy 2015(II), pp. 1094-1095。

[21] 此處稱亞里阿密尼斯"離開米底"云云，不妨理解爲亞里阿密尼斯乃自巴克特里亞到達米底的。

[22] Schmitt 2012。

[23] Brosius 1998, pp. 8-9; Dandamaev 1989, p. 232; Sancisi-Weerdenburg 2002, pp. 579-590; Sancisi-Weerdenburg 2005; Wiesehöfer 1998/2001, pp. 52-53。

Lendering 2020-1.

[24] Briant 2002, p. 524.

[25] Lendering 2019.

[26] Schmitt 2012.

[27] Sancisi-Weerdenburg 2005.

[28] Zadok 2001.

[29] 已知大流士一世曾任命波斯將軍 Sādarši（Sadarshi 或 Sadarshu）爲巴克特里亞總督，其事當在前 521 或前 520 年。見 Gershevitch 1985, p. 219; Garvin 2002, p. 50; Briant 2002, p. 82。

[30] Schmitt 2011.

[31] Llewellyn-Jones 2010, p. 188.

[32] Brian 2002, p. 570.

[33] Geer 1984.

[34] Stronk 2017, pp. 194-195.

[35] Whiston 1870.

[36] Perrin 2013.

[37] Rolfe 1956, Yardley 2004.

[38] Davies 1998.

[39] 據昆圖斯・庫爾提烏斯的《亞歷山大大帝史》（4.2），在伊蘇斯（Issus）戰敗後，大流士三世曾要求巴克特里亞總督柏薩斯率盡可能多的巴克特里亞人的軍隊前來支援，但他又覺察到柏薩斯野心勃勃，不會滿足於已有地位，因而提心吊膽。昆圖斯・庫爾提烏斯的《亞歷山大大帝史》見 Rolfe 1956 和 Yardley 2004。

[40] 據狄奧多羅斯《歷史集成》(17.64)，大流士在 Arbela 一役（指高加梅拉之戰）失敗後，"派人到鄰近的部落要求提供兵源，親自寫信給巴克特里亞和上督區的總督和將領，呼籲他們對他保持往日的忠誠"。關於高加梅拉戰役中巴克特里亞軍隊的部署見昆圖斯·庫爾提烏斯的《亞歷山大大帝史》(4.12)。

[41] 值得注意的是，此時 Sacae 和阿喀美尼德帝國只是結盟的關係，不再是隸屬關係了。

[42] 據普羅塔克《亞歷山大傳》(17.1.32)，高加梅拉戰役中，馬其頓主將帕米尼奧（Parmenio）指揮的左翼曾受到巴克特里亞騎兵部隊的猛烈衝擊，陷入混亂被迫後撤。

[43] 大流士三世遭劫持亦見狄奧多羅斯《歷史集成》(17.73)。昆圖斯·庫爾提烏斯的《亞歷山大大帝史》(5.9) 亦有類似記載，極詳盡，可參看。佚名《亞歷山大旅程》(30) 則語焉不詳。

[44] 這裏提到的"皇家錦袍"似可與前文的阿塔因塔向薛西斯一世索要的長袍參看。

[45] 昆圖斯·庫爾提烏斯的《亞歷山大大帝史》(6.13) 和佚名《亞歷山大旅程》(32) 亦有類似記載。

[46] 昆圖斯·庫爾提烏斯的《亞歷山大大帝史》(7.4) 作八千人。

[47] 柏薩斯部屬之叛，可參看狄奧多羅斯《歷史集成》(17.83)，以及昆圖斯·庫爾提烏斯的《亞歷山大大帝史》(7.4)。

[48] 昆圖斯·庫爾提烏斯的《亞歷山大大帝史》(4.2) 稱，巴克特里亞人是最有活力的，他們性情兇猛，和溫和的波斯人截然不同。其人居地相去好戰的斯基泰人不遠，斯基泰人以劫掠爲生，故巴克特里亞人久經陣仗。

又稱（7.4）：凡是土壤肥沃處，可供養大量的人和馬；這樣巴克特里亞騎兵的總數就達到了三萬人。

[49] 參見 WuX 2017。該文通過文獻之外的檔案等，特別是出土材料展示了阿喀美尼德帝國與巴克特里亞的關係。

[50] 據希羅多德《歷史》（III, 94; VII, 61），巴克特里亞督區向阿喀美尼德帝國納稅，爲王朝步兵提供戰士。

[51] Sánchez 2014.

[52] 一說索格底亞那可能從屬於巴克特里亞督區，見 Tuplin 1987。果然，巴克特里亞督區實力更爲強大。

[53] 不言而喻，阿喀美尼德帝國時期地方反叛時有發生，不止巴克特里亞一地。見 Weiskopf 1989 和 Podrazik 2017 等。

[54] LinghuDf 1974, pp. 907-930；下同。

四　帕提亞帝國創始人阿薩息斯的淵源

帕提亞帝國的創始人阿薩息斯（Arsaces I，前 247/246—前 217 年在位）[1] 的淵源是伊朗學界深感興趣的問題，研究者代有其人，但是迄今沒有一致認可的結論。謹在此提出我個人的看法。

A

阿薩息斯其人的淵源，主要見載於希臘語和拉丁語文獻。有關説法形形色色，以下羅列其中最主要的幾種，大致以作者年代先後爲序。

1. 諸説中以斯特拉波《地理志》[2] 年代最早，且對阿薩息斯淵源的敘述最爲明確，歷來最受學者重視 [3]：

> 阿薩息斯是斯基泰人，他和一些 Däae 人（即沿 Ochus 河遊牧的 Aparnia 人）一起入侵並征服了帕提亞。起初，阿薩息斯

的力量很弱，他本人及其繼承者不斷與那些被他奪去土地的人作戰，但後來他們越來越強大，總能通過戰爭成功佔領鄰近的土地，終於在幼發拉底河流域建立了自己的國王。他們還佔領了部分巴克特里亞，迫使斯基泰人，以及更早的歐克拉提德斯（Eucratides I，約前171—前145年在位）及其追隨者屈服。現在，他們統治的土地和部落如此之多，其帝國之規模，已堪與羅馬人匹敵。究其原因，其人生活方式、風俗習慣中包含許多蠻族和斯基泰人的特性；這有利於爭霸和戰爭的成功。(XI, 9.2)

斯特拉波接著還說：

不管怎樣，有人說阿薩息斯來自斯基泰人，而另一些人說他是巴克特里亞人。阿薩息斯一旦擺脫迪奧多圖斯（Diodotus I，約前256—前235年在位）及其追隨者龐大的勢力，便發動了帕提亞人的叛亂。(XI, 9.3)

斯特拉波所舉兩說似乎可以調和：阿薩息斯源自遊牧的斯基泰人，具體而言是Ochus流域的Aparnia人——Däae部落聯盟之一分子；它是從巴克特里亞西遷Ochus流域的。

2. 年代和斯特拉波十分接近的是特羅古斯·龐培（Trogus Pompeius，前一世紀）的《菲利普史》(*Historiae Philippicae*)。此書已佚，以下所引見於查斯丁的《摘要》[4]：

同一時期，又有千城督區巴克特里亞的總督迪奧多圖斯（Theodotus = Diodotus 一世）起義，自立爲王。以他爲榜樣，所有東方人都叛離了馬其頓人。阿薩息斯其人，來歷不明，但勇猛無儔，應運而生。他以劫掠爲生，得知塞琉古（Seleucus II，前 246—前 225 年在位）被亞洲高盧（Gaul）人戰敗，便不再懼怕這位國王，率群盜入侵帕提亞，擊敗並殺死守將 Andragoras，統治了帕提亞。（XLI, 4）

特羅古斯・龐培對阿薩息斯的淵源沒有明言，但"來歷不明"及其個性（"勇猛無儔"），加之"率群盜"入侵帕提亞云云，和斯特拉波的描述有著內在的一致性。"以劫掠爲生"正是典型的遊牧人生存方式。阿薩息斯入侵帕提亞是以迪奧多圖斯爲榜樣，這和斯特拉波所說阿薩息斯是巴克特里亞人是一致的。

　　3. 阿里安著《帕提亞人史》（Parthica 或 History of the Parthians）。該書已佚，有關內容見佛提烏斯（Photius，公元九世紀）所著《文庫集錦》（Bibliotheca 或 Myriobiblon, 58）[5]：

　　在《帕提亞人史》中，阿里安敘述了圖拉真（Trajan，98—117 年在位）時期帕提亞和羅馬之間的戰爭。他認爲，帕提亞人之族源是斯基泰，長期以來一直在馬其頓人治下，在波斯叛亂時起義（波斯人亦隨之被征服）。原因如下：阿薩息斯和提里達特思（Tiridates）兩兄弟，都是 Phriapetes 之子阿薩息斯之裔。兩兄弟偕同五個同夥，殺了安條克（Antiochus II

Theos，前261—前246年在位）任命的帕提亞總督 Pherecles（即 Andragoras），以報復他對兩兄弟之一的侮辱。他們趕走了馬其頓人，建立了自己的政府，其勢漸盛，足以與羅馬人匹敵，有時甚至戰勝了羅馬人。……（Bibliotheca, 58）

Photius 轉述的阿里安《帕提亞人史》沒有提到阿薩息斯和巴克特里亞的關係。但和斯特拉波一樣，佛提烏斯轉述的阿里安書也指阿薩息斯是斯基泰人。

4. 阿米阿努斯（Ammianus Marcellinus，約 325/330—391/400）所著《羅馬史》（*Roman History*）[6]：

> 這個王國（帕提亞）曾經很小，由於我們常提到的原因，它曾有過若干名稱，在亞歷山大（Alexander the Great，前336—前323年在位）在巴比倫去世後，它因阿薩息斯得名帕提亞。阿薩息斯淵源不明，年輕時曾為土匪首領，但他逐漸改善了自己的處境，因表現傑出而聲名鵲起。（23, 6.2）

就阿薩息斯淵源而言，所述和特羅古斯·龐培如出一轍。

5. 佐西莫斯（Zosimus，生活於公元五世紀九十年代至六世紀初）著《羅馬新史》（*New History*）[7]：

> 腓力（Philip II，前359—前336年在位）之子亞歷山大及其在馬其頓帝國的繼承人去世、諸督區屬於安條克（二世）統

治期間，帕提亞人阿薩息斯，怒其弟提里達特思（Tiridates）受冒犯，發動對安條克任命的總督的戰爭。最終，帕提亞人趕走了馬其頓人，組成了自己的政府。(I, 18.1)

其説髣髴脱胎於阿里安《帕提亞人史》。

6. 最後是辛斯勒（Syncellus，卒於810年之後）的《拜占庭年代記》(*A Byzantine Chronicle*)^[8]：

在安條克（二世）治期，自亞歷山大時代起就臣服的波斯人起而反抗馬其頓人和安條克的統治。其原因如下：(阿喀美尼德朝）波斯王亞達薛西斯（二世，前404—前358年在位）之裔，阿薩息斯（Arsakes = Arsaces）及其弟提里達特思，在馬其頓人 Agathokles（即 Andragoras）任波斯總督時，爲巴克特里亞的總督。據阿里安，Agathokles 迷戀兩兄弟之一的提里達特思，迫不及待地爲這個年輕人設下圈套，敗露後被提里達特思及其兄阿薩息斯所殺。於是，阿薩息斯成了波斯之王，波斯王從此被稱爲"Arsakidai"。阿薩息斯統治了兩年就被害，其兄弟提里達特思接替他統治了三十七年。(AM 5238)

辛斯勒所轉述阿里安《帕提亞人史》之情節與佛提烏斯所轉述者有較大出入，而所述阿薩息斯兄弟係亞達薛西斯二世之裔、曾爲巴克特里亞總督，以及兩兄弟相繼統治波斯云云，與其他史料難以調和，歷來不被採信。蓋阿薩息斯崛起之時，巴克特里亞正在希臘人治下，而阿薩息斯爲波斯王之治期長達三十年。

　　今案：此説雖無法落實，卻似乎可以呼應斯特拉波關於阿薩息斯"一旦擺脫迪奧多圖斯及其追隨者龐大的勢力，他便發動了帕提亞人的叛亂"的記載。這表明辛斯勒並非向壁虛構。很可能最初阿薩息斯和迪奧多圖斯一樣，也曾是巴克特里亞的割據勢力，但實力不如迪奧多圖斯，因而不得不離開巴克特里亞另謀發展，於是有帕提亞的叛亂。至於辛斯勒轉述阿里安書關於"阿薩息斯統治了兩年就被害，其兄弟提里達特思接替他統治了三十七年"的記載，其實也不難解釋。因爲兄終弟及，本就是遊牧人的習慣。阿薩息斯去世後，其弟接任，順理成章。提里達特思接任後，自稱"Arsakidai"，以至其真名不彰。

　　要之，有關阿薩息斯淵源的各種記載，貌似五花八門，其實並無根本矛盾。若以斯特拉波《地理志》的記載爲基礎，阿薩息斯的淵源及早期經歷可大致勾勒如下：阿薩息斯源自斯基泰遊牧部落聯盟 Däae 之一支——Ochus 流域的 Aparnia 人。其人及其族曾居住在巴克特里亞，在塞琉古王朝衰落後，阿薩息斯以迪奧多圖斯（一世）爲榜樣，率其族人揭起叛旗，但其勢不敵迪奧多圖斯（一世），在擺脫後者控制後，西遷 Ochus 流域，並從那裏入侵帕提亞。

B

　　毫無疑問，若要進一步追溯阿薩息斯的淵源，不能不將注意力集中到斯基泰人之一種——Däae，尤其是作爲 Däae 人部落聯盟一員的 Aparni 人。幸好，除上引記載外，斯特拉波《地理志》有載：

> 據說，Aparnian Däae 人（Dahæ Parni）是來自 Maeotis 湖畔的 Däae 人移民，後者被稱爲 Xandii 和 Parii。但也有人并不認爲 Däae 人是生活在 Maeotis 附近的斯基泰人的一部分。（XI, 9.3）

據此，一般認爲，Däae 是斯基泰人之一支，是一個由 Aparni、Xanthii 和 Parii 三者組成的部落聯盟。這裏説 Aparnian Däae 人來自 Maeotis 湖，和前引斯特拉波所説 Aparni 人乃"沿 Ochus 河遊牧"者並不一致。斯特拉波本人顯然也莫知適從，纔加上一句"也有人並不認爲 Däae 人是生活在 Maeotis 附近的斯基泰人的一部分"。今案：這兩者其實並不矛盾，蓋不妨認爲，Aparni 人既有沿 Ochus 河遊牧者，亦有在 Maeotis 湖附近、與 Xandii 和 Parii 一起組成 Däae 部落聯盟者。當然，兩地之 Aparni 人相互往來的可能性也是存在的。

阿薩克斯出自"沿 Ochus 河遊牧的 Aparnia 人"，似乎並不是斯特拉波一人的主張，還見於斯特拉波《地理志》所引 Apollodoros（約前 130—前 87）的著作《帕提亞史》（*Parthika*），據載：

> Ochus 河和 Oxus 河穿越赫卡尼亞進入大海。Ochus 還流經 Nesaea，但有人説 Ochus 河流入 Oxus 河。Aristobulus 斷言，

Oxus 河是他所見過的除印度河外亞洲最大的河流。他還說，它是能夠通航的（他和 Eratosthenes 均取 Patrocles 說），大量的印度貨物經此河運抵赫卡尼亞海，再從那裏經 Cyrus 河運到 Albania，然後經過鄰近地區運到 Euxine（黑海）。古代作家根本沒有提到 Ochus，然而，《帕提亞史》(Parthica) 一書的作者 Apollodorus 不斷提到它的名字，這意味著它的流程非常接近帕提亞人居地。(XI, 7.3)

儘管因受斯特拉波徵引的局限，我們難窺全豹，但從中不難發現阿薩息斯與 Ochus 河流域的淵源。

另外，斯特拉波《地理志》有一段話概述斯基泰人的形勢：

大部分斯基泰人是所謂 Däae 人，據有裏海沿岸，其東則有瑪薩革泰人和 Sacae 人，其餘雖各有名號，但皆被稱爲斯基泰人，多以遊牧爲生。其中最著名的是從希臘人手中奪取了巴克特里亞的 Asii、Pasiani (Gasiani)、Tochari 和 Sacarauli。他們來自 Iaxartes 河（錫爾河）彼岸，與 Sacae、索格底亞那相毗連、曾被 Sacae 人佔領的地方。至於 Däae，其中一些被稱爲 Aparni、Xanthii 和 Pissuri。Aparni 去赫卡尼亞和與之相鄰的海域最近，其餘諸部甚至擴張到與阿瑞亞平行延伸的地區。(XI, 8.2)

聯繫以上所引斯特拉波《地理志》各節，這一段話有以下幾點值得注意：

1. 在斯特拉波描述的時代，大部分斯基泰人是 Däae，他們佔有裏海沿岸。由此可見，裏海東南的 Ochus 河流域本來就屬於 Däae 人活動的範疇。遊牧於 Ochus 河流域的 Aparni 也可能屬於 Däae 部落聯盟，斯特拉波説"也有人并不認爲 Däae 人是生活在 Maeotis 附近的斯基泰人的一部分"，意指 Däae 部落聯盟更可能遊牧於裏海沿岸。

2. 除 Däae 外，斯基泰人還包括瑪薩革泰人和 Sacae 人，兩者位於 Däae 人以東。瑪薩革泰人和 Sacae 人既然也被稱爲斯基泰人，他們和 Däae 人應該有相同的生活和生産方式，由於部落遷徙，你中有我、我中有你的情形不難想見。

3. 既然如前所述，Aparni 可能在 Ochus 河流域和亞速海之間遷徙往來，也就不能排除其人在遊牧於 Ochus 河流域或亞速海之前屬於瑪薩革泰人或 Sacae 人之一部。也就是説其人原來的居地更在 Ochus 河流域之東。

由於帕提亞王朝始祖阿薩息斯源自 Aparni，後人對這一部落的名稱及其淵源做了大量的研究，但迄今莫衷一是。茲提出一個關於 Aparni 淵源的新假説。

1. Aparni 一作 Parni，也就是説 Aparni 可能是 Parni 之訛。[9] 既然裏海以東有以 Sacae 命名的斯基泰人，則不能排除 Parni 乃西遷 Sacae 一部之可能性。既然據斯特拉波《地理志》，Sacae 包括 Asii、Pasiani、Tochari 和 Sacarauli 四部，其中 Pasiani 一名可與 Parni 勘同，或者説"Parni"應是"Pasiani"之訛轉。[10] [n] 是舌音，而 [s] 爲齒音，易訛。中國音韻學稱爲泥心鄰紐，可轉。

2. 早已有人指出"Pasiani"係"Gasiani"之訛，蓋希臘字母 Γ 易訛爲 Π。[11] 因此，阿薩息斯其實可能源自 Sacae 部落之一的 Gasiani。

3. 據斯特拉波，Gasiani 和其他三個 Sacae 部落一起跨過錫爾河南下，入侵巴克特里亞，滅亡了那裏的希臘人王國，其時間大致是公元前 140 年。[12] 他們建立的政權（可能以塞種四部之一 Tochari 爲主），《史記・大宛列傳》[13] 稱之爲大夏國。"大夏"得視爲 Tochari 之對譯。

4. Gasiani 和其他三部落被斯特拉波稱爲"最著名的"Sacae 部落，除了因爲他們滅亡希臘—巴克特里亞王國外，也許還由於這四者均有比較悠久的歷史，並不是直到公元前二世紀中葉纔形成部落。

5. 據希羅多德《歷史》（IV, 11, 13）記載，公元前七世紀末，發生了一次橫跨歐亞草原的遊牧民族大遷徙。這次遷徙的一個重要結果是伊賽多涅斯人驅逐了伊犁河、楚河流域的瑪薩革泰人，佔領了該地。瑪薩革泰人則撤退至錫爾河北岸。所謂伊賽多涅斯應即 Asii 和 Gasiani 等部組成的聯盟，因 Asii 爲宗主，故得名 Issedones。Asii 可以視作 Isse[dones] 的確切對譯。換言之，遲至公元前七世紀末，Gasiani 很可能已經出現在伊犁河、楚河流域，與 Asii 等組成部落聯盟。資料表明，在大流士一世即位之前、居魯士二世去世之後的某時，伊賽多涅斯人（Asii 等部組成的部落聯盟）自伊犁河、楚河流域繼續西進，佔有錫爾河北岸瑪薩革泰人的居地。[14] 從此，他們被波斯人稱爲 Sacae，亦即漢文史籍所謂

"塞種"。

這些遊牧於錫爾河北岸的 Sacae 人曾遭到大流士一世的進攻。蓋據大流士一世的貝希斯登銘文（DB, 74. 5.20-30）[15]：

> 王大流士說：後來，我率領一支軍隊出征 Sakā，討伐戴尖頂帽的 Sakā 人。這些 Sakā 人背叛了我。當我到達海邊之後，我率領全軍渡海到達彼岸。我大敗 Sakā 人。我擒獲其一名首領，他被縛送我處，我處決了他。他們擒獲其另一名首領斯昆哈並縛送到我處。隨後，在那裏按我的旨意，任命了另一個人做首領。這個地區立即又成了我的。

Sakā 即 Sacae，大流士一世跨越之"海"指錫爾河。斯特拉波所謂 Däae 以東的 Sacae 正是指錫爾河北岸的 Asii、Gasiani 等四部。

6. 有證據表明，希臘—巴克特里亞王國被滅亡之前，上述錫爾河北岸的 Asii、Gasiani 等四部 Sacae 已有機會越過錫爾河南下進入巴克特里亞。譬如，當馬其頓亞歷山大東征時，Sacae 人作爲波斯的盟軍，參加了大流士三世抵抗馬其頓人的戰鬥。阿里安《亞歷山大遠征記》[16] 有載：

> 大流士的部隊之所以這樣龐大，是因爲有大批援軍。有巴克特里亞邊境上的一些印度部族，加上索格底亞那人和巴克特里亞人。以上這些部隊都由巴克特里亞總督柏薩斯（Bessus）指揮。和這些人一起前來支援的，還有居住在亞洲斯基泰人

(Scythains）當中的一個叫 Sacae 的部族。他們所以來支援，並不是因爲他們附屬於柏薩斯，而是因爲他們和大流士結了盟。這批部隊是馬上弓箭手，指揮官叫馬那西斯（Mauaces）。還有阿拉霍西亞總督巴散提斯率領的阿拉霍西亞人和所謂的印度山地人、阿瑞亞總督薩提巴贊斯率領的阿瑞亞部隊……（III, 8）

這就是說，至遲在公元前四世紀三十年代，Gasiani 等四部 Sacae 已有可能遷居巴克特里亞。

強調這一點非常重要，因爲在斯特拉波心目中，此說似乎有別於其斯基泰人說。而如前所述，這兩說其實並不矛盾。如果從阿薩息斯源自 Gasiani 的角度來看，則情況更加清楚：

1. 斯基泰人乃指阿薩息斯的族源，"斯基泰"是族名，而 Gasiani 係斯基泰人的部落名稱；"巴克特里亞"是地名，巴克特里亞一地完全可能有斯基泰人或斯基泰人之一支 Gasiani 人。

2. 如前述，Gasiani 等四部 Sacae 遲至前四世紀三十年代已有可能遷居巴克特里亞。阿薩息斯便可能出自這樣一支巴克特里亞的 Gasiani 人。

3. 至於裏海東南 Ochus 河流域或亞速海附近的 Gasiani 人在何時自何處遷入，因書闕有間，我們不得其詳而知。但阿薩息斯所出一支 Gasiani，如前述，應在塞琉古王朝没落之際，自巴克特里亞遷入者。

要之，斯特拉波關於阿薩息斯淵源的記載最爲詳細和合理，不僅其本身不存在矛盾之處，而且大體上可以和其他各種記載兼容。阿薩息斯或源自與 Däae 同屬斯基泰人的 Sacae 部落之一的 Gasiani，其人原在 Däae 之東（錫爾河北岸），後南下巴克特里亞，復在公元前三世紀中葉西遷至裏海東南 Ochus 河流域，復自該處入侵帕提亞。

C

亞美尼亞史家關於其阿薩息斯王室淵源的記載似乎也爲上說提供了證據。此說主要見諸亞美尼亞歷史學之父科倫的莫塞（Moses of Khoren）所著《亞美尼亞史》（*History of the Armenians*）[17]。

莫塞在書中引述提里達特思三世（Tiridates III）的秘書阿噶森格羅斯（Agathangelos）關於亞美尼亞王庫思老（Khosrov）反抗薩珊帝國阿爾達希爾一世（Ardashīr I，224—240 年在位）的經歷，說：

> 據阿噶森格羅斯，庫思老遣使赴其故土，即貴霜人之居地。他認爲其親屬應該前來幫助他對抗阿爾達希爾。而據阿噶森格羅斯，他們對此漫不經心，因爲他們順從和忠於阿爾達希爾已甚於順從和忠於其父兄。因此，庫思老只能在沒有他們幫助的情況下尋求復讐。(II, 67)

阿爾達希爾一世視庫思老爲心腹之患，懸賞招募暗殺庫思老之人。

據莫塞所引阿噶森格羅斯：

> 阿噶森格羅斯繼續說，阿那克（Anak）受阿爾達希爾承諾之誘惑，踏上背叛之路。蓋阿爾達希爾說："我會將你的故土和貴重的 Pahlav 歸還你，並給你戴上王冠。"爲此，阿那克同意了，謀殺了庫思老。（II, 67）

阿那克屬帕提亞阿薩息斯王室，和庫思老是親屬，因而能接近庫思老而使謀殺得逞。阿噶森格羅斯的記述表明，亞美尼亞人將貴霜人稱爲親屬，稱其故土在貴霜人居地。

今案：當庫思老求助於貴霜人時，貴霜王朝（Kushan dynasty）尚未滅亡，但已向阿爾達希爾一世稱臣，這也許是庫思老求援落空的原因。至於阿爾達希爾對阿那克許諾之故土和 Pahlav 都在貴霜人居地（亦即巴克特里亞），正可與前引斯特拉波、辛斯勒等西方史家的記載相互印證。但是，以上莫塞所引阿噶森格羅斯的記載需要作一些說明。

1. 莫塞對於阿噶森格羅斯所述似乎頗有微詞：

> 雖然阿噶森格羅斯已經對這些事件作了簡要說明，但我決心用完全真實的語言，更全面、更詳細地從頭記述這一時代的歷史。（II, 67）

有關庫思老求助其貴霜親屬一事，莫塞本人的說法如下：

> 他再次遣使其親屬帕提亞人和 Pahlav 家族，以及貴霜人領土上所有的武裝力量，認爲他們都應該到他這裏來，對阿爾達希爾復讎；[他且説]他會使他們中間最傑出的人成爲國王，使王冠不至旁落。但是前面提到的 Aspahapet 和 Surenean 分支並不同意，所以庫思老回到了我們的土地上，因被其親人拋棄而難受，對他的勝利並不感到高興。那時，他的一些使者遠赴內陸直至 Bahl，見到了更爲傑出的民族，給他捎話説："你的親屬 Vehsachan 及其分支 Karēn Pahlav [18] 並没有臣服阿爾達希爾，正前來響應你的召唤。" (II, 72)

今案：貴霜王朝已屈服於阿爾達希爾一世，因而不能響應庫思老的召唤，但未必所有貴霜人都甘心稱臣，庫思老的使者在 Bahl 找到支持者不足爲奇。

有關阿爾達希爾一世對阿那克的許諾，莫塞本人的説法如下：

> 他答應歸還他們原來的采邑 Pahlav，亦即王城 Bahl，以及貴霜人的全部國土。(II, 74)

兩相對照，主要的區别在於莫塞認爲 Pahlav 就是王城 Bahl。

2. 再看傳世的阿噶森格羅斯《亞美尼亞人史》(*History of the Armenians*) 的有關記述：

a. 有關庫思老求助其貴霜親屬一事：

> 他非常傷心，因為他的家族與（貴霜）王朝的關係：他們已經屈服、接受了 Stahrian（即阿爾達希爾一世）的統治，並和阿爾達希爾聯合起來。儘管庫思老曾派出一位使者，以便得到他親屬的支持，與他自己的王國一起對抗（阿爾達希爾一世），還希望有來自貴霜人地區的援助，來自該地區和他們自己土地上的勇士和英勇的軍隊。但是，他的親屬、酋長、王公以及帕提亞人的領袖都漫不經心。因為他們已經服從和隸屬於阿爾達希爾，而不是他們的親屬和兄弟的統治。(I, 20)

這和莫塞所引阿噶森格羅斯差別不大。

b. 有關阿爾達希爾一世對阿那克的許諾：

> 只要你忠誠地了結此事，我就會歸還你的故土帕提亞，你自己的 Pahlav，我就會給你戴上王冠，讓你在我的王國裏享有名聲和榮譽，並把你稱為僅次於我的人。(I, 26)

這一段文字也和莫塞所引非常接近。

3. 此外，莫塞還據 "Mar Abas Catina" 之檔案[19]，稱：

> 如前述，亞歷山大死後六十年[20]，勇士阿薩息斯（Arshak = Arsaces）在貴霜人之地 Bahḷ Aṙavawtin 城統治帕提亞人。(II, 2)

據此，亞美尼亞史家所述其阿薩息斯王室與貴霜之親緣關係始自帕提亞帝國創始人阿薩息斯；而阿爾達希爾一世允諾歸還阿那克的 Pahlav 應即 Bahḷ Aṙavawtin 城。

今案：一般認爲，阿噶森格羅斯並非如莫塞所言是提里達特思三世之秘書，其人可能生活於五世紀。但是，其言論或著作既被莫塞引用，其人或其著作之年代應早於莫塞。莫塞對阿噶森格羅斯表示異議，也許他另有所據；不過，莫塞所引阿噶森格羅斯的言論似較莫塞本人所述更接近事實，蓋阿薩息斯在當時不可能佔有包括 Bahl 在內的整個巴克特里亞。這很可能是莫塞本人或其所據資料將 Pahlav 和 Bahl 混爲一談了。此外，如前所引傳世的阿噶森格羅斯《亞美尼亞人史》關於庫思老向其親屬貴霜人求援以及阿爾達希爾一世對阿那克的許諾和莫塞所引阿噶森格羅斯言論的内容並無根本性的差別。由此可見，在亞美尼亞史家（莫塞和阿噶森格羅斯）心目中，亞美尼亞阿薩息斯王室和貴霜之間是存在親緣關係的。

據研究，莫塞所謂 Mar Abas Catina 之檔案實際上並不存在[21]，莫塞所引應該是他得自他處的資料，只是爲了取信於人，纔假託 Mar Abas Catina 之檔案。值得注意的是，所謂 Mar Abas Catina 之檔案關於"Bahḷ Aṙavawtin 城"的記載和莫塞本人關於阿爾達希爾一世對阿那克之許的說法十分契合。既然兩者均出自莫塞，"Bahḷ Aṙavawtin 城"或係"Pahlav Aṙavawtin 城"之訛傳。

亞美尼亞史家關於阿薩息斯王室與貴霜之間存在親緣關係言之鑿鑿，但由於別無其他資料可以印證，學界質疑不斷：

1. 莫塞的著作成書的年代有各種說法，或力主該書問世於公元五世紀。[22] 這是因爲其時在貴霜舊土有寄多羅貴霜崛起，而亞美尼亞阿薩息斯王室面臨其主權被薩珊剝奪之危局。這使亞美尼亞人對東方的貴霜人寄予了莫大的希望。換言之，阿薩息斯與貴霜之親屬關係無非是亞美尼亞王室出於政治需要所作宣傳。今案：寄多羅貴霜人不過曇花一現，根本不可能成爲亞美尼亞人擺脫薩珊統治的寄託。質言之，即使莫塞書問世於五世紀，也無助於問題的解決。

2. "貴霜人之地"（the land of the Kushans）在早期亞美尼亞文獻中用來泛指"中亞"。[23] 今案：縱觀莫塞的有關記載，這一推論不確。

3. 亞美尼亞人將阿薩息斯王室與貴霜聯繫起來是因爲他們混淆了 Pahlav（Parthia）和 Bactria（Bahl）。[24] 今案：亞美尼亞阿薩息斯王朝起訖年代爲公元 54 年至 428 年，差不多和貴霜王朝同始終。亞美尼亞人必定熟知貴霜的歷史。說者所指混淆不可能產生。

學界對上引亞美尼亞史家的有關記載深感困惑，根本原因在於無法正確解讀斯特拉波《地理志》的記載。其實，只要知道阿薩息斯源自 Gasiani 部落，便找到了解決問題的關鍵。因爲 Kuṣāṇa 或"貴霜"[giuət-shiang] 與 Gaisiani 得視爲同名異譯。而貴霜王朝的前身貴霜翖侯正是進入巴克特里亞的 Sacae 部落 Gasiani。如前所述，遲至阿喀美尼德王朝大流士三世治期，Gasiani 人已有可能進入巴克特里亞。也就是說，亞美尼亞史家關於阿薩息斯王室與貴霜人關係之說可以視作阿薩息斯源自 Sacae 部落 Gasiani 之有力佐證。

因此，帕提亞帝國創始人阿薩息斯的淵源大抵可以這樣理解：他源自屬於斯基泰的 Sacae 部落，具體而言是其中的 Gasiani 部落。阿薩息斯所出 Gasiani 部落，至遲在大流士三世時已遷居巴克特里亞。阿薩息斯本人由於種種原因成爲該部落首領，在塞琉古王朝没落時一度控制巴克特里亞某地（Pahlav Aṙavawtin）。[25] 因勢力不敵割據的希臘—巴克特里亞王迪奧多圖斯一世，西遷裏海東南，並從那裏入侵帕提亞。Pahlav Aṙavawtin（未必就是 Bahl）後爲貴霜王朝統治，因而被稱爲"貴霜人之地"。[26]

D

貴霜王朝是役屬大月氏的原大夏國五翖侯之一貴霜翖侯丘就卻所創建。和許多遊牧部族一樣，大月氏在征服大夏國之後，扶植親大月氏的大夏人做傀儡管理原大夏國部分地區。對於"小長"林立、没有"大君長"的大夏國，大月氏這樣做幾乎是必然的。包括貴霜翖侯在内的大夏國五翖侯出現的時間無從確知。一般來説，貴霜等五翖侯作爲役屬大月氏的地方政權出現的時間上限爲公元前 130 年，亦即大月氏被烏孫逐出"塞地"西遷、滅亡"大夏"之年。至於這五個被大月氏扶植的翖侯，可能存在以下兩種情況。

1. 公元前 140 年入侵巴克特里亞，滅亡該地希臘人王國的 Sacae 人。《漢書·西域傳》稱"大夏有五翖侯"。"大夏"乃指滅亡希臘—巴克特里亞王國的 Asii、Gasiani 等四部建立的政權。

2. 遲至大流士三世治期遷居巴克特里亞的 Sacae 人。也就是說，客觀上，《漢書·西域傳》此處所謂"大夏"指的是 Sacae 人控制下的巴克特里亞地區。

阿薩息斯所出 Gasiani 部落顯然不可能是前 140 年參與入侵巴克特里亞、滅亡該地希臘人王國的 Gasiani 人，只能是此前進入巴克特里亞的 Gasiani 部落。但是，即使創建貴霜王朝的貴霜翎侯丘就卻正是公元前 140 年左右進入巴克特里亞的 Gasiani 人，也無妨肯定阿薩息斯王室與貴霜王朝是親屬關係。蓋兩者均在公元前七世紀末佔領伊犁河、楚河流域，又一起向西拓展其勢力範圍至錫爾河北岸，且自該處南下巴克特里亞。

在斯特拉波的年代，貴霜王朝創始人——原貴霜翎侯丘就卻的事業剛剛開始（時間上限為公元前 25 年左右）。[27] 斯特拉波自然不可能將阿薩息斯的淵源與貴霜王朝聯繫起來，但是他根據他所掌握的資料稱阿薩息斯是巴克特里亞人，可以看作亞美尼亞史家將巴克特里亞視作故土的有力旁證。如果加上辛斯勒的記載，足見在裏海東南的 Gasiani 人有一部分來自巴克特里亞。

我曾論證建立貴霜王朝的貴霜翎侯不可能是大月氏人，只能是塞種部落之一的 Gasiani 人。[28] 儘管從根本上說，月氏或大月氏也是 Gasiani 人，但以上論述表明最遲在希臘—巴克特里亞王國興起前夕，帕提亞帝國創始人阿薩息斯所出 Gasiani 部落已經出現在巴克特里亞，因此亞美尼亞人認定的親屬——建立貴霜王朝的貴霜人只能是原大夏國人亦即巴克特里亞人，而不可能是大月氏人。因為直至公元前 177/176 年，大月氏纔西遷至伊犁河、楚河流域，而早在前七世紀 Gasiani 等 Sacae 四部已經佔領了該地。

由於無法與羅馬和波斯的記載契合，包括庫思老的經歷在內，亞美尼亞史家關於亞美尼亞史的許多記述，均不被學界採信。許多問題在目前依舊無解，其中就包括亞美尼亞阿薩息斯王室和貴霜的親緣關係。但是，揆情度理，亞美尼亞人用亞美尼亞語文書寫的亞美尼亞史理應得到重視，研究的力度應該加強。本文某些論述也可以視爲這方面的嘗試之一。

■ 注釋

[1] Assar 2006.

[2] Jones 1916-36.

[3] 如 Debevoise 1938, p. 2; Frye 1962, pp. 50, 180。

[4] Watson 1853.

[5] Freese 1920, pp. 54-55.

[6] Rolfe 1939.

[7] Ridley 1982.

[8] Dindorf 1829, vol. 1, p. 676 (= p. 359); Adler 2002, p. 412 (= p. 343).

[9] Hamilton 1856 (11.9.2-3) 正作 Parni。另可參看 Jones 1916-36, p. 248, no. 1; p. 274, no. 2。有關討論見 Lecoq 1987, p. 151。關於 Parni 的語言，也有討論，見 Bivar 1983, p. 27。

[10] 斯特拉波《地理志》（XI, 8.2）曾將 Pasiani 和 Aparni（Parni）並舉，表

明斯特拉波對於該部族的淵源已不甚了了。

[11] Marquart 1901, pp. 206-207.

[12] Tarn 1951, pp. 283-287, 533; Narain 1962, p. 141.

[13] 所引《史記》見 SimaQ 1975, pp. 3157-3180；下同。

[14] YuTsh 1992, pp. 16-20.

[15] Kent 1953, p. 134.

[16] Robson 1929.

[17] Thomson 1978.

[18] Herzfeld 1928.

[19] Langlois, I, p. 42.

[20] 關於"六十年"，見 Thomson 1978, pp. 130-131, no. 1；參見 Assar 2006。

[21] Thomson 1978, pp. 54-56.

[22] Enoki 1965.

[23] Thomson 1978, p. 131, no. 4.

[24] Thomson 1978, p. 214, no. 3.

[25] Bivar 1983, p. 31.

[26] Debevoise 1938, pp. 10-11, no. 43, 認爲 Arsaces 也許在 Astauene 的 Asaak（Atrek 河上游 Kuchan 附近）加冕。

[27] YuTsh 2015, pp. 20-45.

[28] YuTsh 1992, pp. 24-51.

五　帕提亞帝國與希臘—巴克特里亞王國

帕提亞緊鄰巴克特里亞，關係密切，對兩者的歷史進程有重要影響。囿於認知範疇，本文祇能談以下三點。

A

帕提亞帝國建立前夕就和巴克特里亞糾纏不清，在此只能依據貧乏的資料，勾勒其大概。

1. 據斯特拉波《地理志》[1]記載，有關帕提亞帝國的創始人阿薩息斯的淵源說有二，即斯基泰人或巴克特里亞人：

> 不管怎樣，有人說阿薩息斯來自斯基泰人，而另一些人說他是巴克特里亞人。阿薩息斯一旦擺脫迪奧多圖斯（Diodotus I，約前250—前239年在位）及其追隨者龐大的勢力，便發動了帕提亞人的叛亂。(XI, 9.3)

既然斯特拉波没有隻字提及阿薩息斯是如何在擺脱了迪奧多圖斯及其追隨者之後，發動了帕提亞人的叛亂，阿薩息斯的淵源又有以上兩種不同的説法，則對所謂"一旦擺脱迪奧多圖斯"云云也就自然會産生不同的詮釋。

如果阿薩息斯僅僅是一個斯基泰人，與巴克特里亞毫無關係，他在帕提亞起事前擺脱迪奧多圖斯及其勢力云云，可能是因爲迪奧多圖斯治下的巴克特里亞成了他入侵帕提亞的障礙。我們知道，馬其頓亞歷山大佔領中亞，特別是巴克特里亞之後，在該地建造了許多堡壘、要塞，以防遊牧人入侵。我們不清楚阿薩息斯是如何擺脱迪奧多圖斯及其勢力的，但其入侵帕提亞的前提，必定是擺脱迪奧多圖斯及其勢力的攔截阻擊。

如果阿薩息斯只是一個巴克特里亞人——不妨設想他是某一地區的酋長之類，他想自巴克特里亞西向帕提亞發展，無疑也必須首先掙脱迪奧多圖斯的羈絆和控制。還可以設想，阿薩息斯在巴克特里亞的存在妨礙了獨立後的迪奧多圖斯進一步加強在巴克特里亞的統治、擴大其勢力範圍，迫使阿薩息斯離開巴克特里亞向帕提亞發展。

據我考證，阿薩息斯可能是早就遷入巴克特里亞的塞人部落之一的 Gasiani 人。[2] 果然，則其人一度接受希臘—巴克特里亞王國的創始人迪奧多圖斯直接或間接的統治。而據研究，在阿薩息斯發動帕提亞人叛亂之前，迪奧多圖斯（一世）已經叛離塞琉古王朝。[3] 不管怎樣，阿薩息斯入侵帕提亞，並成功地殺死了和迪奧多圖斯同樣叛離了塞琉古王朝的原帕提亞總督，佔領了帕提亞。

当然，另一种可能性也是应该提到的：巴克特里亚仅仅是阿萨息斯的出生地，他作为迁入巴克特里亚的塞种部族之一员早已离开该地。而在迪奥多图斯叛离塞琉古王朝后，阿萨息斯以迪奥多图斯为榜样，随即起事，但迪奥多图斯毕竟势力强大，阿萨息斯不得不避开其势力范围，向帕提亚发展。

2. 领有帕提亚的阿萨息斯很可能继续受到来自希腊—巴克特里亚王国的打压。这种窘迫的局面一直持续到迪奥多图斯一世去世。据查斯丁《摘要》[4]：

> 不久之后，他（阿萨息斯）又使自己成了赫卡尼亚的主人，凭借凌驾两个民族的权力，建立了一支大军，因为他害怕塞琉古和迪奥多图斯即巴克特里亚王。但他的恐惧很快因迪奥多图斯死亡而消除，他与后者之子，亦名迪奥多图斯，讲和并结盟。不久之后，他与前来惩罚叛者的国王塞琉古交战获胜。帕提亚人以庄严肃穆的方式庆祝这一天，这标志着他们自由的开始。（XLI, 4）

由此可见，在占领帕提亚甚至占领赫卡尼亚之后，阿萨息斯继续受到迪奥多图斯的打压，具体情形也不得而知。但是，如果迪奥多图斯仅仅有碍阿萨息斯的势力东进，则后者无需恐惧。阿萨息斯之所以恐惧，很显然是担心迪奥多图斯一世西向发展，入侵帕提亚。尽管手握大军，自忖还不敌统治富饶的巴克特里亚的迪奥多图斯一世。

以上事涉帕提亞和巴克特里亞的獨立建國，儘管不得其詳而知，但無疑十分重要，因為這些簡略的記載至少表明了同屬塞琉古王朝的帕提亞和巴克特里亞各自獨立建國後雙邊關係的基本特徵。

B

查斯丁的《摘要》告訴我們，在迪奧多圖斯一世去世之後，帕提亞和巴克特里亞的關係迎來了轉機。阿薩息斯不僅不再恐懼，而且和迪奧多圖斯一世之子迪奧多圖斯二世握手言和。在消除了來自東方的威脅後，阿薩息斯全力對付前來平叛的塞琉古二世（Seleucus II Callinicus Pogon，前246—前225年在位），一戰而勝，正式揭開了帕提亞建國的序幕。

塞琉古二世和阿薩息斯之間的戰鬥發生在前228年左右；尚不清楚迪奧多圖斯二世是積極參與了這場戰鬥，還是僅僅同意保持中立，從而讓阿薩息斯得以全力以赴對抗塞琉古王朝的軍隊。[5]

不妨認為，迪奧多圖斯二世與阿薩息斯的結盟是對來自塞琉古二世威脅的回應：如果帕提亞的獨立政權被塞琉古王朝消滅，下一個一定會輪到巴克特里亞。也就是說，以阿薩息斯作其屏障，迪奧多圖斯二世可保無虞。而對於阿薩息斯而言，能夠避免東西兩面作戰自然是最佳選擇。

就在迪奧多圖斯二世和阿薩息斯言和不久，迪奧多圖斯二世被歐西德謨斯（Euthydemus）殺死，後者篡奪了王位，建立了歐西德謨斯王朝。這一事件只有 Polybius《通史》(*History*)[6] 中一則間接的記載：前 209 年，當塞琉古帝國的安條克三世（Antiochus III，前 222—前 187 年在位）進攻巴克特里亞時，當時的巴克特里亞統治者歐西德謨斯一世對安條克三世的使者 Teleas 說：

> 安條克企圖剝奪他的王國是沒有道理的，因爲他自己從來沒有反抗過國王，而是在其他人反叛之後，他通過消滅叛逆者的後代，纔獲得了巴克特里亞王座。(XI, 9)

由此可見，正是歐西德謨斯從迪奧多圖斯家族手中奪取了巴克特里亞王國。

一說歐西德謨斯一世的篡位利用了希臘人對迪奧多圖斯二世聯合帕提亞人反對塞琉古王朝的情緒。[7] 另說迪奧多圖斯二世與阿薩息斯結盟是由於當時巴克特里亞業已爆發迪奧多圖斯王室與歐西德謨斯之間的內戰；爲平息內亂，迪奧多圖斯二世纔不得不與阿薩息斯言和。但阿薩息斯似乎並沒有給予迪奧多圖斯二世有力支持，或許因爲巴克特里亞不安定對帕提亞來說是有利的。[8]

今案：既然具體情節闕如，迪奧多圖斯二世與阿薩息斯的言和就和他被推翻難免成了因果關係。應該承認以上兩說均有其合理性。如果屬於前一種情況，應該是迪奧多圖斯二世考慮到一旦帕提亞被塞琉古王朝征服，接下來塞琉古王朝就可以專門對付巴克特里亞；而如果和帕提亞講和，則會導致巴克特里亞的希臘人不滿，而成爲歐西德謨斯篡位的契機或導火索。如果屬於後一種情況，迪奧多圖斯二世既有內患，自然希望有一個較好的外部環境，而與帕提亞人言和卻加深了希臘人的敵對情緒，於是歐西德謨斯篡位成功。

至於迪奧多圖斯王朝滅亡的年代，並無確鑿的證據。對此，學者間有種種説法，但大抵落在前 230—前 220 年之間，亦即塞琉古帝國安條克三世即位前後。有學者認爲，考古證據顯示，艾哈努姆城（Ai-Khanoum）在前 225 年左右被圍困，這或者與歐西德謨斯篡位事件有關。[9]

以上事涉希臘—巴克特里亞王國的改朝換代，而與迪奧多圖斯二世言和則可以視作帕提亞帝國國運的轉折點。

C

歐西德謨斯王朝後來被歐克拉提德斯推翻，歐克拉提德斯一世治下的希臘—巴克特里亞王國與米特里達提一世（Mithridates I, 前 171—前 132 年在位）治下的帕提亞帝國之間亦曾發生戰事。[10] 據查斯丁《摘要》：

> 幾乎在米特里達提登上帕提亞王位的同時，歐克拉提德斯開始統治巴克特里亞人，他倆都是偉人。但是，帕提亞人的命運要好得多，在這位君主治下，他們的勢力臻於極盛。而被各

> 種戰爭困擾的巴克特里亞人，不僅失去了領土，而且失去了自由；因爲他們曾與索格底亞那人、阿拉霍西亞、德蘭葵亞那人、阿瑞亞人和印度人角逐，好像已經精疲力竭，終於被較弱的帕提亞人征服了。(XLI, 6)

帕提亞的崛起阻斷了巴克特里亞和西方的關係，尤其是貿易關係，而這對於巴克特里亞的繁榮至關重要。這可能是迫使歐西德謨斯王朝向興都庫什山以南發展的一個重要原因。[11] 而一般認爲，只有經過米特里達提一世的經營，帕提亞纔真正成爲一個帝國。顯然，巴克特里亞和西方的貿易在米特里達提一世治期必定更爲困難。

另一方面，米特里達提一世治下的帕提亞的處境也不容樂觀，西邊是視帕提亞爲叛逆的塞琉古王朝，這個王朝必欲平定帕提亞而後快，東面則是野心勃勃的歐克拉提德斯一世治下實力堪稱強大的希臘—巴克特里亞王國。這就是說，帕提亞帝國必須竭力避免東西兩面作戰的困局。

質言之，米特里達提一世治下的帕提亞和歐克拉提德斯一世治下的巴克特里亞必有一戰。

客觀上，形勢似乎朝著不利於希臘—巴克特里亞王國的方向進展。這是因爲巴克特里亞內戰頻仍，導致國力衰退。這些戰爭發生的原因也許並不單一，但不妨認爲主要與歐克拉提德斯一世篡奪歐西德謨斯王朝有關：歐西德謨斯王朝的臣民必定有不甘臣服者，而反抗必然招致鎮壓。歐克拉提德斯一世雄才大略，不甘寂寞自然也是原因。

從查斯丁的《摘要》不難推得，歐克拉提德斯一世一統原歐西德謨斯王朝的領土和勢力範圍是一個艱苦的過程。由此引起的希臘—巴克特里亞內外的動蕩給了米特里達提一世進攻巴克特里亞的機會。[12]

查斯丁的《摘要》沒有告訴我們米特里達提一世東征的具體時間[13]和過程，我們只知道米特里達提一世戰勝了希臘—巴克特里亞王國。但後者究竟是俯首稱臣，還是割地賠款，亦無從確知。

而據斯特拉波《地理志》(XI, 11.1)，米特里達提一世東征之前，阿瑞亞無疑屬於希臘—巴克特里亞王國，也就是說，帕提亞帝國和希臘—巴克特里亞王國的分界綫正在阿瑞亞的西界。錢幣學的證據還表明，當時屬於希臘—巴克特里亞王國的還有馬爾吉亞那。[14] 毋庸置疑，米特里達提一世東進，首先針對的是阿瑞亞、馬爾吉亞那等巴克特里亞以西地區。

至於米特里達提一世究竟有沒有佔領巴克特里亞本土，只有斯特拉波以下一則記載稍有涉及：

> 他們的城市有巴克特拉（也稱爲 Zariaspa，一同名河流經該城並注入 Oxus 河）、Darapsa 等。其中包括以統治者名字命名的 Eucratidia。希臘人佔領了它，並把它分成了總督轄地，其中 Turiva 和 Aspionus 兩處被帕提亞人從歐克拉提德斯手中奪走。他們還控制了索格底亞那，其地東至巴克特里亞之北，在阿姆河與錫爾河之間。阿姆河成了巴克特里亞人和索格底亞

那人的邊界，錫爾河則成了索格底亞那人和遊牧人之間的邊界。(XI, 11.2)

被帕提亞人（米特里達提一世）從歐克拉提德斯一世手中奪走的 Turiva 和 Aspionus 兩郡究竟位於何處，學者間爭議頗大。較早的研究認爲 Aspionus 和 Turiva 應即 Tapuria（Tabaristan）和 Traxiana（Traxiane），亦即呼羅珊（Khurāsān）。[15] 時至今日，此說幾乎無人接受。近人紛紛提出新的比定，但迄今沒有一致看法。[16]

今案：據斯特拉波《地理志》，Turiva 和 Aspionus 兩郡之地無疑應包括在巴克特里亞本土之內，也就是獨立之前巴克特里亞作爲塞琉古王朝督區的轄地之內。獨立後的希臘—巴克特里亞國國王將他原有的轄地分而治之，Turiva 和 Aspionus 則屬於由希臘—巴克特里亞國國王新任命的兩位總督的轄地。這兩督區顯然有別於阿瑞亞、馬爾吉亞那、索格底亞那等地。因此，不管米特里達提一世東征前帕提亞帝國和希臘—巴克特里亞王國在何處接壤，具體而言，不管當時阿瑞亞和馬爾吉亞那是歸屬希臘—巴克特里亞王國，還是已被帕提亞帝國佔領，米特里達提一世從歐克拉提德斯一世手中奪取的 Turiva 和 Aspionus 兩處只能求諸原塞琉古王朝巴克特里亞督區轄地之內。

斯特拉波在提及 Turiva 和 Aspionus 在歐克拉提德斯一世治期丟失之後，於另一處還說：

他們還奪取了巴克特里亞部分地區，迫使斯基泰人，以及

早期的歐克拉提德斯及其追隨者向他們投降。(XI, 9.2)

這段話可以和前引查斯丁《摘要》所謂歐克拉提德斯一世"被較弱的帕提亞人征服了"參看，表明歐克拉提德斯一世治下的希臘—巴克特里亞王國確實曾屈服於帕提亞，割地賠款則在所難免。查斯丁《摘要》所謂巴克特里亞人"不僅失去了領土，而且失去了自由"也足以證明歐克拉提德斯一世治下的希臘—巴克特里亞王國已淪爲帕提亞帝國的附庸。

不管怎樣，米特里達提一世的東征奪取了巴克特里亞以西的勢力範圍甚或其西部領土，也就是說可能奪取了阿瑞亞、馬爾吉亞那，以及巴克特里亞本土西部兩郡之地。[17] 從此，木鹿（Merv）很可能成了帕提亞人在其東北邊區的一個重要據點。[18]

至於這場戰爭的經過，只能依據查斯丁《摘要》，作一個大致推測：歐克拉提德斯一世是推翻了歐西德謨斯王朝而登上國王寶座的。也就是說，他是一個篡位者。這勢必引起原歐西德謨斯王朝臣民的反抗，因而他登基後首先要鎮壓各地的反叛，其中包括查斯丁《摘要》提到的索格底亞那、阿拉霍西亞、德蘭葵亞那、阿瑞亞和印度，或許還可以加上馬爾吉亞那。這些都是被歐西德謨斯王朝征服的地區。他們反對歐克拉提德斯一世，既可能是因爲忠於前朝而反對篡位者，也可能是想乘機擺脫希臘—巴克特里亞王國的控制。由於一次次西討、南征和北伐，歐克拉提德斯一世一定疲於奔命，王國的實力因而衰退幾乎是必然的。米特里達提一世可能覺得這是解除來自東方威脅的大好時機，於是發動了東征。結果是希臘—巴克特里亞王國戰敗，不僅丟失了阿瑞亞、馬爾吉亞那等地，甚至還丟失了置於巴克特里亞本土的 Turiva 和 Aspionus 兩郡。[19] 仔細體會斯特拉波《地理志》的話："Turiva 和 Aspionus 兩處被帕提亞人從歐克拉提德斯一世手中奪走"云云，不妨認爲，米特里達提一世和歐克拉提德斯一世之戰最後以歐克拉提德斯一世割地求和告終。

米特里達提一世的一些銅幣背面描繪了一頭大象，錢銘是"偉大的國王，阿薩息斯"。[20] 既然希臘—巴克特里亞王國鑄造的硬幣上以大象圖案爲標誌，米特里達提一世發行繪有這種特定動物肖像的硬幣可能是爲了慶祝他征服巴克特里亞。[21]

米特里達提一世不僅佔領了阿瑞亞、馬爾吉亞那等地，還奪取了巴克特里亞西部兩郡之地，對於他也許是最好的結果。他沒有滅亡希臘—巴克特里亞王國，不僅是因爲這個王國尚有實力，最主要的原因還在於在他的西部，有虎視眈眈的塞琉古王朝。正如查斯丁《摘要》(XLI, 6) 所載，米特里達提一世和巴克特里亞之間的糾紛尚未告一段落，"帕提亞人和米底人之間的戰爭就爆發了"。

最後，略述米特里達提一世入侵希臘—巴克特里亞王國和歐克拉提德斯一世征服印度之間的關係。上引查斯丁《摘要》在敘事至巴克特里亞人"被較弱的帕提亞人征服了"之後，還接著說：

然而，歐克拉提德斯以其堅強的意志發動了好幾次戰爭。儘管因爲在這些戰爭中的損失而實力大損，當他被印度王德米特里厄斯（Demetrius）圍困時，仍以三百守軍連續發動反擊

而擊退了六萬敵軍。因此，他得以在被困五個月後逃脫，將印度置於他的控制之下。（XLI, 6）

據此，似乎歐克拉提德斯一世是在和米特里達提一世的戰事結束後，纔發動對德米特里厄斯之戰的。客觀上，以下這種可能性不能排除：歐克拉提德斯一世在割地求和、暫時解除來自帕提亞的威脅之後，不顧國力衰退，發動南征，最主要的目的應該是擴大自己開創的新王朝的生存空間，這一空間已經由於米特里達提一世的東征而被大大壓縮，當然也可能包括重新樹立其個人威信的動因。

應該指出的是，如果遵循查斯丁《摘要》（XLI, 6）的敘述順序，我們不妨認為，歐克拉提德斯一世登基之後，為鎮壓不願臣服的勢力，已經有過一次越過興都庫什山南征印度等地的舉動。須知所謂印度王德米特里厄斯（二世）其實是歐西德謨斯王朝的枝葉，他和歐克拉提德斯一世勢不兩立是必然的。歐克拉提德斯一世這一次南征也許因米特里達提一世來犯被迫中斷——歐克拉提德斯一世遠離巴克特里亞，對米特里達提一世東征來說是難得的機會。至於歐克拉提德斯一世被德米特里厄斯（二世）圍困五個月等情節，應該屬於他第二次跨過興都庫什山南征印度。儘管戰事一度失利，歐克拉提德斯一世最後還是征服了印度，而正是在這次南征的歸途，據查斯丁《摘要》（XLI, 6），他被其子殺死。

為說明米特里達提一世東征希臘—巴克特里亞王國的過程，或重新編排了查斯丁《摘要》有關敘事（XLI, 6.1-5）的次序。按照這一新的敘事順序，事件發展的大致過程如下：一、歐克拉提德斯一世登基；二、歐克拉提德斯一世鎮壓各地叛亂；三、南征時被所謂"印度王"德米特里厄斯圍困了五個月後得以脫身；四、米特里達提一世乘歐克拉提德斯一世不在巴克特里亞時東征，留守的歐克拉提德斯之子未能成功抵抗米特里達提一世；等等。[22]

今案：這固然不失爲一種解釋。問題在於沒有充分證據表明查斯丁《摘要》的順序有誤，而合情合理地展示事件的過程，無需變動查斯丁原有的記事順序。更何況，斯特拉波《地理志》稱向帕提亞人屈服的是"更早的歐克拉提德斯"，可見歐克拉提德斯一世征服印度在米特里達提一世東征之後。[23]

或以爲據亞美尼亞史家科倫的莫塞《亞美尼亞史》(2, 68)[24]的記載，似乎米特里達提一世一度直搗巴克特里亞的都城巴克特拉。蓋所載"阿薩息斯大帝"（Arshak the Great）可與米特里達提一世勘同。[25]

今案：亞美尼亞史家有關帕提亞帝國史的年代體系值得重視，但指所載"阿薩息斯大帝"爲米特里達提一世，有待進一步研究，在此存而不論。[26]

■ 注釋

[1] Jones 1916-36.

[2] 見本書第四篇。

［3］YuTsh 2021.

［4］Watson 1853.

［5］Holt 1999, pp. 61-62.

［6］Paton 1923.

［7］Tarn 1951, pp. 73-74.

［8］Holt 1999, pp. 105-106.

［9］如 Holt 1999, pp. 54-55, 104-106。

［10］歐克拉提德斯一世即位的年代沒有確鑿證據；而多數學者認爲米特里達提一世登基的年代爲前171年左右（如 Bevan 1966, II, p. 158; Bivar 1983, esp. p. 98; Narain 1962, p. 53）。既然查斯丁《摘要》稱兩者幾乎同時上臺，前者治期之始年似乎也可定在這一年前後。另，米特里達提一世即位之年，Olbrycht 2010(1) 主張爲前170年，Assar 2005、Assar 2006 則主張前165年等。

［11］Sidky 2000, p. 218.

［12］Olbrycht 2010(1) 以爲這些地區起而反抗歐克拉提德斯一世對帕提亞有利，因而可能得到米特里達提一世的支持。

［13］Junge 1949 以爲米特里達提一世與希臘—巴克特里亞王國的鬥爭可大致分爲兩個階段：一是在他統治的前半段，二是在他統治的最後十年。今案：此說並無確鑿證據。

［14］在木鹿發現了塞琉古王朝、希臘—巴克特里亞王國和帕提亞帝國的貨幣。希臘—巴克特里亞王國的貨幣，包括從迪奧多圖斯一世到歐克拉提德斯一世的。在歐克拉提德斯一世統治時期，木鹿確有一個造幣廠。發現的帕提亞硬幣以弗拉特斯二世（Phraates II, 前132—前127

年在位）的德拉克馬最早。參見 Olbrycht 2010(1)。Olbrycht 的依據是 Smimova 2007、Loginov 1996、Pilipko 1976 等的錢幣學研究成果。

[15] Tarn 1930.

[16] Olbrycht 2010(1) 對此有較詳細的介紹，可以參看 Lasserre 1975、Rtveladze 1995 等。Olbrycht 本人則以爲這兩個總督轄地應在巴克特里亞之西、馬爾吉亞那和阿瑞亞兩地之東部和北部。又，Lerner 2015 從馬其頓亞歷山大和塞琉古王朝安條克三世東征巴克特里亞的路綫入手，探討了這兩郡的位置，也可參看。

[17] Olbrycht 2010(1), p. 237.

[18] Olbrycht 2010(1), p. 237.

[19] 關於 Turiva 和 Aspionus 兩郡的位置有各種猜測，請參看 Olbrycht 2010(1)。

[20] Daryaee 2016, p. 40.

[21] Daryaee 2016, p. 40.

[22] Lerner 2015.

[23] 一般認爲，米特里達提一世在前 167 年已佔領赫拉特，見 Bivar 1983, esp. p. 33。這一年應該是米特里達提一世發動東征的開始。

[24] Thomson 1978.

[25] Olbrycht 2010(1).

[26] Assar 2006.

六　帕提亞帝國與塞種

A

客觀上，希臘—巴克特里亞王國堪稱帕提亞帝國北方的屏障，而當前者在來自錫爾河北岸的遊牧部族的衝擊下崩潰時，帕提亞帝國不得不直面這些遊牧部族——主要是塞人諸部的威脅，儘管其創始人出身於遊牧部族。[1] 其事始於弗拉特斯二世治期。查斯丁《摘要》[2] 於其原委、經過有粗略的記載：

> 帕提亞王米特里達提死後，其子弗拉特斯即位，他繼續進行對敘利亞的戰爭，以報復安條克對帕提亞領土的覬覦，而由於斯基泰人的敵對行動，他不得不回軍以保衛家國。
> 這些斯基泰人是受報酬的誘惑，前來協助帕提亞人對抗敘利亞國王安條克的。他們趕到時，戰役已經結束，因得不到預期的報酬而失望，並因來援太遲而遭指責。長途跋涉終成徒勞，十分不滿，他們堅決要求"給他們一些酬報，否則讓他們

去進攻另一個敵人"。由於被傲慢的答復激怒，他們開始蹂躪帕提亞人的國家。

結果，弗拉特斯向斯基泰人發起進攻，留下一個年輕時就得他青睞的 Himerus 照料王國。但是 Himerus 對他過去（受寵）的經歷和肩負的責任都漫不經心，以殘暴的手段折磨巴比倫和其他許多城市的人民。

其間，弗拉特斯親率一群希臘人投入戰鬥。這些希臘人是在弗拉特斯與安條克的戰爭中被俘的，弗拉特斯對他們非常傲慢和嚴厲，沒有意識到囚禁並未減輕他們的敵對情緒，以及遭受的侮辱會激怒他們。

因此，一看到帕提亞人退卻，他們立刻投奔敵人，血腥地摧毀了帕提亞軍隊和殺死了弗拉特斯國王本人，以報被囚之讐。這是他們渴望已久的。(XLII, 1)

上述事件發生在前 129 年。此前，塞琉古王朝安條克七世（Antiochus VII，前 139/138—前 129 年在位）在米底戰死，帕提亞人大獲全勝（見查斯丁《摘要》，38, 10.8-9）。弗拉特斯二世決定乘勝進軍。而由於"斯基泰人"侵擾其東境，不得不放棄了這個計劃，掉過頭來安定東方。

查斯丁《摘要》所謂"斯基泰人"應該就是在前 140 年左右自錫爾河北岸南下的塞種諸部。蓋據斯特拉波《地理志》[3] 記載：

大部分斯基泰人是所謂 Däae 人，據有裏海沿岸，其東則有瑪薩革泰人和 Sacae 人，其餘雖各有名號，但皆被稱爲斯基泰人，多以遊牧爲生。其中最著名的是從希臘人手中奪取了巴克特里亞的 Asii、Pasiani (Gasiani)[4]、Tochari 和 Sacarauli。他們來自 Iaxartes 河（錫爾河）彼岸，與 Sacae、索格底亞那相毗連、曾被 Sacae 人佔領的地方。(XI, 8.2)

塞種諸部入侵巴克特里亞可能是受其東鄰大月氏人的侵擾。

研究表明：前 177/176 年，原居今祁連山至阿爾泰山一帶的月氏被新興的匈奴逐出故地，西遷伊犁河、楚河流域，亦即《漢書·西域傳》所謂"塞地"，逐走原居"塞地"的塞種諸部，史稱這部分西遷的月氏爲"大月氏"。被逐出"塞地"的塞種諸部，除一部經帕米爾南下外，大部西向退縮至錫爾河北岸。[5]

可能由於不堪來自東方強鄰的壓力，塞種諸部於前 140 年左右越過錫爾河、阿姆河大舉南下，滅亡了衰弱不堪的希臘—巴克特里亞王國。當時在位的希臘—巴克特里亞王國的統治者帕拉圖（Plato，前 155—前 140 年在位）很可能就是被這些入侵巴克特里亞的塞人殺死的。但這些塞人並沒有在巴克特里亞建立一個統一的國家，而是各自爲政，甚至相互鬥爭。正因爲如此，赫利奧克勒斯（Heliocles，前 140—前 130 年在位）得以在帕拉圖之後，佔據一隅之地，繼續維繫希臘—巴克特里亞政權近十年。

塞種諸部各自爲政，前希臘—巴克特里亞王國首都巴克特拉則成爲其活動中心。在漢文史籍中，被塞種諸部佔領的巴克特里亞被稱爲"大夏國"，原希臘—巴克特里亞王國的首府則被稱爲"藍市城"或"監氏城"。"大夏"是 Tochari 的漢譯,"藍市"[lamzhiə] 或"監氏"[heam-tjie] 則是巴克特拉之別稱 Alexandaria 的縮譯。[6]

約前 130 年,伊犁河、楚河流域的大月氏人又遭到來自烏孫的攻擊,放棄伊犁河、楚河流域西遷。大月氏人的這次西遷,經費爾幹納地區,進入巴克特里亞,滅亡了塞種諸部所建"大夏國"。最初,大月氏人將王庭設在阿姆河北岸,但不久就遷至河南,亦即原希臘—巴克特里亞王國的首都巴克特拉。從此,大月氏人控制以巴克特拉為中心的巴克特里亞地區,而設置五個翎侯管理其東部山區。這五個翎侯都是歸附大月氏人的原大夏國人。

不難想見,由於大月氏進駐巴克特里亞,先前進入巴克特里亞的塞人諸部,除歸順大月氏的一部分外,其餘四出流竄。而受帕提亞國王弗拉特斯二世招募、助攻塞琉古王朝的正是這些無家可歸的塞人。

查斯丁《摘要》稱他們在自己的要求得不到滿足時開始蹂躪帕提亞。其實,這些塞人並無明確的訴求,掠奪是他們唯一的求生之道。

正如他曾試圖利用塞人對付塞琉古王朝一樣,此際弗拉特斯二世又驅使被俘的塞琉古士兵去對付塞人。結果希臘戰俘臨陣倒戈,帕提亞軍大敗,弗拉特斯二世本人被殺。

B

弗拉特斯二世陣亡，繼位的阿塔巴納斯一世（Artabanus I，前128—前124/123年在位）接著同這些威脅帕提亞的"斯基泰人"鬥爭。據查斯丁《摘要》，阿塔巴納斯一世也在一次對Thogarii人的戰役中陣亡：

> 弗拉特斯的叔父阿塔巴納斯繼承了王位。斯基泰人取得了勝利，毀掉了帕提亞，心滿意足地回去了。阿塔巴納斯則在和吐火羅人作戰時，手臂受傷，很快就死了。（XLII, 2）

殺死阿塔巴納斯一世的Thogarii人無疑就是前引斯特拉波《地理志》所載滅亡希臘—巴克特里亞王國的塞人四部之一的Tochari。

由此可以進一步推定，弗拉特斯二世遭遇的"斯基泰人"就是斯特拉波《地理志》所載塞種四部。據斯特拉波的記載，諸部中包括Tochari。Tochari人可能一度成爲四部中力量最強或人數最多者，因而當塞種四部進入巴克特里亞、推翻以巴克特拉爲首府的希臘—巴克特里亞王國後，這一地區被中國史籍稱爲"大夏"。"大夏"[dat-hea]正是Tochari的確切漢譯。

顯然，阿塔巴納斯一世是和這些蹂躪帕提亞的塞人作戰而死於其中的Tochari人之手。儘管殺死弗拉特斯二世的僱傭軍在蹂躪帕提亞後心滿意足地回去了，但這並不表明塞人諸部對帕提亞侵擾的結束。當時，在大月氏人的驅趕下，沒有統一組織的塞人可能是一波接著一波湧入帕提亞的。

疑問來自據楔形文字書寫的一則《巴比倫天文日記》（引文見本文第三節）：前119年，帕提亞國王米特里達提二世（Mithridates II，約前124—前88年在位）在一份報捷書中聲稱Guti人殺死了他的兄弟Artabana，他部署與Guti人之戰得勝。如果《日記》中提到的Artabana就是前引Justin《摘要》所載阿塔巴納斯一世，則以下兩個問題必須給予說明：

阿塔巴納斯一世和米特里達提二世究竟是父子，還是兄弟？Guti人和Thogarii（Tochari）人又是什麼關係？

關於第一個問題，凡兩說。一說兩者為兄弟，應以《日記》為準。[7] 另說兩者係父子，如查斯丁《摘要》所言；而《日記》中出現的Artabana與《摘要》的Artabanus並非一人，死於Guti人之手的Artabana係帕提亞一高級軍官，並非阿塔巴納斯一世。[8]

但是，就本文所論而言，關鍵在於Artabana和Artabanus能否勘同。若Artabana和Artabanus是同一人，則Guti和Tochari應能勘同。若Artabana和Artabanus是兩個不同的人，就當時形勢而言，Guti和Tochari很可能屬於塞人之不同分支。

由此可見，要搞清楚阿塔巴納斯一世治期帕提亞和塞人鬥爭之形勢，關鍵在於搞清楚Guti和Tochari之間的關係。

關於操Toχrï語之族群的起源，學者們提出了不少假說，其中似以中近東起源說最具合理性。說者以為這一族群之前身應即楔形文字資料中常見的Guti人（結尾的i是名稱的一部分，加上Akkad語的格尾音就成為Gutium等形式）。Guti人來自波斯西部山地。他們擊敗了巴比倫統治者納拉姆辛（Narâm-Sin），主宰整個巴比倫達百年之久，時在公元前2100年左右。楔形文字資料中另有名Tukriš（此名末尾的咝音可能是當地語音的格尾音，詞幹實爲Tukri）之部落，其居地從東面和東南面與Guti人居地鄰接。按之年代，Guti與Tukri要早於小亞的赫梯人（Hittites）。這兩者一起於公元前3千紀末離開波斯西部，經長途跋涉到達中國，部分定居，其餘繼續遊牧，遊牧者即後來見諸中國史籍之"月氏"。"月氏"與Guti乃同名異譯。"吐火羅"一名則來源於Tukri。[9] 上説的基礎是印歐人起源於中近東，由於較充分地消化了有關吐火羅語的研究成果而深受關注。説者以爲Guti和Tukri是兩個兄弟部族，在遥遠的過去共同從波斯出發，後來逐步融合成了一個新的整體。因此，既可用這一個又可用另一個名稱稱呼他們。[10]

　　今案：既然Guti和Tukri可以分别和"月氏"和"大夏"勘同，則似乎可以認爲早在他們離開波斯之前，操Toχrï語之族群已經分化成兩個部落。或者説這一時期Toχrï語業已形成兩種方言。

　　説者以爲在中國史籍中操Toχrï語之族群是以"月氏"的名稱出現的，其人爲匈奴所逐西遷後纔以"Tochari"這一名稱爲各種語言的史料所著録。具體而言：月氏西遷阿姆河流域後，"印度人、波斯人、粟特人、希臘人——人人都用這個新的名稱稱呼月氏，巴克特里亞本身也被叫作吐火羅斯坦（Tokhāristan）即'吐火羅人之地'。似乎這個民族途中改變了名稱，而把月氏之名留在中國一邊，到了巴克特里亞就稱吐火羅人了"。

　　今案：其實不然，Tokhāristan在漢文史籍中也有對應的名稱：

"大夏"。如前所述，月氏西遷，征服大夏之後，纔立足阿姆河流域，月氏顯然有別於大夏。質言之，Guti 和 Tukri 在東遷後早已分道揚鑣。

部分東遷之 Guti（Gasiani）和 Tukri 最遲在前七世紀末西遷至伊犁河、楚河流域與 Asii、Sacarauli 組成部落聯合體，亦即斯特拉波所載塞種諸部。[11]

應該指出，儘管 Guti 和 Tukri 最遲在東遷後已經形成兩個不同的部落，但其早期的淵源仍在起著作用，這種作用主要表現爲兩者之間的密切聯繫：

公元前 140 年左右，大批塞人渡錫爾河南下，除一支進入巴克特里亞外，還有一支進入費爾幹納（Ferghāna）。他們各自建立的政權，《史記·大宛列傳》分別稱之爲大夏國和大宛國。值得注意的是："大宛"國，其國名是（Tochari = Toχrï）的對譯，其都城之名"貴山"，則是（Gasiani = Guti）的對譯；而"大夏"（Tochari = Toχrï）國五翎侯之一便是"貴霜"（Gasiani = Guti）翎侯。Gasiani 和 Tochari 之間的密切關係正可對應兩者前身 Guti 和 Toχrï 之間的密切關係。

有一部分東遷的 Guti 和 Tukri 由於早就分道揚鑣，終於出現了《史記》所載西遷大月氏征服大夏的事件，但不能據以否定兩者之淵源。[12]

既然 Guti（Gasiani）和 Toχrï（Tochari）一而二，二而一，也就不難解釋何故在查斯丁《摘要》中的 Thogarii 到了《巴比倫天文日記》中成了 Guti。

要之，不管米特里達提二世與阿塔巴納斯一世是父子還是兄弟，也不管《巴比倫天文日記》所傳 Artabana 和 Artabanus 一世是否可以勘同，我們都可以認定米特里達提二世進行的鬥爭正是弗拉特斯二世和阿塔巴納斯一世與塞人諸部鬥爭之繼續。

C

據查斯丁《摘要》，阿塔巴納斯一世去世後，其子米特里達提二世繼位。後者繼續和南下的塞種諸部鬥爭：

> 阿塔巴納斯由其子 Mithridates 繼位。Mithridates 的成就使他獲得了大帝的稱號；他渴望建立祖先那樣的偉業，其巨大的精神力量使他超越了祖先的名聲。他勇敢地對鄰國發動了多次戰爭，使帕提亞王國新增了許多行省。他也曾屢次成功地與斯基泰人作戰，爲先輩們所受的傷害復讎。(XLII, 2)

其中所謂"斯基泰人"應即斯特拉波《地理志》所載塞人諸部無疑。《摘要》所言籠統，米特里達提二世究竟是怎樣和塞種諸部作戰的，不得其詳而知。但是，不難想見，米特里達提二世不僅要將塞人拒之於國門之外，而且要肅清業已越境進入帕提亞的塞人。我們獲悉有關後者的信息，主要依靠以楔形文字記載的《巴比倫天文日記》[13]：

20 日，水星首次出現在東方天秤座，直至月底，它都在天秤座，而土星在雙子座，火星在獅子座。當月，河水上漲 1 腕尺，共 33 納（計量單位）。那個月，……去了水閘。該［月］15 日，［收到］阿薩息斯（Arsaces）王的一份羊皮書。

……是寫給巴比倫總督和巴比倫居民的，曾在［天文］觀察室（House of Observation）宣讀：於是，［我］集合軍隊，與［Guti］王子及其駐守各城的部隊作戰［……］

［……那些殺了我兄弟 Artabana（= Artabanus）的［G]uti 人（Gutians），我部署軍隊與他們對抗，與他們作戰，在他們中間大肆殺戮；除了兩個人……］

［……］沒有被殺；王子及其部屬逃離了戰場，撤退到艱苦的山區（difficult mountains）。該月，職位高於築壩四將軍的那位將軍……

［……］離開了。該月，阿拉伯人一如既往地充滿敵意，大肆掠奪。該月，阿薩息斯國王［去］Guti 人地區的僻遠城市（remote cities of the Gutian country）作戰。(No. -119B 'Rev. 18´-22´) [14]

按之《日記》年代（前 119），所謂"阿薩息斯王"無疑指米特里達提二世。其羊皮報捷書內容似可概括如下：米特里達提二世集合軍隊，與塞人（"斯基泰"）王子及其駐守各城之軍隊作戰，且部署軍隊與殺死其兄弟 Artabana 的 Guti 人作戰，大開殺戒。塞人王子及其部屬逃離戰場，米特里達提二世乘勝追擊，交戰於 Guti

人所盤踞的偏遠城市，Guti 人敗退山區。

日記所說"王子"，按之查斯丁《摘要》，應指"斯基泰"亦即塞人王子。報捷書之所以特別提到 Guti 人，是因爲米特里達提二世之兄弟 Artabana 死於 Guti 人之手。米特里達提二世爲復讎故，大肆殺戮其人。

這裏所謂"Guti 人地區的僻遠城市"無從確指，但有可能在阿拉霍西亞和德蘭葵亞那等地。至於"艱苦的山區"應在興都庫什山南麓。換言之，直至前 119 年某時，米特里達提二世和塞人王子在阿拉霍西亞和德蘭葵亞那等地的城市交戰，迫使其敗退興都庫什山區。和米特里達提二世鬥爭的塞人諸部中包括 Guti (Gasiani) 和 Toχrï (Tochari)，這番勝利使米特里達提二世替 Artabana 復了讎。

如前所述，這些 Guti 人越境進入帕提亞的時間上限爲前 130 年，亦即大月氏人被烏孫逐出伊犁河、楚河流域、經費爾幹納進入巴克特里亞之年。這些塞人中，部分是受弗拉特斯二世雇傭、相助帕提亞人進攻塞琉古帝國而入境的。雖然這些塞人人數不多，卻很可能開啓了塞人大規模自巴克特里亞南下的大門。阿塔巴納斯一世則因試圖關閉這扇大門而陣亡。不難想見，不甘臣服大月氏的塞人諸部必然乘機長驅直入，經馬爾吉亞那、阿瑞亞，進入阿拉霍西亞、德蘭葵亞那等地。

鎮壓這些越境進入帕提亞及其勢力範圍的塞人，便是米特里達提二世即位後的首要任務。可以説米特里達提二世完成了這一項任務。截至前 119 年，他成功將塞人王子率領的塞種諸部驅離帕提亞及其附近地區的主要城市，迫使他們遁入山區。

或以爲"Guti 人地區的僻遠城市"和"艱苦的山區"無疑是指巴克特里亞——該處乃吐火羅人（Guti 人）的基地。巴克特里亞被斯特拉波《地理志》稱爲"千城之地"（15, 1.3）不是偶然的。巴克特里亞平原被高大的興都庫什山和希薩爾（Hissar）山包圍。敗北的 Guti 王之子可能從城市和平原撤退至巴克特里亞邊緣的希薩爾山脈和與索格底亞那接壤的邊境。戰爭似乎不僅發生在巴克特里亞，也發生在鄰近的索格底亞那。[15]

今案：此說不確。因爲巴克特里亞諸城在帕提亞人心目中決不會是"僻遠的"。同理，巴克特里亞北部邊緣的山區，也談不上"艱苦的"。

更爲重要的是，如此解讀《日記》將與有關漢文史料嚴重衝突。

1. 張騫首次西使於公元前 129 年抵達巴克特里亞。[16] 他了解到的情況見諸《史記·大宛列傳》，據載：

> 大月氏在大宛西可二三千里，居媯水北。其南則大夏，西則安息，北則康居。行國也，隨畜移徙，與匈奴同俗。控弦者可一二十萬。故時彊，輕匈奴，及冒頓立，攻破月氏，至匈奴老上單于，殺月氏王，以其頭爲飲器。始月氏居敦煌、祁連間，及爲匈奴所敗，乃遠去，過宛，西擊大夏而臣之，遂都媯水北，爲王庭。

又載：

> 大夏在大宛西南二千餘里媯水南。其俗土著，有城屋，與大宛同俗。無大君長，往往城邑置小長。其兵弱，畏戰。善賈市。及大月氏西徙，攻敗之，皆臣畜大夏。大夏民多，可百餘萬。其都曰藍市城，有市，販賈諸物。

這就是說早在《天文日記》所載米特里達提二世以羊皮書報捷之前10年，大月氏已初步鞏固了它在巴克特里亞的統治。而到了《漢書·西域傳》描述的時代：

> 大月氏國，治監氏城，去長安萬一千六百里。不屬都護。戶十萬，口四十萬，勝兵十萬人。東至都護治所四千七百四十里，西至安息四十九日行，南與罽賓接。……
> 大月氏本行國也，隨畜移徙，與匈奴同俗。控弦十餘萬。故彊，輕匈奴。本居敦煌、祁連間，至冒頓單于攻破月氏，而老上單于殺月氏，以其頭爲飲器，月氏乃遠去，過大宛，西擊大夏而臣之，都媯水北爲王庭。

可見大月氏其時已定都阿姆河南岸，擁兵十萬，力量不可小覷。或據錢幣等證據，斷米特里達提二世因追逐塞人而長驅直入巴克特里亞，甚至佔領巴克特拉；收復了米特里達提一世曾經佔領的巴克特里亞領土。[17] 我們雖然不能確定《漢書·西域傳》這一段描述反映的年代，然而絲毫不見刀光劍影，也不見戰爭的創傷[18]，亦可知此説難以置信。

2.《漢書·西域傳》："初，漢使至安息，安息王令將二萬騎迎於東界。東界去王都數千里。"首次抵達安息的漢使，應是張騫第二次西使所遣副使。蓋據《史記·大宛列傳》：

> 騫因分遣副使使大宛、康居、大月氏、大夏、安息、身毒、于窴、扜罙及諸旁國。

按之張騫第二次西使的年代，可以推知這位副使在前116年左右抵達安息。傳文稱"安息王令將二萬騎迎於東界"。這表明米特里達提二世在鎮壓帕提亞境内塞人的同時，在東界駐扎大軍，以阻斷塞人南下之路。[19]《史記·大宛列傳》明確記載，大月氏國"西則安息"，足見兩者境界分明，不存在帕提亞帝國佔領巴克特里亞本土的可能性。

3.《史記·大宛列傳》所謂"東界"，據《後漢書·西域傳》[20]的記載可以推知在木鹿城：

> 安息國居和櫝城，去洛陽二萬五千里。北與康居接，南與烏弋山離接。地方數千里，小城數百，户口勝兵最爲殷盛。其東界木鹿城，號爲小安息，去洛陽二萬里。

"木鹿"[mu-lok]，一般認爲應是Mōuru的對譯，其地在今Merv

附近。[21]可知米特里達提二世並未開疆拓土至木鹿以東。換言之，當時帕提亞帝國北疆至多包括馬爾吉亞那和阿瑞亞。

4.《漢書·西域傳》稱安息國"北與康居［接］"。此處"康居"乃指康居屬土索格底亞那。[22]這可以視作"東界"在木鹿城的佐證。《史記·大宛列傳》、《漢書·西域傳》均稱安息"臨媯水"即阿姆河。既然安息北與康居屬土索格底亞那接壤，所謂"臨媯水"，乃指其北界瀕臨媯水中段。[23]凡此，均可佐證當時帕提亞帝國的北疆爲包括木鹿城在内的 Margiana 和阿瑞亞等地。

應予説明的是斯特拉波《地理志》的如下記載：

一開始，阿薩息斯力量很弱，他不斷地發動戰争，奪取他人的土地。他和他的繼承人莫不如此。後來，由於軍事上的成功，不斷地佔領近鄰的土地，變得如此強大，終於成爲整個幼發拉底河内側的統治者。他們還奪取了巴克特里亞部分地區，迫使斯基泰人，還有早先的歐克拉提德斯及其追隨者屈服。現在他們統治著如此遼闊的領土和衆多的部落，在某種程度上，其帝國在面積上和羅馬不相上下。其原因是其生活方式和習俗，在許多方面具有蠻族和斯基泰的特點，這有利於其謀取霸權和取得軍事上的成功。(XI, 9.2)

"他們還奪取了巴克特里亞部分地區，迫使斯基泰人，還有早先的歐克拉提德斯及其追隨者屈服"一句含義模糊，容易引起誤會：似乎將奪取巴克特里亞部分地區和迫使斯基泰人屈服都説成是米特里達提二世的武功。其實，米特里達提二世的武功僅迫使斯基泰人屈服一端。奪取巴克特里亞部分地區，以及迫使歐克拉提德斯一世屈服是米特里達提一世的武功。要之，斯特拉波《地理志》的記述不足以證實米特里達提二世曾佔領巴克特里亞的領土。[24]

米特里達提二世抗擊塞人之戰重點在於鎮壓越境進入帕提亞的塞人。在北方，僅僅是將塞人拒之門外而已。這位帕提亞國王清楚自己無力與統治巴克特里亞及其周邊地區的大月氏，以及阿姆河以北以塞人爲主的遊牧部族對抗。

米特里達提二世鎮壓進入德蘭葵亞那等地塞人的結果，是將德蘭葵亞那作爲采邑獎給了鎮壓塞人有功的蘇倫家族。[25] 既然米特里達提二世征服包括進入德蘭葵亞那地區在內塞人的時間上限爲前119年，這一年應是蘇倫（Suren）家族受封德蘭葵亞那的時間上限。爲蘇倫家族立下戰功的也許就是《日記》中提到的"職位高於築壩四將軍的那位將軍"。

但是在米特里達提二世去世不久，德蘭葵亞那等地的塞人就推翻了蘇倫家族的統治。這個被塞人佔領的地區從此得名"塞斯坦"。這個塞人建立的國家在《漢書·西域傳》中被稱爲"烏弋山離"。[26]

■ 注釋

[1] 見本書第四篇。

[2] Watson 1853.

[3] Jones 1916-36.

[4] Pasiani（Πασιανι）實係 Gasiani（Γασιανι）之訛，説見 Marquart 1901, pp. 206-207。

[5] YuTsh 1992, pp. 1-23.

[6] Specht 1897, esp. 159-161; Tarn 1951, p. 115, no. 1.

[7] Curtis 2019.

[8] Olbrycht 2010(2). 説者認爲既然《巴比倫天文日記》並未稱 Artabana 爲王，可見 Artabana 並非阿塔巴納斯一世，而另有所指。

[9] Henning 1978.

[10] Gamkrelidze 1989.

[11] 詳見 YuTsh 2012-1, pp. 9-56。

[12] 詳見 YuTsh 1992, pp. 210-227。

[13] Sachs 1996, p. 327.

[14] Sachs 1996, p. 327.

[15] Olbrycht 2010(2).

[16] YuTsh 1995, pp. 203-213.

[17] Olbrycht 2010(1), Olbrycht 2010(2).

[18] YuTsh 1992, pp. 52-69.

[19] YuTsh 1995, pp. 203-213.

[20] 所引《後漢書》見 FanY 1973, pp. 2909-2938；下同。

[21] Hirth 1885, p. 139; YuTsh 1992, pp. 168-181.

[22] YuTsh 1992, pp. 96-117.

[23] YuTsh 1992, pp. 168-181.

[24] 前 130 年塞種諸部大舉南下之際，帕提亞帝國失去了米特里達提一世佔領的希臘—巴克特里亞王國的領土。

[25] 關於 Suren，衆說紛紜，可參看 Herzfeld 1932, esp. pp. 70-79; Debevoise 1938, pp. 83-85; Tarn 1951, p. 501; Gazerani 2015, pp. 11-44 等。

[26] YuTsh 1992, pp. 168-174.

七　薩珊帝國與貴霜

第一部分　薩珊帝國與貴霜王朝的終結

A. 阿爾達希爾一世與貴霜

1. 一般認爲，貴霜王朝覆滅始於薩珊帝國的東征，而最早被征服的是其西部，包括巴克特里亞等地。從太伯里（Al-Ṭabarī, 838—923）著《太伯里史》（*History*）[1] 可以獲悉，最初試圖征服貴霜的是阿爾達希爾一世（Ardashīr I，224—240 年在位）：

> 他（阿爾達希爾）自 Sawād 直指 Iṣṭakhr，復自彼處依次進軍 Jurjān（Gorgan）、Abarshahr（Nishapur）、Marw（Merv）、Balkh 和 Khwārazm（Khwarizm），直抵 Khurāsān 地區的邊陲。此後，他回到 Marw。他殺人如麻，將首級獻祭於 Anāhīdh 之祓廟。嗣後，他自 Marw 返歸 Fārs，在 Jūr 住下來。貴霜、Ṭūrān 和 Makrān 諸王均遣使請降。[2]

匿名作者的 *Nehāyat al-erab* [3] 亦載：

> 他（阿爾達希爾）深入呼羅珊地區。他每到一處，都有王來見他，向他進貢，交納地租。他在木鹿城住了一年，直到呼羅珊的諸王都對他稱臣。[4]

據此，只能知道阿爾達希爾一世曾進行了一次成功的東征，結果是包括貴霜在内的伊朗東方諸政權均遣使請降。但是，這並不表明其時薩珊已經統治貴霜領土，且在其上設官置吏。

2. 亞美尼亞史家科倫的莫塞所著《亞美尼亞史》[5] 引述阿噶森格羅斯關於亞美尼亞王庫思老二世（Khosrov II）反抗薩珊帝國阿爾達希爾一世的經歷，事涉庫思老遣使向貴霜求援：

> 據阿噶森格羅斯，庫思老遣使赴其故土，即貴霜人之居地。他認爲其親屬應該前來幫助他對抗阿爾達希爾。而據阿噶森格羅斯，他們對此漫不經心，因爲他們順從和忠於阿爾達希爾已甚於順從和忠於其父兄。因此，庫思老只能在沒有他們幫助的情況下尋求復讎。(II, 67)

今案：這一段文字似乎可以這樣理解：當庫思老向貴霜人求助時，貴霜王朝雖然尚未滅亡，但已向阿爾達希爾一世稱臣。這成了庫思老求援落空的原因[6]，亦可與《太伯里史》互證。

B. 沙普爾一世與貴霜

1. 沙普爾一世（Shāpūr I，240—270 年在位）的 Naqš-i-Rustam（Kaʿba-ye Zartusht）銘文則表明薩珊帝國業已征服貴霜，至少其西部已經納入其統治範圍：

> ……米底、戈爾甘（Gurgān）、木鹿（Merv）、赫拉特（Harew = Herat）、阿帕沙爾（Aparshahr = Khurasan 或 Nishapur）全境、Kerman、塞斯坦（Seistan）、Turan、馬克蘭（Makuran）、帕拉丹（Paradene = Paradan）、印度斯坦（Hindustan），直至白沙瓦（Peshawar = Paškabur）的 Kushanshahr，……[7]

一說這篇銘文的年代約爲 262 年。[8] 據此，最遲在 262 年薩珊帝國吞併了大貴霜王朝的西部。

2. 據《三國志·魏書·明帝紀》[9]，太和三年（229），十二月"癸卯，大月氏王波調遣使奉獻，以調爲親魏大月氏王"。這裏所謂"大月氏"無疑指貴霜王朝。

一說波調此次遣使是因受薩珊帝國威脅，而乞援於曹魏。[10] 今案：這種可能性不能完全排除。但自東漢以降，貴霜和中國中原王朝交往頗多，不可能不知道中原王朝及其經營西域的情況。具體而言，曹魏的西域經營規模和水平遠不如兩漢；波調應該知道遠水不救近火，如果此時波調遣使旨在求援，將對抗薩珊帝國的希望寄託在曹魏身上，可謂病急亂投醫。

至於曹魏封波調爲"親魏大月氏王",是不是表明曹魏和貴霜之間有特殊關係,尚待進一步研究。但參照尼雅所出晉簡:

晉守侍中大都尉奉晉大侯親晉鄯善焉耆龜茲疏勒∥
于寘王寫下詔書到□(No. 684∥678)[11]

則似乎"親魏"云云不過是一種籠絡手段而已。

一般認爲"波調"乃 Vāsudeva 之漢譯,且指其人爲 Vāsudeva 二世,也就是説其時貴霜王朝已趨於窮途末路,岌岌可危。

今案:波調應與 Vāsudeva 一世勘同,其在位年代是所謂"迦膩色伽紀元"64/67—98 年,相當於公元 190/193—224 年[12],與阿爾達希爾一世有部分重合。換言之,遣使曹魏的波調充其量已向阿爾達希爾一世納貢稱臣,未必已成亡國之君。

記載曹魏時期西域事的《魏略·西戎傳》[13]稱:"罽賓國、大夏國、高附國、天竺國,皆并屬大月氏。"這是説在傳文描述的時代,"大月氏"還是完整的大貴霜。儘管沒有證據表明此時的大月氏一定在波調治下,但這種可能性還是存在的。

所謂 Vāsudeva 二世,僅有少數錢幣傳世,其在位年代並無確據,姑置勿論。

C. 沙普爾二世與貴霜

據亞美尼亞史家包斯圖斯(P'awstos Buzand)《亞美尼亞史》[14]記載:

這時，伊朗人停止了和亞美尼亞人的戰爭[15]，因爲Baghx（Balkh）城的貴霜人的阿薩息斯王和伊朗的薩珊王沙普爾交戰正酣。沙普爾王集合全部伊朗部隊，率領這支軍隊去和貴霜人作戰。同時，他還率領自亞美尼亞俘虜來的騎兵，甚至把亞美尼亞阿爾薩斯王的宦官也帶上了前綫。……戰鬥開始，伊朗軍隊被貴霜的軍隊擊潰，許多伊朗人被俘，餘者逃跑，或被驅逐……戰鬥中，貴霜人使詭計打敗了伊朗的沙普爾王，而Drastamat（亞美尼亞阿爾薩斯王的宦官）適逢其會。他表現出非凡的勇氣，甚至救了沙普爾的命。他殺了許多貴霜人，將許多（貴霜）勇士的頭顱都獻給了國王。在沙普爾王被敵人包圍時，他救了國王。(V, 7)

爲答謝他的救命之恩，沙普爾允諾Drastamat前去探視被囚禁的亞美尼亞王阿爾薩斯，兩人見面時雙雙自殺云云。

今案：所述薩珊帝國沙普爾二世（Shāpūr II，309—379年在位）與貴霜人之戰當發生於公元368年，亦即亞美尼亞王阿爾薩斯二世（350—368年在位）去世之前。[16] 錢幣學的研究表明，以巴克特里亞爲中心的東部貴霜滅亡於四世紀上半葉[17]，此時對抗沙普爾二世者或爲不甘臣服薩珊帝國之貴霜殘部。

第二部分　關於薩珊設置的 Kushano–Sasanian 政權

薩珊帝國在被它征服的貴霜領土上設置 Kushanshahr 實施統治，由薩珊家族人員擔任其行政長官 Kushanshah，史稱 Kushano-Sasanian 政權。幾乎沒有直接記載 Kushano-Sasanian 政權的文獻資料，有關研究主要依靠發現的這些 Kushanshah 頒行的爲數不多的錢幣，因而關於它的年代不免存在不同意見。以下就文獻所涉及的 Kushanshah 的年代問題略陳己見，僅供參考而已。

A. Kushano–Sasanian 政權的起始年代

按理説，一旦出現了 Kushanshahr 這一行政區劃的名稱，自然也就有了對應的行政長官。因此，沙普爾一世 Naqš-i-Rustam (Kaʿba-ye Zartusht) 銘文的年代——262 年，既是 Kushanshahr 這一行政區劃，也是作爲 Kushanshahr 行政長官 Sasanian Kushanshah 出現的時間下限。當然，很可能 262 年既是 Kushanshahr 這一行政區劃出現的年代，也是作爲行政長官的 Sasanian Kushanshah 出現的年代。

既然 Sasanian Kushanshahr 至遲在 262 年已經存在，則不妨認爲至遲在這一年貴霜王朝（至少其西部）已被薩珊帝國征服。

阿爾達希爾一世和沙普爾一世的治期是已知的，而且一般認爲迦膩色伽二世（Kaniṣka II）是最後一位大貴霜王朝的君主。雖然關於迦膩色伽二世的治期有不同意見[18]，但這無妨認爲大貴霜的末代君主最遲可能在 262 年已經失去對西部領土的控制。

一説依據錢幣學的研究，最早的 Sasanian Kushanshah 是 Ardeshir I Kushanshah 和 Ardeshir II Kushanshah，其年代大致在 230—245 年之間，正處在薩珊帝國最初兩位統治者阿爾達希爾一世和沙普爾一世之間。[19] 今案：儘管在《太伯里史》和 Nehāyat al-erab 描述的時代，貴霜王朝僅僅表示臣服，但在阿爾達希爾一世治期的後半葉或沙普爾一世治期的前半葉，大致在 230—245 年之間，貴霜西部有一些地區已被薩珊帝國佔領，薩珊帝國在這些貴霜領土上設置了最早的 Sasanian Kushanshahr 是完全可能的。換言之，接受上述錢幣學研究的結論，則不妨將 Ardeshir I Kushanshah 視爲最早的 Sasanian Kushanshah。

一説若干 Ardeshir I Kushanshah 名下的錢幣（巴克特里亞語錢銘："Kushan-shah"），與後來的 Kushanshah 錢幣頗爲不同，可能是在公元三世紀的不同時期打鑄於 Merv，其王者的髮型説明它們不可能早於沙普爾一世治期。[20] 今案：髮型變化是没有一定規則可循的。多類服飾在發展的過程中，都可能出現回潮或復古現象。

一説巴赫蘭一世（Bahrām I，271—274 年在位）曾在 Balkh 發行錢幣。這表明當時這些地區還在薩珊帝國的直接控制之下，也就是説 Ardeshir I Kushanshah 的年代可能更晚。[21] 今案：Kushanshahr 不過是薩珊帝國行政區劃之一，巴赫蘭一世在 Balkh 發行錢幣並不能説明其時 Balkh 在薩珊帝國中央政府直接控制之下，也不表明其時没有任命 Kushanshahr 的長官。

另説 262 年的 Ka'ba-ye Zartusht 銘文沒有提及 Ardeshir I Kushanshah，可是提到沙普爾一世的一個兄弟 Ardeshir 統治著 Merv，因而一位 Ardeshir 被任命爲 Kushanshah 應在 262 年之後。[22] 今案：這有兩種可能。第一種可能是，最早的 Kushanshah 並非由薩珊王族人員出任，而是由歸順的貴霜王族擔任。當然，他已降格稱"王"。這也可以解釋這一新設的機構爲何冠以"貴霜"一名。由薩珊王子接任是後來的事。第二種可能是，262 年在被劃作 Kushanshahr 的地區尚有貴霜餘部頑抗，未完全平定，因此未能正式任命長官。

錢幣的發現有其偶然性，即使 Ardeshir I Kushanshah 不是最早的 Sasanian Kushanshah，也無礙於認定薩珊帝國設置 Kushanshahr 的年代下限爲 262 年。

B. Hormizd I Kushanshah 的年代

歷任 Sasanian Kushanshah 不見載於文獻，其存在僅通過其錢幣得知。因此，其相對或絕對年代均未能確定。雖然，據説有一位 Sasanian Kushanshah，即 Hormizd I Kushanshah 的事跡能夠在文獻中找出蛛絲馬跡。

大約完成於公元 370 年前後的歐特羅皮烏斯（Eutropius）所著《羅馬國史大綱》（*Cornelius Nepos*）[23] 載：

普羅布斯（Probus）死後，高盧（Gaul）的納爾波（Narbo）

人卡魯斯（Carus，282—283 年在位）被擁立爲帝。他隨即任命其子 Carinus 和 Numerianus 爲凱撒。三人一起統治了兩年。就在他參與薩爾馬提亞（Sarmatians）戰爭之際，傳來波斯內亂的消息，於是他發起東征。在戰場上，他擊潰了波斯人，戰果輝煌，奪取了波斯最重要的城市——塞琉西亞（Seleucia）和泰西封（Ctesiphon）。但當他扎營於底格里斯河（Tigris）時，被閃電擊中而死。(IX, 18)

類似記載見諸公元四世紀末所撰《羅馬列帝本紀》（*Historiae Augustae*）[24]。這就是公元 283 年，羅馬皇帝卡魯斯（Carus）進軍波斯事件：

> 在他參與的薩爾馬提亞（Sarmatians）戰爭差不多完成之後，他（卡魯斯）率領龐大的陣容和普羅布斯（Probus）的全部軍隊，往討波斯。他征服了美索不達米亞，所向無敵，直搗泰西封。在波斯人忙於內亂時，他贏得了"波斯征服者"的稱號。(Carus 8.1)

由此可見，在巴赫蘭二世（Bahrām II，274—293 年在位）治期波斯確曾發生內亂，這導致羅馬軍隊勢如破竹，佔領了薩珊帝國的首都泰西封。

而據《拉丁頌詞十二篇》（*XII Panegyrici Latini*）[25]：

嗚没斯（Ormies [Hormizd]）與 Saci（塞斯坦）、Rufii（貴霜）[26] 和 Geli（Gilaks）組成聯盟攻擊波斯人及其國王，既不尊重國王陛下之權威，亦無視兄弟之情誼。（XI, 17）

今案：此文撰寫於 291 年。記述某一 Hormizd 曾與 Saci（Sakastanians）、Rufii（Cusii，即貴霜）和 Geli（Gilaks）聯盟，攻擊某一位波斯君主。Hormizd 與這位波斯君主是兄弟關係。在薩珊帝國，兄弟爭奪君位之事可謂屢見不鮮。

而據六世紀阿伽提阿斯（Agathias）的《歷史》[27] 一書：

巴赫蘭三世出生僅四個月就嚐到了權力的滋味。他被授予"塞斯坦王"（Saghanshah）的稱號。他得到這個稱號不是無緣無故，而是根據古老的祖先習俗。事實上，波斯王對一些相當大和重要的鄰國發動戰爭，使之屈服後，並不殺死被征服的居民，而是迫使他們納貢並允許他們居住並耕種原來的領土。可是，這些鄰國的前統治者的命運就十分可憐了。這些君主的稱號將被波斯王分配給自己的兒子們，以保持對勝利的驕傲的記憶。既然塞斯坦被其父巴赫蘭二世征服[28]，其子自然應該獲得"塞斯坦王"的稱號。（IV, 24-5）

可見巴赫蘭三世在繦褓中被封爲"塞斯坦王"，是 Segestani（塞斯坦）被其父巴赫蘭二世征服故。

結合以上四則記載，不妨認爲：在巴赫蘭二世治期，其兄弟

Hormizd 曾發動叛亂，導致國都泰西封一度被羅馬攻佔。這場叛亂最終被巴赫蘭二世平定，而巴赫蘭二世征服塞斯坦之舉是因爲這一地區參與了 Hormizd 之亂。

一般認爲，Ormies（即 Hormizd）可與 Sasanian Kushanshah 之一 Hormizd I Kushanshah 勘同。[29] 蓋錢幣學的研究表明，Hormizd I Kushanshah 的年代爲 270—295 年，正和巴赫蘭二世的治期相重疊。

果然，他作爲巴赫蘭一世之子出任 Kushanshah 最可能的年份應該是 274 年，亦即巴赫蘭二世即位之年。蓋按《周書·異域傳下》，薩珊帝國新君即位時，其兄弟皆"各出就邊任"。當然，270 年也是可能的。但一般說來，作爲巴赫蘭一世之子，在大位所屬塵埃落定之前，不會離開首都。

至於他起兵反叛的年代，最遲應該就是卡魯斯進軍波斯之年。蓋卡魯斯本來正在與 Sarmatians 作戰。他掉過頭來進攻波斯，一定是獲悉波斯內亂，或者是獲悉巴赫蘭二世因鎮壓叛亂的需要，親自奔赴東部，從而覺得有機可乘。

如果以上推測可以接受，則 Hormizd 在揭叛旗之前，至少已經營薩珊帝國東部十年之久。他決定起兵問鼎中央，應該是自覺羽毛豐滿。

1. 其錢幣在喀布爾、巴爾赫、赫拉特和木鹿打鑄。這表明上述地區在他的控制之下，而這些地區應爲原貴霜帝國的領土，但未必全是 Sasanian Kushanshah 的轄地。[30] 錢幣的打鑄範圍似乎表明他的勢力範圍大於一般的 Sasanian Kushanshah，已成功地控制了貴霜西部領土。這成了他和薩珊帝國中央分庭抗禮的資本。

2. 與控制大片原屬貴霜領土相一致，他的希臘—巴克特里亞語錢銘自稱"Hormizd, Great King (or King of Kings) of Kušān"以及"Mazda-worshipping Majesty Hormizd Great King of Kings of Kušān"。這類稱號在 Sasanian Kushanshahr 的錢幣上從未出現過。這可以進一步說明他以原屬貴霜領土的最高統治者自居，不再是一位薩珊帝國的地方長官。換言之，他不承認薩珊帝國中央政府的權威。

3. 一類錢幣款式模仿傳統的貴霜錢幣，正面是他身穿貴霜軍服的形象。這是亞歷山大穿戴波斯服飾之故技，目的無非是籠絡貴霜遺民。如果他僅僅是一位 Kushanshah，似乎沒有這樣做的必要。

4. 參與他反叛中央的各地多屬原貴霜帝國的領土，至少曾被貴霜征服過。特別值得注意的是，其中包括了 Rufii，亦即"貴霜"。

至於這次叛亂的結局，史無明文。但從巴赫蘭二世任命其子巴赫蘭（三世）為塞斯坦王看來，這次叛亂最終是被薩珊中央平息了，因為塞斯坦也是參與叛亂的地區之一。具體年代雖不能確知，但應和卡羅斯去世的年代相去不遠。卡羅斯佔領泰西封不久，便被閃電擊中斃命。巴赫蘭二世隨即收復了美索不達米亞，且緊接著就和繼位的羅馬皇帝議和。這表明他已從鎮壓其東部的叛亂中騰出手來，也就是說，其時 Hormizd 的叛亂即使尚未完全平定，至少已無大礙。

如果以上推測可以接受，Hormizd 二世 Kushanshah 的年代上限可以定在公元 284 年。這位 Hormizd 二世 Kushanshah 應該是巴赫蘭三世的兄弟。

要之，Hormizd 一世 Kushanshah 與巴赫蘭二世是兄弟關係。他在後者即位之初被委任爲 Kushanshah。他在波斯東方原貴霜屬土經營多年，自覺羽毛豐滿，揭叛旗、覬覦最高權力。由於 Hormizd 以王中之王自居，他很可能另立 Kushanshah，後者追隨 Hormizd，或即 Panegyrici Latini 所傳 Rufii 的統治者。

這次 Hormizd 發動的叛亂最早可能在 283 年被巴赫蘭二世平定。巴赫蘭二世將從叛地區分封其子巴赫蘭三世爲塞斯坦王，Hormizd (II) 爲 Kushanshah，其時間上限也是 283 年。[31]

但是，另一種可能性似乎也可以考慮：Hormizd 並不是波斯中央委任的 Kushanshah，而只是一個爭奪君位的失意者（這類情況在薩珊帝國屢見不鮮）。他在巴赫蘭二世即位之年自首都出走，得到多位波斯地方統治者的支持。他一度自稱"偉大的貴霜王中之王"，以原大貴霜帝國元首自居，可見支持者主要是波斯東方原貴霜領土巴爾赫和屬土塞斯坦等地的統治者。他依託這些地方政權，割據帝國東部。《拉丁頌詞十二篇》所載與 Hormizd 結盟的"Rufii"（即貴霜）的首領，則可能是當時的 Kushanshah。Hormizd 設官鑄幣，經營多年，還得到波斯北部 Alborz 山區的 Geli（Gilaks）人的支持，最遲在 283 年揭起叛旗，但旋即被巴赫蘭二世鎮壓。

一說前引阿伽提阿斯的記載表明 Hormizd 乃於塞斯坦，而非原貴霜領土起事。今案：阿伽提阿斯的記載如果可以證明 Hormizd 不在原貴霜領土起事，則結合 Panegyrici Latini 的記錄足以說明

Hormizd 起事也不在塞斯坦。果然，似乎也表明其人可能並非 Kushanshah。只能説明 Hormizd 舉事得到塞斯坦以及薩珊帝國在原貴霜領土上所置地方統治機構的響應。

總之，Hormizd 作爲巴赫蘭二世的兄弟，並不甘心 Sasanian Kushanshah 的地位，糾合帝國東部多個地方長官，最初自稱貴霜王中之王，經過多年經營，割據帝國東部，終於挑戰中央的權威，以失敗告終。

C. Kushano-Sasanian 政權結束的年代

依據阿拉伯、波斯文獻，薩珊帝國在原貴霜領土上所置 Kushanshahr 很可能終止於嚈噠首次入侵波斯之際，也就是在巴赫蘭五世（Bahram V，420—438 年在位）的治期，可能在他在位的第七年（426）。這一年，柔然支持"突厥"即嚈噠人，合軍 25 萬，入侵薩珊帝國東境，直抵木鹿城。當時"突厥"即嚈噠人經吐火羅斯坦入侵呼羅珊，説明薩珊所置 Kushanshahr 已不復存在。

巴赫蘭五世戰勝來犯之敵後，命一將深入入侵者領土，直抵"河外地區"（Transoxania），入侵者被迫稱臣納貢。巴赫蘭五世凱旋泰西封，任命其弟納爾西（Narsī）爲呼羅珊總督，駐守巴爾赫。這表明"突厥人"入侵波斯前，已經佔有阿姆河兩岸之地，而納爾西的任命説明薩珊帝國並未在河南重建 Kushanshahr。[32]

第三部分　薩珊帝國與寄多羅貴霜

A. 寄多羅貴霜的起訖年代

1. 寄多羅貴霜崛起的時間上限應為 426 年，亦即薩珊帝國巴赫蘭五世擊退"突厥"即嚈噠人的進攻之年。

已知薩珊帝國滅亡貴霜後，曾在巴克特里亞建立"貴霜—薩珊"政權，統治其地其人。但是，阿拉伯語、波斯語文獻卻載"突厥"即嚈噠人經由巴克特里亞入侵薩珊帝國。

a. 據太伯里著《太伯里史》，巴赫蘭五世即位後，有"突厥"可汗率大軍 25 萬進犯。巴赫蘭五世擊退了來犯之敵。[33] 之後，巴赫蘭五世將深入"河外地區"，其地可能指索格底亞那，當時應為入侵者之腹地。納爾西被任命為呼羅珊總督而駐守巴爾赫一事，表明前此"突厥"人已佔有巴克特里亞，原薩珊帝國任命的地方政權已被來自阿姆河北岸的"突厥"人所推翻。太伯里沒有明確記載"突厥"可汗入侵的時間。

b. 迪奈韋里 (Dīnawarī, 815—896)《通史》(*General History*)[34] 對這一"突厥"入侵波斯事件亦有記述。據載，巴赫蘭五世殺死"突厥"可汗後，追擊逃敵，經呼羅珊的 Āmul，越過巴爾赫河（今阿富汗北部），進入河外地區。[35] 這似乎表明，入侵的"突厥"人根據地在阿姆河北，而前此已渡河南下，佔領了巴克特里亞。巴赫蘭五世建造一座界塔，以區隔波斯和臣服的"突厥"。[36] 這一界塔當在阿姆河北岸。

c. 記述上述事件最重要的波斯語著述是菲爾道西（Firdausí,約940—1020）的長篇史詩《列王詠》（Sháhnamá）[37]。據載，巴赫蘭五世即位後入侵波斯的是"秦"（Chín）可汗。[38] 巴赫蘭五世俘獲"秦"可汗後，向布哈拉（Bukhárá）進軍。他自木鹿東，渡阿姆河和 Farab 的沙漠（位於今哈薩克斯坦南部 Kusulkum 地區），經 Mái 和 Margh（兩者位於阿姆河和布哈拉之間），與"突厥"人激戰，在其人俯首稱臣後，凱旋 Farab。[39] 巴赫蘭五世任命了一位軍人 Shahra 爲圖蘭之主，統治阿姆河北岸地區。[40] 石汗那（Chaghán）、Khatlán（今塔吉克斯坦西南）、巴爾赫（Balkh）和布哈拉（Bukhárá）等地均遣使納貢。[41] 菲爾道西所謂"秦"可汗應指柔然可汗。這表明當時嚈噠入侵波斯得到柔然的支持。[42]

d. 由薩曼王朝史家 Abu Ali Muhammad Balʿami（生卒年不詳）譯爲波斯語的《太伯里史》[43] 所載與《太伯里史》大同小異。值得注意的是，與阿拉伯語原文不同，《太伯里史》的波斯語譯明確記載了"突厥"可汗入侵的年代——巴赫蘭五世治世第七年之末（426/427）[44]，這一年代也應該是巴赫蘭五世戰勝嚈噠的年代。

綜合上述記載，可知入侵者來自阿姆河北岸。在擊退入侵者後，巴赫蘭五世逐北越過阿姆河，以該河爲界設立界塔。他任命了新的呼羅珊總督，該總督駐地爲 Balkh，可見入侵者在入侵波斯本土之前已佔領了 Balkh，薩珊帝國所置地方政權已不復存在，亦可見直至 426 年薩珊帝國遭到"突厥"入侵時，寄多羅貴霜尚未崛起。寄多羅貴霜人只可能在推翻巴赫蘭五世所置管理巴克特里亞的波斯長官之後崛起。因此，426/427 年就成了寄多羅貴霜人崛起的時間上限。

2. 寄多羅貴霜被逐出吐火羅斯坦應該在 437 年左右。

寄多羅貴霜唯一有系統的史料見於《魏書·西域傳》[45]中"大月氏"和"小月氏"條。有關的研究表明，原貴霜王朝的統治中心巴克特里亞爲所謂"大月氏國"亦即"寄多羅貴霜"所統治直至公元 437 年，亦即巴赫蘭五世的末年。[46] "寄多羅貴霜"人很可能是一直接受薩珊帝國地方政權"貴霜—薩珊"統治的原貴霜帝國遺民。盤踞巴克特里亞的寄多羅貴霜政權屢次遭到自東向西伸張其勢力的遊牧部族柔然的侵擾。可能是苦於柔然的侵擾，其王寄多羅一度越過興都庫什山南下，攻佔了乾陀羅以北五國，試圖覓一新的棲息地。但寄多羅貴霜人最終是被"匈奴"逐出巴克特里亞而西遷的。此"匈奴"無疑就是新興的嚈噠人。[47]其人當時業已佔領阿姆河北岸的索格底亞那。嚈噠人之所以被稱爲"匈奴"，可能是因爲他們一度自稱"匈奴"，也可能因爲他們和歷史上的匈奴人有類似的習俗，因而被周鄰稱爲"匈奴"。嚈噠人在被巴赫蘭五世擊退後再次渡阿姆河南下，逐走寄多羅貴霜人，開始以該地區爲中心，四出經略，成爲中亞一強國。換言之，這一年是巴克特里亞寄多羅貴霜政權垮臺的年代。

B. 從亞美尼亞史家的記載看薩珊和寄多羅貴霜的關係

據與伊嗣俟二世（Yazdgird II, 438—457 年在位）同時代的亞美尼亞史家埃里塞（Eḷishē, 410—475）的《瓦爾丹和亞美尼亞戰争史》(History of Vardan and the Armenian War)[48]記載,拜火教祭師建議伊嗣俟二世組建一支軍隊,向"貴霜人"(Kushans)進軍,以便統治"貴霜人"的土地。[49]伊嗣俟二世接受了祭師的建議,向也被稱爲"貴霜人"的匈人王國(kingdom of the Huns, whom they call Kushans)進軍,但經過兩年的戰鬥,未能取得顯著的戰績。伊嗣俟二世在位第四至第十一年(441—448)間,一直在其東部邊境尼沙普爾(Niwšapuh = Nishapur)築壘堅守。[50]嗣後,伊嗣俟二世在其治期的第十二年(449/450)又糾集大軍進犯 T'etals 地區(Tālākā,位於木鹿和 Bactra 之間)。貴霜人不敵,遁入沙漠。伊嗣俟二世則攻擊各地,佔領了許多堡壘和城市,將戰俘、戰利品都帶回了自己的國家。[51]但是,至遲在其治世的第十六年(453),伊嗣俟二世又怒率大軍進攻貴霜人的領土,戰火復燃。這一次由於在波斯軍隊中有人叛變,"貴霜人"以少勝多,迫使波斯人撤軍。"貴霜人"窮追不捨,劫掠了波斯多個地區,然後安全返回。[52]

453年波斯人敗績,不僅見諸埃里塞的記載,且有年代較埃里塞稍後的亞美尼亞史家拉扎爾(Łazar,約442至公元六世紀初)《亞美尼亞史》的記載。[53]兩者可以互證。據拉扎爾載,在這一年,伊嗣俟二世又提全軍投入與"貴霜人"的鬥爭。大軍抵達 Apar 地區,入駐其首府尼沙普爾。他們進入敵境後被徹底擊敗。

一說,上述亞美尼亞史家所載和伊嗣俟二世反復鬥爭且最後戰勝薩珊帝國的"貴霜人"都是寄多羅貴霜人。[54]今案:此說非是。只有伊嗣俟二世最初遭遇的"貴霜人"纔可能是寄多羅貴霜人。約437年左右，嚈噠人入侵吐火羅斯坦，寄多羅貴霜人不得不西遷。西遷的貴霜人很可能衝擊波斯東境。但是，寄多羅貴霜在吐火羅斯坦立國日淺，加上不斷受柔然的侵擾，力量本來單薄，這時西遷的寄多羅貴霜人可謂喪家之犬，絕無可能和伊嗣俟二世進行曠日持久的鬥爭。因此，在擊退被迫西遷的寄多羅貴霜人之後，伊嗣俟二世隨即面對的是將寄多羅貴霜人逐出吐火羅斯坦的嚈噠人，終於在453年遭到慘敗。

其實，亞美尼亞人也並非完全不知貴霜和嚈噠的區別。埃里塞一度稱伊嗣俟二世進攻的"貴霜人"統治區爲"貴霜人的匈人王國"。這清楚地表明，伊嗣俟二世面對的"貴霜人"不是寄多羅貴霜人，而是嚈噠人。蓋據《魏書·西域傳》，寄多羅貴霜人正是被"匈奴"人逐出吐火羅斯坦的，而如所周知，嚈噠人有"白匈人"之稱。

C. 拜占庭史家有關"寄多羅匈人"的記載[55]

據普里斯庫斯（Priscus，生於410—420年間，死於472年以後）的《拜占庭史》一書[56]記載（Fr. 33.1），456年，伊嗣俟二世在東部邊境同"寄多羅匈人"作戰。

今案：如前所述，至遲在公元437年，索格底亞那的嚈噠人渡阿姆河南下，寄多羅貴霜人不敵，被逐出巴克特里亞。貴霜王寄多羅命其子堅守興都庫什山以南地區，自己則率部西遷。嚈噠人緊隨其後，嚴重威脅薩珊帝國東境。這應該就是伊嗣俟二世在位期間波斯在東方戰事不斷的原因。質言之，普里斯庫斯提到的"寄多羅匈人"（Kidarite Huns）和寄多羅貴霜人毫無關係。

普里斯庫斯（Fr. 41.1, 41.3）還一再提到薩珊帝國國君卑路斯（Peroz I，459—484年在位）與"寄多羅匈人"之間的戰爭，甚至出現"寄多羅人的統治者"這樣的稱呼。其實，在普里斯庫斯筆下，"寄多羅"已不再是貴霜統治者的名字，成了一個地區的名稱。"寄多羅人的統治者"等同於"吐火羅斯坦的統治者"。寄多羅貴霜人滅亡的命運早在伊嗣俟二世即位之初已經決定。卑路斯的對手根本不可能是寄多羅貴霜，只能是嚈噠人。

今案：在另一位拜占庭史家普洛科庇烏斯（Procopius，約500—565）的筆下（I, iii）[57]，和卑路斯反復鬥爭的正是嚈噠人，或稱之爲"嚈噠匈人"（Ephthalitae Huns）、"匈人"（Huns）和"白匈人"（White Huns）。由此也足以證明普里斯庫斯筆下的"寄多羅"與"寄多羅貴霜"或貴霜人無關。

■ 注釋

[1] Tabari, 見 Bosworth 1999, pp. 14-15。

[2] Bosworth 1999, p. 15.

[3] 關於此書，見 Browne 1900。

[4] Widengren 1971, p. 767.

[5] Thomson 1978.

［6］關於亞美尼亞史家稱貴霜領土爲其故土，視貴霜人爲其親屬等，參見本書第四篇。

［7］Frye 1984, p. 371.

［8］Rapp 2014, p. 28.

［9］ChenSh 1964, pp. 91-115；下同。

［10］Mukherjee 1976, pp. 59-71.

［11］原係二簡，因"文義相屬，書跡亦同"，定爲一簡。説見 WangGw 1959, pp. 865-869。

［12］見本書附錄。

［13］YuH 1964；下同。

［14］Bedrosian 1985.

［15］亞美尼亞史家以爲阿薩息斯王室與貴霜人有血緣關係，故云。參見本書第四篇。

［16］Enoki 1965.

［17］Dani 1996.

［18］見本書附錄。

［19］Cribb 1990.

［20］Carter 1985, p. 222.

［21］Vaissière 2016.

［22］Henning 1954, p. 49.

［23］Watson 1886, p. 72.

［24］Magie 1932, pp. 427-429.

［25］Nixon 1994, p. 101.

[26] Marquart 1901, p. 36; Daryaee 2014, p. 11.

[27] Frendo 1975, p. 127.

[28] Marquart 1901, p. 36.

[29] Bivar 1956.

[30] 一般認爲 Kushanshahr 的治地在 Kabul 和 Peshawar 之間，中心在吐火羅斯坦，自 Tirmidh 到 Peshawar。見 Brunner 1983, pp. 770-771。

[31] 據錢幣學的研究，Hormizd 二世 Kushanshah 的年代約爲 295—300。見 Cribb 1990。

[32] 有關討論詳見本書第八篇。

[33] Bosworth 1999, pp. 95-96.

[34] Al-Dīnawarī, 見 Bonner 2010。

[35] Bonner 2010, pp. 360-361.

[36] Bonner 2010, pp. 360-361.

[37] Firdausī, 見 Warner 1905。

[38] Warner 1915, pp. 84-89.

[39] Warner 1915, pp. 90-92.

[40] Warner 1915, pp. 90-92.

[41] Warner 1915, pp. 92-95.

[42] 見本書第八篇。

[43] 見 Balʻam 1869。

[44] Balʻam 1869, pp. 119-120.

[45] WeiSh 1974, pp. 2261-2287；下同。

[46] YuT 2015, pp. 99-129.

[47] YuT 2012, pp. 219-226.

[48] Ełišē (Elisaeus),見 Thomson 1982。

[49] Thomson 1982, p. 63.

[50] Thomson 1982, pp. 65-66.

[51] Thomson 1982, p. 72.

[52] Thomson 1982, pp. 192-193.

[53] Łazar,見 Thomson 1991。

[54] Enoki 1958.

[55] 詳見 YuTsh 2012-2, pp. 219-226。

[56] 普里斯庫斯《拜占庭史》殘卷見 Blockley 1981-83, II, pp. 222-400。

[57] 普洛科庇烏斯《戰爭史》(*History of the Wars*)見 Dewing 1914。

八　薩珊帝國與嚈噠

第一部分　巴赫蘭五世與嚈噠

A

薩珊帝國和嚈噠人最初接觸發生在巴赫蘭五世治期。其過程僅見載於阿拉伯語和波斯語著述。

太伯里著《太伯里史》[1]所述大意如次：巴赫蘭五世即位後，一度花天酒地，因而遭其臣民譴責，而鄰國則開始覬覦其領土。[2]"突厥"可汗最先發難，率大軍25萬進犯。當這位可汗率軍逼近波斯領土、波斯舉國上下驚恐不已之際，巴赫蘭五世命其弟納爾西留守國都，自己則遠赴阿塞拜疆，向彼處祆廟獻祭，然後前往亞美尼亞狩獵。[3]

波斯大臣皆以爲巴赫蘭五世的行徑是逃避國難。他們認爲，若要避免"突厥"可汗入侵、國家軍隊被消滅之厄運，只有俯首稱臣一途；於是遣使謁見可汗，承諾進貢。"突厥"可汗因而停止進攻，後撤其軍隊。然而，巴赫蘭五世業已獲悉有關"突厥"可汗之動靜，乃夜襲敵軍，手刃可汗，殺戮其兵將，並俘獲可汗之妻，奪得其輜重。[4]

之後，巴赫蘭五世任命一位 Marzbān（意爲"邊境守護者"）管理他所征服的地區。這些地區均表示服從，並請求勘界。巴赫蘭五世乃建高塔一座作爲界碑。同時，他命一將深入入侵者領土，直抵"河外地區"，大戰之餘，殺戮甚衆。入侵者被迫稱臣納貢。[5]

巴赫蘭五世凱旋泰西封，任命其弟納爾西爲呼羅珊總督，駐守巴爾赫。[6] 在途經阿塞拜疆時，他將"突厥"可汗的寶劍及其冠冕上的珠飾等獻給當地的祆廟，命"突厥"可汗之妻——可敦（Khātūn）在廟中服役。[7]

在太伯里冗長的敘述中，值得我們特別注意的有以下幾點：

1. 入侵的時間：太伯里沒有明確記載。我們似乎可以認爲，"突厥"可汗的這次入侵發生在巴赫蘭五世即位後不久。

2. 入侵者："突厥"可汗。如所周知，突厥興起於公元六世紀中葉，不可能在巴赫蘭五世的治期入侵波斯。但《太伯里史》稱入侵者爲"突厥"，顯然表明入侵者之族屬有別於伊蘭人。薩珊帝國以及此前的阿喀美尼德帝國和帕提亞帝國均不斷受到來自其東北方向的遊牧部族的侵掠。在《太伯里史》所據原始史料描述的時代，波斯東北主要是突厥人，時人或出於習慣將歷史上自東北方入侵波斯的遊牧諸族泛指爲"突厥"。既無從確指入侵者的族屬，《太伯里史》亦稱巴赫蘭五世時期波斯遭"突厥"入侵。

3. 巴赫蘭五世迎戰入侵"突厥人"之地點：《太伯里史》沒有

清楚的記載。揆情度理，初戰當發生在波斯東北邊境。巴赫蘭五世任命的 Marzbān 之轄地，雖然太伯里沒有明言，但應該就是被"突厥"可汗侵佔，又被巴赫蘭五世收復的地區，也就是"突厥"可汗喪命之地。

4. 巴赫蘭五世手刃"突厥"可汗之後，命將深入"河外地區"。其地蓋在阿姆河北岸，可能指索格底亞那，當時應為入侵者之腹地。在與"突厥"人激戰、其人請降納貢之後，巴赫蘭五世命納爾西為呼羅珊總督而駐守巴爾赫。這或許表明，前此"突厥"人已越過阿姆河，佔有巴克特里亞，原薩珊帝國任命的地方政權已不復存在，蓋被來自阿姆河北岸的"突厥"人所推翻。巴赫蘭五世似未試圖佔領阿姆河北岸。他勘界建塔應以阿姆河為準。揆情度理，請求巴赫蘭五世勘界者應為該地區原居民。

5. 其他：可敦——"突厥"可汗之妻在可汗被殺時被俘，蓋隨可汗出征故。[8]

另一阿拉伯語史家迪奈韋里著《通史》[9]，對這一"突厥"入侵波斯事件亦有記述。他的記述與《太伯里史》大同小異，而可補充《太伯里史》者有以下幾點：

1. "突厥"可汗入侵波斯在巴赫蘭五世統治業已鞏固之時[10]，而僅讀《太伯里史》，似可認為這次入侵發生在巴赫蘭五世即位後不久。

2. 入侵波斯的"突厥"可汗進軍直抵呼羅珊（Ḥurāsān）。[11]比《太伯里史》明確了一些，儘管還是很籠統。

3. 巴赫蘭五世夜襲"突厥"可汗，其行軍路綫乃自裏海東南的 Jurjān（即戈爾甘，Gurgān，在 Mazandaran 東部），經由 Nasā（呼羅珊北境），抵達木鹿（Merv）。"突厥"可汗的駐地則在木鹿附近的 Kušmayhan 村。《太伯里史》僅載巴赫蘭五世的出行路綫：自阿塞拜疆沿高加索山，直至花剌子模沙漠。

4. 巴赫蘭五世殺死"突厥"可汗後，率部追擊逃敵，經呼羅珊的 Āmul，越過巴爾赫河（今阿富汗北部），進入"河外地區"。[12]這似乎表明，入侵的"突厥"人根據地在阿姆河北，而前此已渡河南下，佔領了巴克特里亞。

5. 巴赫蘭五世建造一座界塔，以區隔波斯和臣服的"突厥"。[13]這一界塔當在阿姆河北岸。

記述這一事件的阿拉伯語著作，除了上述太伯里和迪奈韋里的之外，還有優提基烏斯（Eutychius，877—940）的《年代記》（Annals）[14]等，但似乎没有提供可進一步推敲的資料。

B

除阿拉伯語著述外，波斯語著述亦有關於上述"突厥"入侵波斯事件的記載。其中最重要的是菲爾道西的《列王詠》[15]。總的來說，《列王詠》所載這次外族入侵的過程與太伯里、迪奈韋里所載是一致的。以下列述其不同處：

1. 菲爾道西記載最主要的特色在於：巴赫蘭五世即位後入侵波斯的是"秦"（Chín）可汗。[16]既然"秦"是古代中亞人對中國的稱呼[17]，菲爾道西有關記述頗有可玩味處。

一則，據菲爾道西，"秦"可汗乃自于闐（Khutan）起兵。[18]這似乎表明《列王詠》的"秦"僅指中國西域。

二則，據菲爾道西，巴赫蘭五世花天酒地的消息，除傳到印度、羅馬外，還傳到了"突厥"和"秦"國。這似乎暗示：在東方覬覦波斯領土者除"秦"人外，還有"突厥"人。菲爾道西還記述波斯大臣誤以為巴赫蘭五世逃避國難，因而遣使者 Humái 前往求和，而"秦"可汗接見波斯使者後，當著"突厥"人的面吹噓自己不戰而屈人之兵云云。這似乎表明接受波斯投降的不僅僅是"秦"可汗，"突厥"亦參與其間。

今案：雖然中亞人以"秦"指稱中國，但此處顯然不可能指當時的中原王朝。果真進犯波斯者既有"秦"人，又有"突厥"人，若非兩者聯手，便是"突厥"為"秦"之附庸；而從菲爾道西的敘述不難看出，"秦"人應是主角，"突厥"人祇是附庸。

2. 菲爾道西記載"秦"可汗經由木鹿進犯波斯，在波斯大臣遣使稱臣後、等待納貢時也屯兵木鹿；則較阿拉伯語史料所載更加明確。

3. 不僅如此，菲爾道西還記載了巴赫蘭五世夜襲"秦"可汗的路綫：乃自 Ázargashasp（阿塞拜疆西部，巴赫蘭行獵處），經 Ardabíl（一伊朗古城），前往呼羅珊的 Ámul，復自 Ámul 經戈爾甘和 Nisá（呼羅珊北境），最後抵達木鹿，亦即"秦"可汗駐蹕處。當時"秦"可汗正在木鹿附近的 Kashmíhan 圍獵。[19]

4. "秦"可汗係被俘而非被殺。俘獲"秦"可汗後，巴赫蘭五世接著就向布哈拉（Bukhárá）進軍。他自木鹿東，渡阿姆河和

Farab（位於今哈薩克斯坦南部 Kusulkum 地區）的沙漠，經 Mái 和 Margh（兩者位於阿姆河和布哈拉之間），與"突厥"人激戰。在其人俯首稱臣後，凱旋 Farab。[20] 這些記載顯然又較太伯里或迪奈韋里詳盡。

5. 凱旋前，巴赫蘭五世接受臣服的圖蘭人（Túrán）之請，建一石塔，作爲伊蘭人和圖蘭人之界標。雙方以阿姆河爲界，圖蘭人不得越過 Khalaj 部落居地進入波斯。[21] 菲爾道西稱巴赫蘭五世勘界乃應圖蘭人之請，較之太伯里或迪奈韋里更合情理。蓋"圖蘭"這一稱呼可以包括被"秦"或"突厥"征服的阿姆河流域原居民。

6. 菲爾道西還記載巴赫蘭五世任命了一位軍人 Shahra 爲圖蘭之主，統治阿姆河北岸地區。[22] Shahra 應該就是太伯里所載 Marzbān，在征服地區命將監守亦題中應有之義。

7. 巴赫蘭五世大功告成，石汗那、Khatlán、巴爾赫和布哈拉等地均遣使納貢。

可能有人認爲，菲爾道西年代晚於太伯里或迪奈韋里，所載反而較後兩者詳盡，其真實性可疑。其實並不盡然。我們要對有關記述作具體的分析，不能一概而論。這是因爲太伯里、迪奈韋里和菲爾道西具有共同資料來源的可能性不能排除，區別或在各人取材有詳有略而已。

其次，由薩曼王朝史家 Abu Ali Muhammad Bal'ami（生卒年不詳）譯爲波斯語的《太伯里史》[23] 記載：巴赫蘭五世治世第七年之末（426/427），"突厥"可汗率軍 25 萬進犯 Perside（Fārs）。

巴赫蘭卻前往阿塞拜疆和亞美尼亞。當波斯大臣遣使突厥求和時，巴赫蘭乃自亞美尼亞邊界，進入 Perside，襲擊突厥可汗。可汗軍隊倉皇逃跑，巴赫蘭追擊逃敵越過伊拉克，進抵紀渾河畔的呼羅珊地區。他命將一人率兵追逐逃敵直至河外地區，大獲全勝。巴赫蘭五世在此設立界柱後歸國。[24]

值得注意的是，與阿拉伯語原文不同，《太伯里史》的波斯語譯明確記載了"突厥"可汗入侵的年代，這一年代也應該是巴赫蘭五世戰勝嚈噠的年代。又，按照波斯語譯，"突厥"可汗大軍直抵 Fārs，亦即進入了薩珊帝國腹地。巴赫蘭五世追擊逃敵經由的路綫也説明了這一點。果然，這次入侵給薩珊帝國的威脅是巨大的。但揆情度理，就"突厥"可汗入侵路綫而言，阿拉伯語《太伯里史》應較近實際。

此外，波斯語作者米爾孔德（Mirkhond，1433/1434—1498）的《清净花園》（*Rauzat-us-safa*）[25]亦記述了巴赫蘭五世和入侵的"秦"可汗之間的鬥争，和菲爾道西所載大同小異，兹不一一。

C

以下試就上引阿拉伯、波斯史家的有關記述涉及的若干問題作一些分析：

1. 如所周知，突厥興起於公元六世紀中葉，不可能在巴赫蘭五世治期入侵波斯。按之年代以及其他證據，入侵者應該是新興的嚈噠人。[26]

公元四世紀，嚈噠在中國塞北登上歷史舞臺；約在四世紀七十年代初，他們越過金山即阿爾泰山，西徙索格底亞那，控制了柴拉夫善（Zarafshān）河流域。[27] 客觀上，嚈噠在五世紀二十年代入侵波斯是完全可能的。

其人與鮮卑淵源頗深，鮮卑統治者有"可汗"號，因而其首領亦有"可汗"號。可汗妻則以"可敦"（迪奈韋里記作 ḫātūn）爲號。可敦與可汗同理軍政，隨軍出征以致遭擒。[28]

值得懷疑的似乎只是有關"突厥"可汗擁兵 25 萬的記載，蓋中國史料記載嚈噠人有衆不過 10 萬，但波斯語和阿拉伯語史家對此衆口一詞。如果相信這些記載，則是嚈噠人在進入中亞後擴充了它的兵力。

2. "突厥"果爲嚈噠，則《列王詠》等所載巴赫蘭五世時代的"秦"很可能指柔然。

一則，毋庸置疑，在巴赫蘭五世在位期間中國中原王朝不可能派兵入侵波斯。而按照菲爾道西所描述的"突厥"與"秦"人之間的關係，似乎表明前者役屬後者。而據漢文史料可證嚈噠確曾役屬於柔然，其時間當在 402—437 年之間，亦即在嚈噠南遷索格底亞那之後，佔領吐火羅斯坦、建立並鞏固其政權之前。[29] 換言之，嚈噠果於 426 年進犯波斯，受柔然驅使的可能性不能排除。

一個可以類比的例子是，匈奴在驅逐月氏的勢力，領有西域之後，曾支持當時遊牧於今哈密一帶的烏孫進攻業已西遷伊犁河、楚河流域的大月氏，迫使大月氏再次西遷。

既然匈奴可能支持哈密一帶的烏孫進攻伊犁河、楚河流域的大月氏，柔然也就有可能支持索格底亞那的嚈噠進攻波斯。和匈奴一樣，柔然也是塞北一個強大的遊牧部族，除了控制西域的人力、財力之外，垂涎絲路貿易之利益是可以理解的，而打擊波斯是達到這一目標的可行手段。

二則，漢文史料表明，至遲在434年左右，柔然勢力一度伸向阿姆河北岸，確實試圖直接染指帕米爾以西。如《魏書·西域傳》所載，柔然曾一再侵擾盤踞巴克特里亞的寄多羅貴霜。[30] 而柔然很可能早就支持嚈噠勢力西進，最初的目的很可能僅限於爭奪薩珊帝國在中亞的勢力範圍。而嚈噠由於初戰獲勝，纔長驅直入逼近木鹿等地，最後則被巴赫蘭五世擊退。

三則，正如漢文史料所載，柔然最高統治者亦號"可汗"。菲爾道西所載"秦"可汗應指某位柔然最高統治者。這位柔然可汗支持業已越過阿爾泰山西遷索格底亞那之嚈噠人在巴赫蘭五世在位期間侵犯波斯。而公元426年在位的柔然可汗是大檀（牟汗紇升蓋可汗）。大檀即汗位於414年，但早就鎮守柔然西界。西域南北道諸國役屬柔然最早也可能在大檀治期。[31] 換言之，當時柔然在西域和塞北的勢力足以使當時的波斯人稱之爲"秦"。

雖然柔然在大檀時期越過葱嶺進一步西向發展的可能性不能排除，但是《列王詠》逕稱"秦"可汗親率大軍入侵波斯而被俘則恐怕是傳聞失實。蓋中國史籍所載柔然可汗的世系一清二楚，包括大檀在內沒有任何一位可汗的經歷包括因入侵波斯而被俘。因此，被殺或遭擒的可汗只能是作爲"秦"可汗前驅的嚈噠可汗。蓋入侵波斯的主力應是嚈噠人。換言之，在這一點上阿拉伯語著述較波斯語著述準確。菲爾道西或對所據資料未加甄別,將嚈噠可汗和柔然可汗混爲一談了。當然,也可能柔然曾派遣一位類似匈奴右賢王一類的角色率領嚈噠兵將入侵,以致被俘。薩珊人則以爲被俘的是一位"秦"即柔然可汗。

四則,在菲爾道西《列王詠》中,將和庫薩和一世(Khosrow I,531—579年在位)聯手滅亡嚈噠的突厥也被稱爲"秦"(Chi)。這是最明確的證據,表明在菲爾道西筆下,所謂"秦"實際上指的是中國西域,"秦"可汗則是領有西域的塞北遊牧部族統治者。既然"秦"在六世紀無疑指稱突厥,則在五世紀指稱的只能是柔然。[32]

五則,嚈噠果真得到柔然的支持,似乎進軍波斯的軍隊人數多達25萬也可以理解了。

六則,"秦"可汗自于闐起兵也不是無跡可尋。儘管沒有在巴赫蘭五世時代于闐役屬柔然的明確資料,但已知早在柔然社崙可汗時代(402—410),焉耆、鄯善、姑墨等南北道諸國已役屬柔然[33],于闐在五世紀二十年代淪爲柔然屬國的可能性也是存在的。再説,菲爾道西或他所依據的資料,連中國中原王朝和塞北遊牧政權之間的區別也不甚了了,將于闐視作"秦"可汗起兵的地點也就不難理解了。于闐或者是菲爾道西時代波斯—阿拉伯人所知不多的幾個中國西域城市之一。

要之,"突厥"和"秦"既可指代嚈噠和柔然,則前者就有可能在後者的支持下入侵波斯。

3. 上述"突厥"入侵波斯事件涉及烏孫、悦般問題:

一般說來，嚈噠西遷和柔然進軍西域，都有可能通過伊犁河、楚河流域。其地早在公元前130年左右就是烏孫的領地。直至公元五世紀柔然勢力西向擴張之際，烏孫纔放棄伊犁河、楚河流域，西遷帕米爾。烏孫西遷後，原居龜茲北的遊牧部族悅般北上，佔領了伊犁河、楚河流域。我們不知道悅般北上的確切時間，只知道最早可能在社崙時代，亦即公元410年之前。此後，悅般盤踞伊犁河、楚河流域直至五世紀五六十年代。

　　巴赫蘭五世在位期間，柔然可汗果然經由伊犁河、楚河流域出兵，聯合嚈噠進犯薩珊帝國，則悅般人北上之時間可能要遲至公元426年之後，亦即在巴赫蘭五世擊退柔然、嚈噠聯軍之後。而由於柔然大軍西征，烏孫或者因此放棄伊犁河、楚河而西遷葱嶺；而正因爲柔然和嚈噠入侵波斯敗績，悅般纔可能乘機北上伊犁河、楚河流域，佔有烏孫舊壤。

　　4. 已知薩珊帝國滅亡貴霜後，曾在巴克特里亞建立"貴霜—薩珊"政權，統治其地其人。但上述阿拉伯語、波斯語文獻，卻載巴赫蘭五世在擊退來自東方的入侵者後，任命了新的呼羅珊總督，該總督駐地爲Balkh。這似乎表明入侵者，亦即柔然和嚈噠聯軍此前已佔領了Balkh，薩珊的地方政權已不復存在。只是無從得知，嚈噠和柔然人究竟何時越過阿姆河南下的，巴克特里亞或其首府Balkh究竟在426年還是在此前淪陷的。

　　5. 上述阿拉伯語、波斯語文獻的記述還表明，426年時寄多羅貴霜尚未崛起，而所謂寄多羅貴霜人很可能是乘巴赫蘭五世擊退入侵的"突厥"人之後，呼羅珊長官管理巴克特里亞鞭長莫及之隙崛起的。

6. 巴赫蘭五世不僅任命新的呼羅珊總督，管理被柔然或嚈噠摧毀了地方政權的巴克特里亞，據《太伯里史》和《列王詠》，他還命將監領阿姆河北岸地區。此説也不是空穴來風，業已由布哈拉出土的錢幣證實。這些錢幣中有仿製巴赫蘭五世的錢幣。這表明巴赫蘭五世時代薩珊帝國的勢力一度確實伸向"河外地區"，其契機應該是426年擊退了來犯的嚈噠和柔然人。[34]

D

依據以上阿拉伯語、波斯語文獻的記載，以及結合漢文史料所作研究，巴赫蘭五世時代薩珊帝國和中亞之間的關係可大致勾勒如下：

薩珊帝國巴赫蘭五世即位之際，正值北亞新興的遊牧部族柔然不斷西向擴張其勢力範圍。柔然西向擴張的重要目的之一是爭奪商道霸權、壟斷中繼貿易，以滿足其遊牧經濟本身發展的需要。柔然一度稱霸塔里木盆地南北，並以此爲基地繼續西向，迫使伊犁河、楚河流域的烏孫放棄故地，西遷帕米爾，業已遷往索格底亞那的嚈噠人也受其役使。

於是，在巴赫蘭五世即位第七年，柔然支持嚈噠，合軍25萬，入侵薩珊帝國東境，直抵木鹿城。波斯大臣畏敵乞和，客觀上起了麻痺入侵者的作用；巴赫蘭五世乘機夜襲，殺死（或俘虜）了嚈噠可汗，收復了失地，乘勝渡過阿姆河，掠地直至被嚈噠佔領的索格底亞那，乃置將監領之。

很可能在波斯大軍撤退之後，嚈噠人就殺死了索格底亞那的波斯守將。而在阿姆河以南地區，也由於巴赫蘭五世設在呼羅珊的總督鞭長莫及，原貴霜遺民得以乘機崛起，一統吐火羅斯坦，史稱寄多羅貴霜。準此，不妨認爲426年是寄多羅貴霜興起的時間上限。此前，巴克特里亞相繼進入薩珊帝國地方政權和入侵嚈噠人治下，後者佔領巴克特里亞可能在其入侵波斯之前不久，爲期很短。

而由於柔然和嚈噠這一次入侵波斯的失敗，原在龜茲北的悅般乘機北上佔領了烏孫舊壤，且和北魏聯合，遏阻了柔然西進的勢頭，客觀上也爲嚈噠脫離柔然的控制創造了條件。至遲在437年，亦即巴赫蘭五世去世前一年，嚈噠人再渡阿姆河南下，逐走吐火羅斯坦的寄多羅貴霜人，開始以該地區爲中心，四出經略，成爲中亞一強國。

另一方面，當薩珊帝國遭受來自東方的威脅之際，巴赫蘭五世正在和羅馬交戰。東西兩綫作戰，始終是薩珊帝國歷代君主的噩夢。爲了面對來自東方的麻煩，巴赫蘭五世纔與羅馬媾和。而在擊退東方的入侵者後，巴赫蘭五世得以騰出手來處理亞美尼亞事務，終於在428年將亞美尼亞併入薩珊帝國，成爲巴赫蘭五世任命的總督轄地。

要之，在五世紀二十年代，嚈噠在柔然的支持下發動了對薩珊帝國的入侵。這是薩珊帝國和嚈噠的首次接觸。

第二部分　伊嗣俟二世與嚈噠

A

　　巴赫蘭五世去世，其子即位，史稱伊嗣俟二世。伊嗣俟二世與嚈噠的關係主要見諸亞美尼亞史家的記錄，拜占庭史家也偶有涉及。

　　伊嗣俟二世即位兩年後便對羅馬帝國開戰，但不久就和狄奧多西二世（Theodosius II，408—450 年在位）握手言和。[35] 這很可能出自雙方的需要。由於汪達爾人（Vandal）入侵北非並佔領迦太基（Carthage），使羅馬帝國覺得其南部壓力陡增；而就波斯而言，同意議和，極可能是其東境出現了麻煩。和歷代薩珊統治者一樣，伊嗣俟二世不得不掉頭東向，爲捍衛東境的安定而戰。就在和羅馬帝國議和後，他就派兵進入業已歸屬薩珊的亞美尼亞，強迫亞美尼亞人遷往波斯東部邊境，爲薩珊抵抗來自東方的入侵者。

　　與伊嗣俟二世同時代的亞美尼亞史家埃里塞（Eḷishē，410—475）的《瓦爾丹和亞美尼亞戰爭史》（*History of Vardan and the Armenian War*）[36] 記載了波斯拜火教祭師對伊嗣俟二世的一席話。祭師建議他組建一支軍隊，向"貴霜人"的土地進軍；希望他統治"貴霜人"的土地。[37]

　　埃里塞又載，伊嗣俟二世接受了祭師的建議，向各地頒佈詔書，立即進軍也被稱爲"貴霜人"的匈人王國，但經過兩年的戰鬥，未能取得顯著的戰績。伊嗣俟二世在位第四至第十一年（441—448）間，這位薩珊統治者一直在其東部邊境尼沙普爾（Niwšapuh = Nishapur）築壘堅守。[38]

嗣後，又據埃里塞，在伊嗣俟二世治期的第十二年（449/450），這位波斯統治者又糾集一支大軍進犯 T'etals 地區（Tālākā，位於木鹿和 Bactra 之間）。貴霜統治者自知不敵，遁入沙漠，隱蔽部隊。伊嗣俟二世則攻擊各地，佔領了許多堡壘和城市，將戰俘、戰利品都帶回了自己的國家。[39] 很可能，伊嗣俟二世在這次獲勝後，纔得以轉身處理亞美尼亞事務，於是有 451 年的 Avarayr 之戰。[40]

但是，至遲在其治世的第十六年（453），伊嗣俟二世又怒率大軍進攻貴霜人的領土，戰火復燃。伊嗣俟二世乃自 Vrkan（= Waručān）直抵 Apar 地區（首府尼沙普爾，自伊朗本土赴呼羅珊的必經之途）。[41] 很可能，這一次也不是伊嗣俟二世主動發起攻擊，而是其東部邊境的敵人又捲土重來。但是，這一次被打敗的是波斯人。

據埃里塞載，由於同情被伊嗣俟二世迫害的基督徒，一位在波斯軍中服役的有貴族血統的匈人 Bēl 叛變。由於他投奔"貴霜人"，後者盡得有關波斯人之情報，預作準備，不從正面迎戰，而是從背後襲擊波斯軍，終於以少勝多，迫使波斯人撤軍。"貴霜人"窮追不捨，劫掠了波斯多個地區，然後安全返回。[42]

453 年波斯人敗績，不僅見諸埃里塞的記載，且有年代較埃里塞稍後的亞美尼亞史家拉扎爾《亞美尼亞史》的記載。[43] 兩者可以互證。據拉扎爾載，在這一年，伊嗣俟二世又命全軍投入與"貴霜人"的鬥爭。大軍經由 Apar 地區，入駐其首府尼沙普爾。他們抵達敵境後被徹底擊敗，國王的目標完全未能實現，不得不蒙羞而歸。經此一役，波斯軍中精英喪失多半，騎兵也損失慘重。蓋"貴霜人"並未和波斯軍主力決戰，而是出其不意從兩側進攻。許多波斯人成了刀下之鬼，"貴霜人"卻全身而退。這一戰術使波斯軍精疲力竭。[44]

而據五世紀的拜占庭史家普里斯庫斯《拜占庭史》的記載，可以推知，直至 456 年，伊嗣俟二世還在東部邊境同"寄多羅匈人"作戰。[45]

由此可見，在他在位期間，伊嗣俟二世主要精力用於捍衛波斯東北邊境的安定。而直至伊嗣俟二世末年，波斯人仍未能戰勝自東方來犯之敵。

B

以上亞美尼亞史家關於伊嗣俟二世和"貴霜人"關係的記載，結合漢文史料可得到進一步的說明：

1. 貴霜王朝早在三世紀已經衰亡。新興的薩珊王朝在貴霜王朝的領土巴克特里亞等地曾設官置吏進行統治，史稱"貴霜—薩珊"政權。此後直至五世紀初，沒有證據表明貴霜遺民有復辟之舉。[46]

據《魏書·西域傳》等，可知至遲在公元 437 年，亦即巴赫蘭五世的末年，原貴霜王朝的統治中心巴克特里亞爲所謂"大月氏國"亦即"寄多羅貴霜"統治。[47]"寄多羅貴霜"人很可能是一直接受薩珊帝國地方政權"貴霜—薩珊"統治的原貴霜帝國遺民。他們崛起的時間上限是426年，亦即巴赫蘭五世擊退來犯"突厥"人之後。

2. 又據《魏書‧西域傳》，盤踞吐火羅斯坦的寄多羅貴霜政權屢次遭到自西向東伸張其勢力的遊牧部族柔然的侵擾。可能是苦於柔然的侵擾，其王寄多羅一度越過興都庫什山南下，攻佔了乾陀羅以北五國，試圖覓一新的棲息地。多次遭到柔然的侵擾的寄多羅貴霜人，最終被"匈奴"逐出巴克特里亞而西遷。這"匈奴"無疑就是新興的嚈噠人。[48] 其人當時業已佔領阿姆河北岸的索格底亞那。嚈噠人之所以被稱爲"匈奴"，可能是因爲他們一度自稱"匈奴"，也可能因爲他們和歷史上的匈奴人有類似的習俗，因而被周鄰稱爲"匈奴"。這一事件的時間上限是437年。

3. 被"匈奴"亦即嚈噠人逐出巴克特里亞而西遷的寄多羅貴霜人當然可能衝擊波斯東境，但這是一支沒有後方的軍隊，沒有足夠的力量給薩珊帝國造成威脅，薩珊帝國東境的防禦力量足以抵擋其騷擾。這也許是伊嗣俟二世即位後敢於和羅馬開戰的原因。

4. 伊嗣俟二世和羅馬議和，且接受祭師的建議，舉國動員，似乎表明他準備迎擊的"貴霜人"已經不再是寄多羅貴霜人，而是接踵而來的嚈噠人。其實，波斯人以及參與其事的亞美尼亞人也已經覺察到來者有別於此前的貴霜人，因而又稱之爲"匈人"。

5. 儘管如此，亞美尼亞人還是將這些"匈人"和"貴霜"聯繫在一起，很可能是因爲這些入侵者來自巴克特里亞——原貴霜王朝的統治中心。

6. 伊嗣俟二世和這些又被稱爲"貴霜人"的"匈人"的鬥爭的形勢也說明了這一點。換言之，能和伊嗣俟二世長期對峙、反復鬥爭，且在最後擊敗波斯大軍的只能是嚈噠人。[49]

要之，至遲在公元437年，索格底亞那的嚈噠人渡阿姆河南下，寄多羅貴霜人不敵，被逐出巴克特里亞。貴霜的寄多羅王命其子堅守興都庫什山以南地區，自己則率部西遷。嚈噠人緊隨其後，嚴重威脅薩珊帝國東境。這應該就是波斯祆教祭師提出進剿"貴霜人"的建議的背景，也是這位伊嗣俟二世在位期間波斯在東方戰事不斷的原因。

C

如果將亞美尼亞史料和阿拉伯—波斯史料有關記載結合起來，我們對於伊嗣俟二世即位前後中亞地區的大勢不妨作如下推測：

1. 早在四世紀六七十年代，原居中國塞北的遊牧部族嚈噠越過阿爾泰山西遷，征服並佔領了索格底亞那（見《魏書·西域傳》）。按之年代，阿拉伯—波斯史籍所載巴赫蘭五世時代入侵波斯的"突厥"很可能就是來自索格底亞那的嚈噠人。但應該強調指出，此時的嚈噠很可能還役屬於北亞的遊牧部族柔然。因此，這時入侵波斯的"突厥"，確切說應該是受到柔然役使的嚈噠，甚至是柔然和嚈噠的聯軍。波斯史料所謂"秦"人顯然就是指柔然人。毫無疑問的是，在此之前，嚈噠人（或嚈噠和柔然的聯軍）

已跨過阿姆河，佔領了巴克特里亞，薩珊帝國設在該處的地方政權很可能已經遭到破壞。

2. 據阿拉伯—波斯史籍的記載，當巴赫蘭五世擊退侵犯東北邊境的"突厥"人之後，曾逐北直至阿姆河北，在河南巴克特里亞之地恢復了薩珊帝國的統治。巴克特里亞的貴霜遺民很可能是乘嚈噠勢力被逐出巴克特里亞，以及巴赫蘭五世回軍後忙於應付羅馬和亞美尼亞事務之際，起而驅逐了設在巴克特拉的波斯統治者，纔確立了貴霜人（即寄多羅貴霜）的統治。

3. 嚈噠的首次入侵被巴赫蘭五世擊退，不僅丟失了在波斯東境佔領的土地，也撤出了巴克特里亞，而由於波斯置將監領，甚至對索格底亞那的統治也搖搖欲墜。但是，在巴赫蘭五世去世後不久，波斯東北邊境又陷入動蕩不安的局面。這表明嚈噠人在巴赫蘭五世時期對波斯的入侵雖被擊退，但很快就恢復了元氣。不僅再一次佔領索格底亞那，而且又越過阿姆河南下，將盤踞該處的寄多羅貴霜的勢力逐出巴克特里亞。後者不得不西向逃竄，這纔衝擊了波斯的東北邊境。嚈噠人則緊隨其後，再次侵犯波斯。

4. 於是，伊嗣俟二世不得不進行反擊。但是，伊嗣俟二世並沒有能力像巴赫蘭五世那樣，直搗入侵者老巢，而是採取守勢，自其在位第四年直至第十一年，一直堅守在尼沙普爾。儘管在第十二年，波斯人一度攻入巴克特里亞，但不久就撤軍，未能駐守，於是嚈噠人很快捲土重來。從波斯史料或可得到啟示：在對抗伊嗣俟二世的鬥爭中，嚈噠也得到柔然的支持，於是伊嗣俟二世纔有其第十六年的慘敗。

伊嗣俟二世在其即位第十六年的失敗，使嚈噠人有機會最終鞏固了他們在巴克特里亞的統治，同時也擺脫了柔然的控制，四出征伐，成爲中亞一強國。此後，強盛的嚈噠在客觀上阻遏了柔然西進的勢頭，但雙方依舊維持著很好的關係。漢語史料表明，嚈噠和柔然統治者曾經聯姻，嚈噠還曾幫助柔然打擊和控制高車——柔然的叛臣。[50]

要之，嚈噠人在中亞的經略，始於巴赫蘭五世，成於伊嗣俟二世在位時期。嚈噠人不僅繼貴霜之後成爲中亞霸主，控制絲路貿易，而且兩度操縱波斯的王位廢立，在很長一段時期內一直構成薩珊帝國的嚴重邊患。

第三部分　卑路斯一世與嚈噠

卑路斯一世和嚈噠的關係，拜占庭史料、亞美尼亞史料、敘利亞史料、阿拉伯史料、波斯史料均有記載。

A

伊嗣俟二世身後，二子爭位，次子嗢没斯三世（Hormizd III，457—459年在位）登基。長子卑路斯逃亡，托庇於嚈噠。嚈噠王借兵助其奪位。卑路斯的這番經歷僅見載於阿拉伯語和波斯語文獻。

記載此事的阿拉伯語文獻主要有以下三種：

1. 據《太伯里史》的記載，因嗢沒斯三世施政不善，嚈噠王答應助卑路斯爭位，卑路斯允諾將塔里堪（Ṭālaqān，在 Murghab 河流域）割讓給嚈噠。於是卑路斯率嚈噠兵將回國，殺死嗢沒斯三世，解散其軍隊，控制全國，登上君位，是爲卑路斯一世。[51]

《太伯里史》引 Hishām b. Muḥammad（即阿拉伯史家 Hisham Ibn Al-Kalbi, 737—819）的記載則稱，嗢沒斯三世即位後，卑路斯利用呼羅珊的資源備戰，號召"吐火羅斯坦（Ṭukhāristān）和鄰近地區的人"支持他。所謂"吐火羅斯坦和鄰近地區的人"應該就是嚈噠人。[52] 至伊嗣俟二世末年，嚈噠人已逐走寄多羅貴霜人，佔領吐火羅斯坦。[53]

2. 據迪奈韋里《通史》，卑路斯所托庇的嚈噠，當時領有吐火羅斯坦（Tuḥaristān）、石汗那（Ṣaġāniyān）、喀布爾（Kābulistān）以及毗鄰"大河"（阿姆河）的巴爾赫（Balḫ）諸地。嚈噠王出兵三萬，助卑路斯奪位。嚈噠王的條件是將其邊境推進到泰爾梅茲（Tirmiḍ，位於巴爾赫赴撒馬爾罕途中）。和太伯里所載不同，卑路斯登基後赦免了嗢沒斯三世。[54]

3. 優提基烏斯的《年代記》沒有記載卑路斯投奔嚈噠，嚈噠助卑路斯奪位事。僅載伊嗣俟二世身後，二子爭位，結果嗢沒斯被殺，卑路斯登基，後者統治了 27 年。(16.1) [55]

波斯語文獻有關記載可概括如下：

1. 據菲爾道西《列王詠》的記述，嗢沒斯（Hurmuz）三世登基後，其兄卑路斯（Pírúz）逃亡嚈噠（Haitálian），求助嚈噠王

Faghánísh（被稱爲 Chaghán 之幼君）。嚈噠王出兵三萬助卑路斯奪位，條件是波斯割讓 Wísagird（位置不詳）和泰爾梅茲兩城。和迪奈韋里一樣，菲爾道西亦載，卑路斯奪得寶座，嗢没斯戰敗遜位，未被處死。案：Chaghán 可能指石汗那。果然，表明當時石汗那爲嚈噠人領土，這和迪奈韋里所載一致。[56]

2. 據《太伯里史》的波斯語譯（II, 23），卑路斯出亡時，嚈噠領有噶吉斯坦（Ghardjistàn）、吐火羅斯坦（Tokharistàn）、巴爾赫（Balkh）、弗敵沙（Bedekhschàn）等地。波斯以割讓塔里堪（Tàleqàn）爲條件，換得嚈噠王 Khouschnewàz 出兵助卑路斯奪得王位，殺死嗢没斯三世。[57]

3. 米爾孔德（Mirkhond）《清净的花園》（*The Rauzat-us-safa*）也載卑路斯托庇嚈噠，嚈噠王（未載名諱）助其奪位事（出兵千人）。嚈噠王的條件是波斯人必須離開圖蘭人的土地（Turân）。和菲爾道西一樣，在米爾孔德筆下，嗢没斯三世也沒有被殺。[58]

要之，據阿拉伯語和波斯語文獻，伊嗣俟二世身後，其子嗢没斯繼位。嗢没斯的同母兄弟卑路斯投奔嚈噠，得嚈噠軍隊之助，歸國奪得帝位。

B

阿拉伯語和波斯語文獻均載，即位後的卑路斯曾發動對嚈噠戰爭：

（一）據《太伯里史》的記載，卑路斯發動的對嚈噠戰爭凡兩次：

1. 卑路斯在鞏固了君位，建造了 Rām Fayrūz 等三城堡以加強邊防之後，就率軍前往呼羅珊和嚈噠王 Akhshunwār 作戰。這次戰爭的結果是卑路斯中了嚈噠人的苦肉計，身處絕境，不得已乞和，在起誓決不再犯嚈噠，且劃定雙方界綫之後，纔得以脫身。[59]

這次波斯—嚈噠戰爭的起因，據太伯里所引 Hishām b. Muḥammad 的記載，卑路斯認爲嚈噠人有惡俗（sodomy），不甘心一些疆土落入其手，纔與嚈噠兵戎相見。[60] 其實，這次戰爭很可能是卑路斯不願兌現其割讓領土的承諾而引起的，也可能是卑路斯試圖奪回他業已割讓的領土。

2. 卑路斯一意孤行，毀棄誓約，對朝臣進諫，拒而不納，再次發動了對嚈噠戰爭，結果中伏，波斯全軍覆没，卑路斯本人陣亡。嚈噠人大獲全勝，俘獲了隨行的國王眷屬、波斯大臣（包括祭司）、輜重等。[61]

又據《太伯里史》所引另一位阿拉伯史家的記述，在前一次卑路斯發動的波斯—嚈噠戰爭後雙方明確的邊界就是巴赫蘭五世所建區隔波斯人和"突厥"人領土的界塔。爲表示自己並未違約，卑路斯再次進攻嚈噠時，用五十頭大象和三百個人拖著此界塔在前移動，大軍隨後跟進。[62]

3. 據《太伯里史》以及所引 Hishām b. Muḥammad 的記載，卑路斯陣亡後，嚈噠勢盛，一度佔領了呼羅珊。多虧波斯大臣蘇赫拉率軍出征，纔收復了呼羅珊。[63]

（二）迪奈韋里《通史》僅記載了 484 年的波斯—嚈噠戰爭，

卑路斯就在這次戰爭中陣亡：卑路斯越過了巴赫蘭五世所建波斯和"突厥"之間的界塔。卑路斯陣亡後，由波斯大臣 Šūḫar 出面和嚈噠王講和簽約，接回了被俘人員等。[64] 這些和太伯里所述大同小異。值得注意的是，迪奈韋里稱嚈噠爲"突厥"，稱嚈噠首領 Āḫšuwān（應即太伯里所述 Akhshunwār）爲"可汗"（ḫāqān）。

（三）優提基烏斯《年代記》則和太伯里一樣，詳盡記載了卑路斯發動的兩次對嚈噠（Hayātilah）戰爭。情節大同小異：他所記載的第一次波斯—嚈噠戰爭也是以卑路斯中苦肉計失敗告終。爲了活命，卑路斯起誓永不再犯嚈噠邊界，且立界塔爲標誌。可是，卑路斯違約再次發動對嚈噠戰爭，力圖一雪前恥。爲規避誓約，他自欺欺人，讓大軍跟隨被大象拖動的界塔前進。這次波斯—嚈噠戰爭又以波斯的失敗告終。卑路斯陣亡，衆大臣被俘，隨軍財物全部落入嚈噠人之手。鎮守塞斯坦的波斯貴族蘇赫拉（Sūkhrān）獲悉卑路斯陣亡的消息，立即整兵前往迎戰 Hayātilah，與嚈噠王 Akhshunwār 講和締約，嚈噠人送回戰俘和虜獲的財物。[65]

以上是主要阿拉伯語文獻的有關記述。

（一）據菲爾道西《列王詠》記載，卑路斯即位後遭遇了七年大旱，旱災結束，卑路斯就發動了對嚈噠戰爭。卑路斯於是役陣亡，其子居和多被俘。當時嚈噠可汗是 Khúshnawáz（應即太伯里所述 Akhshunwār）。[66] 既然卑路斯死於 484 年，知作者於年代未嘗措意。

（二）《太伯里史》的波斯語譯本（II, 24-25）和阿拉伯語《太伯里史》同樣記載了卑路斯發動的前後兩次對嚈噠戰争。前一次卑路斯發動對嚈噠戰爭的動因是嚈噠人染有Lot人之惡俗，其統治者又失德。這次戰爭的結果是卑路斯中了嚈噠人的苦肉計，身陷絕境，只能起誓永不再犯嚈噠領土，並立界塔。爲雪前恥，卑路斯再次發動了對嚈噠戰爭。他以五十頭大象拖動界塔，大軍隨後跟進，以示並未食言，結果中伏陣亡。其女以及大祭司等均成了階下囚。[67]於是，有波斯大臣蘇赫拉（Souferaï）挺身而出，集合大軍向嚈噠進軍。最後波斯與嚈噠議和，蘇赫拉索回被俘人員和被繳獲的財物等。回國後，蘇赫拉擁立巴拉斯（Balash，484—488年在位）爲君主。[68]

（三）米爾孔德《清净的花園》也記載了卑路斯發動的兩次對嚈噠戰爭，第一次卑路斯中苦肉計，被迫按嚈噠王要求宣誓後得以脫困。[69]第二次卑路斯中伏陣亡。[70]關於前一次戰爭，米爾孔德也只是籠統地說發生於七年旱災之後，並未提供新的信息。

以上是主要的波斯語文獻有關卑路斯治期波斯—嚈噠戰爭的記述。

卑路斯即位後發動的對嚈噠戰爭，除菲爾道西《列王詠》只記載一次外，其餘阿拉伯語和波斯語著述均記載了兩次。

C

除阿拉伯語和波斯語著述外，拜占庭史家也記載了卑路斯對嚈噠發動的戰爭：

（一）普里斯庫斯的《拜占庭史》僅記載了一次波斯—嚈噠戰爭。

1. 據載（Fr. 41.1），卑路斯認爲羅馬人應該用金錢資助他們和"寄多羅匈人"的戰爭。波斯人的勝利對羅馬是有利的。但羅馬人認爲：波斯人針對"寄多羅匈人"的戰爭是爲了維護自身的利益，羅馬人沒有必要給予金錢的支援。[71]

2. 又載（Fr. 41.3），卑路斯在波斯和"寄多羅匈人"接界處接見了拜占庭使臣 Constantius，當時戰事正在進行。戰爭起因是匈人（Huns）未能收到波斯前任統治者們（伊嗣俟二世、嗢没斯三世？）的貢金。卑路斯的前任拒絕納貢，且發動戰爭。卑路斯繼承王國的同時，也繼承了戰爭。結果，波斯被拖垮了，指望玩弄詭計來結束戰爭。於是卑路斯去信"寄多羅匈人"首領 Kunchas，聲稱渴望和解，表示願意和 Kunchas 聯姻。年輕的 Kunchas 答應了。然而，Kunchas 娶到的只是一位冒牌公主。識破了卑路斯的詭計後，爲了懲罰卑路斯，Kunchas 僞稱他正和鄰國作戰，不缺少戰士，只缺少指揮作戰的軍官。卑路斯信以爲真，給他派去三百名軍官。Kunchas 殺死了其中一部分，其餘亦在受到殘害後被遣返。於是戰端重開，鋒鏑交加。卑路斯在其紮營的 Gorga 接見了 Constantius，慷慨款待之。[72]

3. 又載（Fr. 51.1），467 年，一位波斯使者來到拜占庭，以野蠻人的方式炫耀：卑路斯戰勝了"寄多羅匈人"，佔領了他們的城市 Balaam。[73]

（二）普洛科庇烏斯的《戰爭史》記載了卑路斯發動的兩次對嚈噠戰爭。

1. 據載（I, iii），卑路斯因陷入與 Ephthalitae Huns（嚈噠匈人）

的邊境糾紛而引起戰爭。後者領土位於波斯北方，其城市 Gorgo 就在波斯邊界，因而雙方衝突不斷。嚈噠人從未入侵羅馬人的領土，除非和波斯人聯手。而當卑路斯率軍征討嚈噠時，羅馬皇帝齊諾（Zeno，474—475、476—491 年在位）派往波斯的使節 Eusebius 隨行。嚈噠人佯敗，誘敵深入，卑路斯落入圈套，不得不起誓永不再起戰端，得以全身而退。[74]普洛科庇烏斯此處所述，似乎就是阿拉伯語和波斯語文獻所見卑路斯發動的前一次對嚈噠戰爭。

2. 又載（I, iv），此後不久，卑路斯爲雪前恥，背棄誓言，在全國範圍内招兵買馬，再次進攻嚈噠。他越過 Gorgo，貪功冒進，終致其本人及諸子均落入嚈噠人所設陷阱而身亡。波斯大軍全軍覆没，倖存者淪爲階下囚。時在 484 年。波斯國人擁立其子居和多，是爲居和多一世（Kavad I，488—496、498—531 年在位）。波斯從此淪爲嚈噠屬國，進貢長達兩年。[75]

（三）阿伽提阿斯（Agathias，約 530—582/594）的《史記》（*Histories*, IV, xxvii, 4）記載了卑路斯發動的一次對嚈噠戰爭。據載，此役發生於卑路斯在位第二十四年，卑路斯於是役陣亡。他稱嚈噠是"匈人"之一支。[76]

（四）莫里斯（Maurice，約 582—602）的《戰略學》（*Strategikon*, IV, 3）則從軍事的角度考察了卑路斯中計陣亡的過程。作者將 Hephthalites 記作 Nephthalites。[77]

（五）忒俄法涅斯（Theophanes Confessor，約 758/760—817/818）的《年代記》（*Chronicle*）記載了卑路斯發動的前後兩次對嚈噠戰争。

1. 據載（AM 5967 = 474/475），在前一次對嚈噠戰爭中，卑路斯中計被困，不得已向嚈噠王行俯伏之禮，且起誓決不再犯嚈噠。[78] 這應該就是普洛科庇烏斯《戰爭史》(I, iii) 所述卑路斯發動的第一次對嚈噠戰爭。

2. 該書（AM 5968 = 475/476）也記載了卑路斯發動的又一次對嚈噠戰爭，這一次以卑路斯的陣亡告終。[79] 這應該就是普洛科庇烏斯《戰爭史》(I, iv) 所述卑路斯發動的第二次對嚈噠戰爭。

3. 值得注意的是忒俄法涅斯稱這兩次戰爭發生在同一年。[80] 和莫里斯一樣，忒俄法涅斯《年代記》稱嚈噠為 Nephthalite Huns。

（六）尼科弗魯斯·卡里斯圖斯（Nikephoros Callistus，約 1320 年在世）《教會史》(*Historia Ecclesiastica*, xvi, 36) 只是簡單地轉述了 Procopius 關於卑路斯發動的兩次對嚈噠戰爭。[81]

D

本節略述亞美尼亞語和敘利亞語著述中有關卑路斯和嚈噠關係的記載。

（一）拉扎爾的《亞美尼亞史》(III, 79, 85, 90, 91) 從亞美尼亞人的角度記載了卑路斯發動的一次對嚈噠戰爭。[82] 其中提到卑路斯在 Vrkan 集結軍隊，準備征伐嚈噠。作者強調卑路斯一意孤行，導致失敗。卑路斯陣亡後，倖存者逃往 Vrkan，Vrkan 人則逃奔 Asorestan（在美索不達米亞）。[83] 亞美尼亞人則乘機要求信仰基督教的自由。[84]

(二)《柱行者喬舒亞年代記》(Chronicle of Joshua the Stylite，約六世紀)：

1. 據載（IX），卑路斯對"貴霜人"或"匈人"的戰爭經常得到羅馬人金錢的支援，蓋後者有公元395—396年匈人蹂躪羅馬造成破壞的記憶，期待波斯人能阻止蠻族入侵其領土。[85]

2. 又載（X），由於得到羅馬人金錢的援助，卑路斯制服了"匈人"，將從"匈人"處奪取的土地加入了自己王國的版圖；但最後他還是被"匈人"俘虜了。希臘皇帝Zēnōn（Zeno）聽説此事，用他自己的錢使卑路斯獲得自由，並使卑路斯和"匈人"和好。卑路斯與"匈人"達成了一項條約，即他不會再次穿越其領土與他們交戰。但他一回國就背約，又發動戰爭，他的軍隊全部被毀滅和驅散，他本人被活捉。他承諾支付三十頭騾子馱載的銀幣贖命；由於先王的財寶已在此前進行的戰爭中耗盡，他幾乎無法收集滿二十馱載貨物，因而只能留下其子居和多（Kawād）為人質，頂替另外十個馱載。就這樣，他第二次與"匈人"達成協議，承諾決不再戰。[86]

3. 又載（XI），卑路斯回國後，對整個國家強行徵收了一項人頭稅，給"匈人"送去十個馱載銀幣，以交換其子。很快，他又召集一支軍隊進攻"匈人"。戰鬥爆發，雙方混戰。他的軍隊被徹底摧毀，本人不知所終。[87]

E

關於嚈噠人支持卑路斯奪取君位問題：

伊嗣俟二世死後，卑路斯爲爭奪大位求助嚈噠既見諸多種阿拉伯語和波斯語的文獻，或係史實。通過中外文獻的研究可知，當時的嚈噠人已經在巴克特里亞站穩腳跟。嚈噠主答應出兵助卑路斯爭位，條件是波斯割讓領土，儘管諸書所載不一，但嚈噠對波斯有領土要求則可無疑。

不僅如此，通過有關文獻，還可以窺見嚈噠人另有企圖：這就是迫使波斯稱臣朝貢，也就是通過控制波斯來控制絲路貿易。嚈噠支持卑路斯爭奪君位，並非如太伯里所說，因爲嘔没斯三世施政不善。這對於嚈噠王和卑路斯來說，無非是一個藉口。除了想藉此攫取塔里堪外，嚈噠另有其更深的謀略：意在使卑路斯成爲傀儡，通過他操控波斯政權。

爲什麼卑路斯東逃投奔嚈噠人，而不是西奔羅馬或亞美尼亞？

原因之一是宗教信仰問題。卑路斯是祆教徒，羅馬和亞美尼亞主要信仰基督教，卑路斯西奔得不到理解和支持。相反，嚈噠人進入中亞後，對宗教採取兼收並蓄的態度，至少有一部分人已經接受了祆教。《梁書・西北諸戎傳》[88]稱其人崇拜天神、火神，可以爲證。而如果嚈噠和波斯人信仰不同，卑路斯起誓以規避懲罰就不好理解了。

另外，在波斯人心目中，巴克特里亞地區自古以來就是波斯的一部分，不過是不斷被異族侵佔而已。太伯里曾引用史家

Hishām b. Muḥammad 的記載稱："卑路斯打算利用呼羅珊的資源作戰，要求吐火羅斯坦及其臨近地區的人民支持他向 Rayy、喎没斯所在地進軍。"[89] 這似乎表明，在卑路斯心目中，他向嚈噠求助，無非是外出尋求勤王的力量。

再者，卑路斯很可能知道嚈噠人一定會對自己的繼承人身份感興趣，因而如太伯里所述，他竭力向嚈噠可汗證明自己是長子，具有法定繼承權。[90]

在另一方面，嚈噠人支持卑路斯奪取君位，是一種深謀遠慮。嚈噠人知道自己沒有力量完全征服波斯，只有通過操縱其君主纔能控制這樣一個大國。因此，嚈噠主一次次放卑路斯歸國，除了可以索取贖金外，顯然是不願意失去這樣一位有把柄在握的波斯王中之王。不難設想，484 年那場戰爭中，如果卑路斯不是陣亡而是被俘，嚈噠王還是可能放他生還的。

F

卑路斯即位後一再發動的對嚈噠戰爭，見載於多種語言的文獻。只是由於詳略不同，著重點也不一樣，以致戰爭發動的年代，甚至發動的次數，在學界都存在分歧。以下略述己見：

1. 普里斯庫斯所載的一次波斯—嚈噠戰爭肯定發生於拜占庭皇帝利奧一世（Leo I, 457—474 年在位）治期。普里斯庫斯沒有說明戰爭爆發的起因。在這次戰爭中佔上風的似乎是卑路斯。這一次卑路斯率軍一路東進，一度紮營於 Gorga，在該處接見了拜占庭使臣 Constantius。然後他繼續東進，直至佔領了 Balaam，且於 467/468 年遣使拜占庭報捷。

2. 普洛科庇烏斯《戰爭史》所載波斯—嚈噠戰爭凡兩次。

第一次無疑在拜占庭皇帝齊諾治期，蓋普洛科庇烏斯《戰爭史》明載齊諾的使臣隨卑路斯大軍出征。這次征討因卑路斯中伏被困，不得已面對嚈噠王行俯伏之禮，始得以脫身。

第二次以卑路斯陣亡告終，無疑在 484 年。

3. 忒俄法涅斯《年代記》所載波斯—嚈噠戰爭凡兩次。就情節而言，忒俄法涅斯所載應該就是普洛科庇烏斯所述兩次戰爭。只是忒俄法涅斯聲稱這兩次戰爭發動於同一年，即 475 年，亦即齊諾即位之次年。

既然卑路斯陣亡於 484 年，則忒俄法涅斯《年代記》的繫年無疑是錯誤的，但不妨認為普洛科庇烏斯和忒俄法涅斯所載第一次戰爭發動於 475 年。

這樣，依據拜占庭史家的記載，可知卑路斯發動的對嚈噠戰爭凡三次。

4. 但據《柱行者喬舒亞年代記》，卑路斯在 484 年和嚈噠作戰陣亡之前，曾兩次被俘。第一次被俘，他被拜占庭皇帝齊諾出錢贖回。第二次被俘，他用三十馱騾子的銀幣自贖。非常可能的是，在他陣亡之前，甚至就在 484 年，卑路斯還發動過一次對嚈噠戰爭。

5. 阿拉伯語、波斯語文獻僅記載了卑路斯發動的兩次對嚈噠戰爭，亦即上述第一次和第四次對嚈噠戰爭。

據《太伯里史》，在卑路斯即位之初，波斯遭遇了一場持續七年的旱災；由於沒有明確的年代，只能根據太伯里的行文，將旱災大致定在卑路斯治期最初七年間（459—466）。揆情度理，卑路斯發動對嚈噠戰爭，應在這場旱災結束之後，再加上他建造三座城堡的時間，發動這第一次戰爭的時間上限是 468/469 年，亦即利奧一世在位期間。[91]

但《太伯里史》的波斯語譯文明確記載，這一場持續七年的旱災發生於卑路斯即位七年之後。如果記載不誤，卑路斯首次發動對嚈噠戰爭的時間有兩種可能：一是在即位後七年之內（459—466），亦即旱災發生之前。另一種可能是在他即位第十四年（473），亦即旱災結束之後不久。儘管無論哪一種可能，均落在利奧一世治期（457—474）之內；但是，還是不能認爲《太伯里史》波斯語譯文的有關記載有助於推出卑路斯發動的對嚈噠戰爭的確切年代。蓋波斯語譯文稱，爲雪前恥，在上一次戰爭之後三或四年，卑路斯便起意再次發動對嚈噠戰爭，爲此備戰一年多。這和卑路斯在所載後一次對嚈噠戰爭中陣亡（484）無法協調。

要之，很可能卑路斯共發動四次對嚈噠戰爭，茲總結如下：

第一次對嚈噠戰爭發生在拜占庭皇帝利奧一世在位時，戰爭起因於嚈噠人向波斯索取貢金。卑路斯因戰況不利，試圖通過假聯姻脫身，因被識破，精英損失慘重。467/468 年卑路斯遣使向拜占庭報捷，若不是虛張聲勢，便是企圖得到拜占庭金錢的支援。

其餘各次均發生在拜占庭皇帝齊諾在位時期：

第二次對嚈噠戰爭的結果是卑路斯被俘。這也許就是卑路斯對太陽起誓的那一次。《柱行者喬舒亞年代記》稱，卑路斯是被齊諾用金錢贖回的。普洛科庇烏斯《戰爭史》則明載卑路斯進軍嚈噠時有齊諾使臣 Eusebius 隨行，再結合《柱行者喬舒亞年代記》關於卑路斯對"貴霜人"或"匈人"的戰爭經常得到拜占庭人金錢的支援的記載，似乎波斯和拜占庭曾達成某種契約。看來，卑路斯這次能夠安全返回不僅是起誓那麼簡單。

第三次對嚈噠戰爭的結果是卑路斯再次被俘，以三十馱載銀幣贖命。這次戰爭的年代不明，如果它和第二次或第四次戰爭發生於同一年，或許因此導致忒俄法涅斯《年代記》繫年致誤。

第四次對嚈噠戰爭以卑路斯陣亡告終。

第四部分　居和多一世與嚈噠

本節主要考察各種文獻所載居和多一世與嚈噠的關係。

A

希臘—拉丁語文獻有如下記載：

（一）普洛科庇烏斯《戰爭史》：

1. 卑路斯死後，由其子居和多直接繼位。居和多在此後的兩年內向嚈噠人納貢。(I, iv) [92]

2. 居和多繼位後因施政不善，被貴族廢黜、監禁。波斯人乃

立卑路斯之兄弟 Blases 爲君。(I, v) [93]

3. 居和多得其妻之助，越獄投奔嚈噠，娶嚈噠王之女爲妻，因得嚈噠軍援，歸國復辟，Blases 則被刺瞎雙目，囚禁起來。他統治波斯僅二年。(I, vi) [94]

4. 居和多無力償付欠下嚈噠的債款（嚈噠出兵幫助居和多復辟的代價），向拜占庭皇帝阿納斯塔修斯（Anastasius，491—518 年在位）索要。拜占庭人認爲不應支付金錢以鞏固波斯和嚈噠的關係，上策是破壞他們之間的關係。居和多於是發動對拜占庭之戰。(I, vii) [95]

5. 居和多在與拜占庭作戰時，一度得到嚈噠人的幫助。(I, viii) [96]

6. 後來居和多對"匈人"開戰，以至影響了他和拜占庭之間的戰事，最後不得不簽約講和。(I, ix) [97] 波斯和拜占庭簽訂和約後，阿納斯塔修斯在 Daras 修城，威脅波斯邊境的安全。但居和多無力阻止，因爲他與"匈人"的戰事久拖未決云云。(I, x) [98] 這裏提到的"匈人"或許就是嚈噠人，但也可能另有所指。

（二）阿伽提阿斯《史記》：

1. 卑路斯死後，其兄弟 Blases（Valash）繼位。後者在位四年後，由居和多即位。(IV, xxvii, 5-6) [99]

2. 此後居和多一度被廢黜、投入監獄，卑路斯另一個兒子 Zamasp 代立。居和多得其妻之助，越獄投奔嚈噠，娶嚈噠公主，得嚈噠王之助，率軍歸國復辟。(IV, xxviii, 1-4) [100]

（三）忒俄費拉克圖斯·西摩卡塔（Theophylact Simocatta，七世紀初在世)《史記》：

卑路斯陣亡，波斯貴族立其子居和多（Kabades）爲君，後居和多因故被廢黜，卑路斯的兄弟 Blases（Valas）被立爲國君。居和多得其妻之助，越獄逃亡嚈噠，得嚈噠人之助復辟。(作者認爲嚈噠是一個"匈人"部落，屬於突厥族)（IV, 6-10）[101]

(四) 忒俄法涅斯《年代記》：

卑路斯死後，由居和多直接繼位。和普洛科庇烏斯一樣，這位作者也說，居和多因故被廢黜後，由卑路斯的兄弟 Blases（Valas）代立。被投入監獄的居和多得其妻之助，逃亡 Nephthalite Huns。嚈噠主妻以公主，以軍隊助其復辟。(AM 5968，475/476) [102]

(五) 尼科弗魯斯·卡里斯圖斯《教會史》：

卑路斯死後，波斯人立其幼子居和多爲主，後因故廢黜之，而立卑路斯另一子 Blases（Vlassos）爲主。居和多得其妻之助，越獄投奔嚈噠，嚈噠主妻以公主，以軍隊助其復辟。可能是爲了支付嚈噠的賠款，居和多向拜占庭借貸，遭拒後發動了對拜占庭的戰爭。(XVI, 36) [103]

以上各書對於居和多登基的過程記載多有不同，但無一例外，均載居和多登基乃得嚈噠人之助。

B

敘利亞語文獻《柱行者喬舒亞年代記》有如下記載：

1. 居和多（Kawad）曾被卑路斯留在嚈噠做人質，後被贖回。

卑路斯死，其兄弟 Blases（Balash）繼位。（XIX）[104]

2. Blases 執政四年後被貴族廢黜，由居和多取代。（XIX）[105]

3. 居和多亦因故被廢，由其兄弟 Zamasp（Zamashp）繼位。居和多逃亡嚈噠，在嚈噠娶可汗姊妹之女。後得嚈噠王軍援復辟。（XXIII-XXIV）[106]

此書亦載居和多即位得嚈噠人相助。

C

阿拉伯語文獻有如下記載：

（一）太伯里《太伯里史》：

1. 卑路斯死後，由其子 Blases（Bālāsh）即位。[107] 居和多對他的繼位表示異議，便投奔"突厥"可汗，請求可汗給予軍援。在往赴"突厥"的途中，他娶了庫薩和之母。在"突厥"可汗處，他等待了四年。直至他認"突厥"可汗之妻爲母，纔得到可汗軍援而歸國奪得君位。[108]

2. 居和多因支持馬資達克信徒，被波斯貴族廢黜，投入監獄，而立卑路斯另一子 Zamasp（或 Jāmāsb，496—498 年在位）爲國君。在其妻的幫助下，居和多越獄投奔嚈噠（Hephthalites），最終得嚈噠主 Abarshahr 之助得以復辟。[109]

3. 居和多僑居嚈噠國時，與一嚈噠人之女結合，生下庫薩和一世。[110]

（二）迪奈韋里《通史》：

1. 卑路斯死後，其子 Blases（Balās）嗣位。Blases 在位四年。Blases 死後，Šūḫar 立卑路斯之子、巴拉斯兄弟居和多（Qubād）爲王。[111]

2. 十年之後，居和多因支持馬資達克被廢黜、投入監獄，卑路斯之子 Zamasp（Jāmāsf）代立。[112]

3. 居和多得其姊妹之助越獄投奔嚈噠（Hephthalites），尋求嚈噠王之助。嚈噠王出兵三萬，助其復辟。居和多逃亡嚈噠時，途經 Ahwāz，得娶美妻，即庫薩和之母。居和多率嚈噠軍回國，寬恕了 Zamasp。[113]

（三）優提基烏斯《年代記》[114]：

1. 卑路斯身後二子居和多（Qabād）和 Blases（Balābis）爭位，失敗者居和多逃亡"突厥"（即嚈噠），求其可汗出兵助其奪位。（16.9）

2. Blases 統治四年後去世，居和多在"突厥"（嚈噠）處四年，得其可汗支持，歸國即位。（16.10）

3. 作者也談到因受馬資達克（Marzīq）利用，居和多遭到波斯人反對，但沒有提及他被廢黜、越獄和投奔嚈噠爭取軍援復辟之事。（17.12）

居和多被廢黜原因各不相同，但衆口一詞，都説他得登大位乃嚈噠人之助。

D

波斯語文獻有如下記載：

（一）菲爾道西《列王詠》所載要點如下：

1. 據載，卑路斯（Pírúz）最後一次出征嚈噠（Haitálian）時，居和多（Kubád）則隨軍出發，而以另一王子巴拉斯（Balásh）留守，結果卑路斯陣亡，而居和多被俘。巴拉斯繼位。[115]因貴族 Súfarai 挺身而出，率軍抵達木鹿附近的 Kashmíhan，決心和嚈噠開戰，嚈噠王也陳兵 Baigand（即昆都斯）。結果是波斯和嚈噠簽訂和約，居和多得以返回波斯。四年後，巴拉斯讓出君位。[116]

2. 因殺了功臣 Súfarai，居和多被廢黜，其弟伽瑪斯普（Jámásp）代立。[117]居和多得 Súfarai 之子相助，逃亡嚈噠，途經 Ahwáz 城時娶了庫薩和（Núshírwán）之母。[118]居和多求助嚈噠主，後者不僅出資，還出兵三萬助其復辟，而索要石汗那（Chaghán）作爲報酬云云。[119]

（二）米爾孔德《清凈的花園》所載要點如下：

1. 卑路斯身後由其子巴拉斯（Bellâsh）繼位。居和多逃亡"突厥"，避難期間，巴拉斯去世，居和多歸國即位。[120]

2. 嗣後，居和多因支持馬資達克教徒遭廢黜，並被投入監獄，由其兄弟伽瑪斯普（Jâmasp）繼位。他得其姊妹之助，越獄成功，投奔嚈噠。

3. 居和多得到嚈噠人三萬軍隊的支援歸國復辟。沒有提到嚈噠王索要石汗那作爲報酬。[121]

(三)《太伯里史》的波斯語譯要點如下：

1. 在卑路斯死後，Souferaï 率軍對抗嚈噠，索回卑路斯的遺體、俘虜和財物等，扶卑路斯之子 Balâsch 爲國君，居和多逃亡"突厥"可汗處，得到軍援，歸國奪取君位。[122]

2. 嗣後，居和多因支持馬資達克教徒被貴族廢黜，投入監獄，由伽瑪斯普（Djâmâsp）繼位。他成功越獄，再次投奔"突厥"，在那裏居住了五年後，得到三萬人的軍援，回國復辟。[123]

三種波斯語資料異口同聲説居和多是得到嚈噠人相助纔得以登基或復辟的，和《太伯里史》一樣，後兩者也稱居和多得嚈噠人相助不止一次。

E

通過以上對各種語文史料的梳理，可知當時薩珊帝國和嚈噠之間最主要的關係就是居和多得嚈噠人相助奪取君位，其背景則是卑路斯去世後波斯國内的鬥争。這種鬥争的複雜性是上引各種語文史料記載出入很大的關鍵原因。

1. 卑路斯身後，究竟由誰繼位，各史記載不一，主要有兩説：一説由居和多直接繼位，另説由巴拉斯（Balash）繼位。

在希臘—拉丁語作者中，主前説者爲普洛科庇烏斯、忒俄法涅斯、忒俄費拉克圖斯·西摩卡塔和尼科弗魯斯·卡里斯圖斯。主後説者爲阿伽提阿斯，繼位者記作 Valash。

敘利亞語文獻《柱行者喬舒亞年代記》亦主後説。阿拉伯語作者如太伯里、迪奈韋里和優提基烏斯均主後説。波斯語文獻菲爾道西《列王詠》、米爾孔德《清净的花園》和《太伯里史》的波斯語譯均認爲卑路斯是由巴拉斯繼位的。由此可見，記載居和多直接繼位者僅三種希臘—拉丁語文獻。其餘各種資料均未載卑路斯由居和多直接繼位。

2. 除居和多外，巴拉斯的身份亦有兩説，一説是卑路斯的兄弟，一説是居和多的兄弟。

希臘—拉丁語文獻均主前説。只是普洛科庇烏斯、忒俄費拉克圖斯·西摩卡塔、忒俄法涅斯作 Blases，而阿伽提阿斯作 Valash，尼科弗魯斯·卡里斯圖斯作 Vlassos。數者均指同一人。

敘利亞語文獻《柱行者喬舒亞年代記》稱卑路斯的直接繼位者是其兄弟 Balash。

《太伯里史》、迪奈韋里《通史》和優提基烏斯《年代記》均稱卑路斯的直接繼位者是卑路斯之子，其名三者分別作 Bālāsh、Balās 和 Balābis。

波斯史料菲爾道西《列王詠》、米爾孔德《清净的花園》和《太伯里史》的波斯語譯説同阿拉伯語史料。

3. 居和多被廢黜後之繼位者及其身份，記載亦不盡相同。一説卑路斯之子，一説卑路斯之兄弟。

阿伽提阿斯和尼科弗魯斯·卡里斯圖斯均以爲代立者爲卑路斯之子，其名兩者分別作 Zamasp 和 Vlassos。其餘幾位希臘—拉丁語作者則指代立者爲卑路斯之兄弟 Blases。

敘利亞語文獻《柱行者喬舒亞年代記》則以爲代立者爲卑路

斯之兄弟 Jamashp。

《太伯里史》、迪奈韋里《通史》以爲代立者爲居和多之兄弟，其名分別作 Jāmāsb、Jāmāsf。

波斯史料菲爾道西《列王詠》、米爾孔德《清淨的花園》和《太伯里史》的波斯語譯說同阿拉伯語史料。

關於卑路斯之後，薩珊帝國繼位之爭的具體過程，各種語文資料的記載莫衷一是，時至今日，已經很難一一辨明。

例如：凡認爲居和多因隨卑路斯大軍出征而被俘，直至波斯大臣和嚈噠主簽訂和約後纔得以歸國的史家（如太伯里），顯然願意接受由卑路斯之兄弟繼位的說法。而認爲卑路斯去世時，居和多在國內留守的史家（如普洛科庇烏斯），都接受居和多直接繼位的說法。這也許是在由誰直接繼承卑路斯這個問題上，史家各執一詞的原因。

以上考述無非想表明卑路斯身後，薩珊帝國內部曾出現複雜的政爭，其核心自然是君位。這可以視爲居和多時期，波斯和嚈噠關係的背景。

F

按照上面的引述，可見居和多和嚈噠關係最主要的內容就是這位波斯君主曾亡命嚈噠，得嚈噠人相助奪取君位。換一個角度，就是嚈噠人繼續操縱薩珊帝國君位之爭。

居和多得嚈噠相助，一說凡兩次，一次是登基，另一次是復辟。另説只有一次，得嚈噠相助復辟。

　　阿拉伯語史家均主前説。既然居和多和巴拉斯是兄弟，奪位之爭在兄弟之間展開合情合理，也許這正是這些文獻記載居和多第一次出亡嚈噠的原因。這等於重演了卑路斯奪位一幕。於是，當居和多即位後因支持馬資達克而遭貴族廢黜時，便有了居和多再次得到嚈噠相助得以復辟的故事。

　　波斯語文獻除《列王詠》外，所載和阿拉伯語文獻相似。《列王詠》儘管也認爲繼位者是居和多的兄弟，但未載居和多得嚈噠相助奪位之事。値得注意的是，阿伽提阿斯儘管也認爲卑路斯死後，繼位者是居和多之兄弟，但並未提及嚈噠人助其奪位之事。

　　要之，我們不妨認爲，卑路斯死後，由其兄弟繼位（484），四年後（488），被廢黜（一説去世），即位者爲居和多。八年後（496），因支持馬資達克教徒，居和多被廢黜，投入監獄，其兄弟代立。居和多越獄投奔嚈噠，得嚈噠人之助復辟（498）。這是居和多與嚈噠關係的主要情節。

　　鑒於我們所掌握的史料的性質，嚈噠人究竟是相助居和多登基還是復辟，是一次還是兩次，在根本上不影響我們討論居和多與嚈噠的關係。

G

　　居和多和嚈噠人的關係的核心是居和多藉助嚈噠人的力量爭奪君位。這和其父卑路斯的行徑如出一轍。

前文在討論卑路斯逃亡嚈噠時指出，作爲王子的卑路斯之所以逃往嚈噠，而不是拜占庭或其他國家，很可能是因爲嚈噠人和波斯人有共同的宗教信仰。在此則重點説一説事情的另一面，嚈噠人爲什麽熱衷於幫助波斯貴族爭奪君位。

毫無疑問，通過借兵相助奪位，可以得到割地和賠款。正如卑路斯割讓塔里堪，居和多也答應將石汗那割讓給嚈噠；而父子均曾用金錢回報嚈噠王的相助。這些都表明嚈噠人的軍援不是無償的。

居和多的情況和卑路斯有所不同，指出這一點能更好地説明問題：居和多曾有一段時間生活在嚈噠人中間。一説，卑路斯發動對嚈噠戰爭失利被俘，以金錢自贖，但數量不足，居和多曾被作爲人質留在嚈噠，直到其父湊足贖銀纔得以回國。另説，居和多在484年卑路斯陣亡的那次戰役中被俘，後來因波斯貴族Súfarai挺身而出，迫使嚈噠王簽訂和約纔得以回國。不管怎樣，居和多在登基前曾在嚈噠耽了一段時間。但是，殺父之讎，加上作爲人質或俘虜的遭遇，似乎並没有使居和多讎恨嚈噠人，一旦情況緊迫，投奔嚈噠還是他的首選。這不是宗教信仰相同能夠説明的。唯一合理的解釋，是嚈噠人認爲居和多奇貨可居，在居和多滯留嚈噠國期間曾刻意籠絡，下足功夫結納。最能説明問題的是，在居和多被廢黜流亡到嚈噠後，嚈噠王竟妻以公主。

由此可以推測，除割地賠款外，嚈噠人還有更大的謀圖：通過對波斯統治者的操縱來控制波斯這樣一個大國。漢語史料的相關研究表明，通過扶植親嚈噠政權控制和統治中亞是嚈噠人一貫的做法。[124] 現在這種情形又出現在它和波斯的關係中。除了借兵相助卑路斯父子奪位之外，嚈噠人的這一企圖還體現在以下幾個方面：

1. 卑路斯一再發動對嚈噠戰爭，但嚈噠人在戰勝波斯軍後，並沒有趕盡殺絕，而是在滿足提出的條件後，放卑路斯回國。

2. 卑路斯陣亡後，波斯貴族 Súfarai 率軍挑戰。其時嚈噠勢力正盛，嚈噠王卻沒有和 Súfarai 對抗，主動提出議和，交回卑路斯遺體、釋放俘虜，交出戰利品，使得 Súfarai 體面凱旋。

3. 嚈噠人不是慈善家，他一再對波斯君主寬大，一定有實際利益在。囿於史料，我們不得其詳而知。可以肯定的也許只是冰山一角。例如，卑路斯用以自贖的三十馱騾子的銀幣等。Súfarai 完勝而歸，應該也是表象，嚈噠王和 Súfarai 之間簽訂的和約中應有納貢的條款。普洛科庇烏斯《戰爭史》(I, iv) 明確記載，卑路斯去世後，繼位的巴拉斯向嚈噠人納貢二年。[125] 而居和多復辟後，也曾因爲無力清償嚈噠人的款項，求助於拜占庭遭拒，導致和拜占庭的戰爭。這已清楚地說明了嚈噠支持居和多復辟的實質。中國境內業已發現若干薩珊銀幣上打有嚈噠的印記，這些銀幣很可能就是薩珊帝國向嚈噠繳納的貢品。[126]

4. 502—506 年，據普洛科庇烏斯《戰爭史》(I, vii-viii)，爲了支付欠嚈噠的錢，居和多向拜占庭皇帝阿納斯塔修斯一世索取，遭拒後，雙方爆發戰爭。[127] 波斯和拜占庭交惡，亦嚈噠人所樂見。居和多和拜占庭作戰時，嚈噠人曾出兵助戰，犧牲了 800 人。[128] 一年後因波斯東部動蕩，居和多不得不停止和拜占庭的戰爭，但這動盪未必是嚈噠引起的。因爲波斯和拜占庭停戰未必符合嚈噠人的利益。

嚈噠人採取以上措施，表明嚈噠人深深懂得其最大利益所在。波斯是大國，嚈噠不可能徹底征服之，而長期對抗也弊多利少，乘勝簽約，迫使波斯割地賠款纔是上策。

第五部分　庫薩和一世與嚈噠

本節主要考察各種文獻所述庫薩和一世與嚈噠的關係。一般認爲，庫薩和一世與新興的突厥聯手滅亡了稱霸中亞一個多世紀的嚈噠汗國。這段歷史僅見諸阿拉伯語和波斯語記載；但這些記載詳略不一，且互相矛盾；因此，這一過程目前只能臚列其可能性，推測其大概。

A

1. 嚈噠被波斯和突厥聯手滅亡說的主要依據來自阿拉伯語史籍，而記載最詳盡的是太伯里。但是，只要我們仔細分析太伯里等人的記載，不能不得出結論：嚈噠主要亡於突厥，波斯可能只是起了輔助作用，甚至可以說波斯只是突厥和嚈噠衝突的獲益者。

據《太伯里史》，當時的突厥可汗是 Sinjibū。太伯里贊他堅強、勇敢，兵多將廣。正是這位可汗戰勝了嚈噠人，殺死了嚈噠王 Wazr，消滅了嚈噠軍隊，佔領了除庫薩和一世所佔以外全部的嚈噠領土。值得注意的是，《太伯里史》接著記載，庫薩和一世欲雪其祖卑路斯之恥而用兵嚈噠，因此前已聯姻突厥，"出發前庫薩和寫信給可汗，告訴可汗他的行止，吩咐可汗向嚈噠進兵。他則進擊嚈噠，殺其王，屠其族。他穿越 Balkh 以及河外地區，駐軍拔汗那"。這和此前的記載自相矛盾。很顯然，嚈噠王既死於突厥人之手，便不可能再被庫薩和所殺。這應該是因太伯里依據的史料是自相矛盾的，而太伯里沒有給予必要的說明。至於戰後庫薩和進駐拔汗那，這顯然不是一次軍事行動，只是爲了迎娶突厥可汗之女。[129]

顯然，僅僅依據《太伯里史》，我們不能清晰地描述波斯和突厥聯手滅亡嚈噠的過程。

2. 據迪奈韋里《通史》，突厥可汗 Sinǧibū 向呼羅珊進軍，一路佔領了柘支（Šāš）、拔汗那（Farġāna）、薩末鞬（Samarkand）、佉沙（Kišš）和那色波（Nasaf 或 Našaf）等地，最後進駐捕喝（Buḫārā）。庫薩和則派遣軍隊進入嚈噠的領土，征服了吐火羅斯坦、謝颭（Zābulistān）、迦布羅（Kābulistān）和石汗那（Ṣiġānīyān）。[130] 石汗那即《大唐西域記》[131] 所見赤鄂衍那，地望難以確定，但很可能在鐵門之南，屬吐火羅斯坦。

在此，迪奈韋里明確記載，庫薩和率軍進入嚈噠領土，征服了阿姆河南岸原嚈噠的領土；突厥則是進軍阿姆河以北，征服的地區也全部在河北。這似乎表明，在對嚈噠開戰前雙方有明確分工。

依據迪奈韋里，拔汗那無疑爲突厥所佔。因此，太伯里所載庫薩和拔汗那之行只是爲了迎娶突厥可汗之女。

3. 優提基烏斯《年代記》(17) 也記載了突厥和波斯聯手滅亡嚈噠事。[132] 但是，其文本學界似乎有不同的釋讀：

一種釋讀爲：庫薩和一世率軍征討嚈噠，爲其祖卑路斯復讎。"他已與該可汗聯姻，故致函可汗，通知他已抵達[嚈噠領土]，且會在他[可汗]來到之前攻入嚈噠領土。於是，他突襲嚈噠人。這位[波斯]王殺死了他[嚈噠主]。Balkh 和呼羅珊周圍均落入 Anūshirwān（即庫薩和一世）之手。他進駐拔汗那，與大可汗之女完婚。"[133]

另一種釋讀爲：庫薩和一世欲攻嚈噠，"以復其祖卑路斯之讎，乃先同（突厥）可汗聯姻。庫薩和—居和多之子—將他進軍的消息函告可汗，請求他（可汗）在他到達之前就向嚈噠進軍。於是，他（可汗）來到（嚈噠）那裏，殺死其王，並將 Balch，包括其中和其後呼羅珊的一切，都移交給 Anōšarvān（庫薩和一世）。後者則駐軍於拔汗那，與大可汗之女完婚"[134]。

兩種釋讀的分歧在於前者認定阿姆河南岸的嚈噠人領土是庫薩和征服，嚈噠王是庫薩和所殺，後者則以爲佔領阿姆河南岸嚈噠領土者是突厥，嚈噠王亦突厥所殺。

4. 據馬蘇迪《黃金草原》(ch. 24)[135] 記載，在突厥可汗出兵之前，庫薩和已出兵吐火羅斯坦，"Anouchirwân（庫薩和一世）越過了 Balkh 河（Transoxiane），完成了到 Khottolàn[136] 的遠征；他殺死了嚈噠（Heyatilites）王 Akhochnawaz，爲他的祖父卑路斯報了讎，並征服了他的王國，將它併入波斯帝國"。Khottolàn

(Khuttal, Khuttalān)應即《大唐西域記》卷一所見呵咄羅。[137] 其地在 Vakhsh 河以東至 Panj 河之地。[138]

質言之,馬蘇迪的記載和迪奈韋里比較一致。和後者相比,差別在於馬蘇迪明載嚈噠王死於庫薩和一世之手,也可以說如果接受馬蘇迪的記載,上述對優提基烏斯的第一種釋讀是正確的。

歸納以上阿拉伯語文獻的記載,薩珊帝國庫薩和一世確與突厥可汗 Sinjibū 合謀進攻嚈噠,且在軍事行動之前雙方已決定聯姻。當庫薩和赴費爾幹納(Fargāna)迎娶突厥公主時,嚈噠汗國已不復存在。但是,具體過程有分歧:

嚈噠在阿姆河北岸的領土無疑是突厥所攻佔。但嚈噠在阿姆河南岸的領土有兩說,一說是波斯所攻佔,另說是突厥攻佔後轉交波斯。嚈噠可汗之死亦有死於波斯人和突厥之手兩說。應該指出的是,嚈噠的統治中心一直在吐火羅斯坦,只有當其地被波斯和突厥聯軍佔領後,嚈噠汗國纔是真正意義上的滅亡。

儘管如此,嚈噠亡國後,阿姆河南岸爲波斯所佔,北岸爲突厥所佔,是可以肯定的。這就是說,突厥和波斯共謀嚈噠,以阿姆河爲界劃分勢力範圍。蓋河南吐火羅斯坦等地早在阿喀美尼德王朝時已歸屬波斯,將河南歸屬薩珊帝國在情理之中。

總之,阿拉伯語史家在一些問題上含混不清,給後人留下了疑團。

B

1. 記載嚈噠（Haital）汗國滅亡過程的波斯語史料首推菲爾道西的《列王詠》。

據菲爾道西，滅亡嚈噠的是"秦"（Chín）可汗。他敘述了"秦"可汗和嚈噠人之戰。

詩人讚賞"秦"可汗的實力：其聲譽直抵紀渾河。駐軍 Gulzaryún，連營至 Chách。Gulzaryún 地望不明，一說乃指今錫爾河。Chách 或即中國史籍所見"者舌"（今塔什干）。"秦"可汗爲結好庫薩和，備厚禮遣使前往波斯。途經嚈噠（Haitálians）領土（自粟特直至紀渾河）。守將 Ghátkar 獲悉"秦"可汗欲結好庫薩和，認爲這將不利於嚈噠，使嚈噠腹背受敵，於是他殺死"秦"可汗的使者，劫奪禮物。"秦"可汗得悉使臣被殺，立即自 Káchár Báshí 調兵遣將，傾國出動，役屬諸國均日夜兼程趕往 Chách 和 Gulzaryún，Khutan 成了空城。Ghátkar 亦從 Balkh、Shaknán、Ámwí、Zam、Khatlán、Tirmid 和 Wísagird 徵兵、徵糧，紮營於布哈拉。"秦"可汗大軍在 Mái 和 Margh 集結，與嚈噠人決戰於布哈拉（Bukhará）。結果是嚈噠人敗績。石汗那（Chaghán）人 Faghánísh 取代 Ghátkar，成了嚈噠新領袖，由於走投無路，只能投奔薩珊帝國。(III, 4) [139]

因卑路斯被嚈噠人殺害，波斯和嚈噠有讐。儘管如此，嚈噠被"秦"可汗打敗的消息傳到波斯，庫薩和一世似乎並沒有因此感到高興，反而對"秦"可汗的強大憂心忡忡。他和大臣們廷議，如何對付屯兵 Chách 的"秦"可汗。他認爲真正值得警惕的不是嚈噠，而是"秦"可汗。儘管波斯大臣怯戰，但庫薩和還是決定出兵呼羅珊，不許"秦"可汗和嚈噠人在波斯領土上祈禱。於是，波斯大軍從 Madá'in（泰西封）出發，直指 Gurgán。(III, § 5)[140]

波斯大軍直奔粟特方向"秦"可汗的所在。"秦"可汗亦已準備迎戰，自信能夠直搗波斯本土，但最終接受了祭師的勸告，決定和庫薩和一世講和，乃遣使致函。信中炫耀戰勝嚈噠的武功，但表達了修好的意願。庫薩和一世復函"秦"可汗，表示願意修好。"秦"可汗復函庫薩和一世，建議聯姻，嫁女給庫薩和一世。最後，庫薩和一世迎娶了"秦"可汗之女。(III, 6-9)[141]

在菲爾道西筆下，嚈噠之亡全是"秦"可汗所爲，波斯並未出動一兵一卒。庫薩和一世僅在嚈噠亡國後纔出兵呼羅珊，卻主要是爲了對付"秦"可汗。

另外，菲爾道西没有提到"秦"可汗征服阿姆河南岸，但是，從字裏行間，似乎可以找到證據，阿姆河南岸也是"秦"可汗征服的。

證據之一：菲爾道西稱，"秦"可汗和嚈噠將領 Ghátkar 大戰前夕，貴霜人和粟特人一起爲這場戰事的後果擔憂。(III, 4) 此處"粟特"無疑指阿姆河北岸嚈噠領土，而"貴霜"應指阿姆河以南的嚈噠領土。後者曾是貴霜王朝的統治中心，一直被波斯人稱爲"貴霜"。

證據之二：波斯大臣廷議如何對付"秦"可汗時提到，已被"秦"可汗佔領的"貴霜"本來就是波斯的領土。(III, 5) 這似乎表明，當時"貴霜"即阿姆河南岸的嚈噠領土已經被"秦"可汗所佔。

由此可見，"秦"可汗和嚈噠人的戰場不分河南河北。質言之，"秦"可汗同時出兵阿姆河兩岸的可能性不能排除。或者在河北摧毀嚈噠主力後，立即渡河南下，佔領吐火羅斯坦。

綜觀以上菲爾道西的描述過程，嚈噠是"秦"可汗所滅，波斯事實上並未插手。只是在嚈噠被滅後，"秦"可汗氣焰囂張，庫薩和一世纔出兵，以防"秦"可汗入侵波斯。

至於所謂"秦"可汗，無疑就是新興的突厥可汗。菲爾道西曾指稱柔然可汗爲"秦"可汗，可以佐證。"秦"，至少在菲爾道西的筆下乃指控制西域的塞北強大的遊牧政權。

2. 米爾孔德《清净的花園》則記載"秦"可汗攻佔了嚈噠領土費爾幹納、撒馬爾罕、布哈拉和庫什（Kush）。而當庫薩和一世命其子率軍抵擋時，可汗立即撤軍，放棄所佔土地。無疑，"秦"可汗放棄的只是阿姆河南岸的嚈噠領土。質言之，《清净的花園》所載和菲爾道西十分接近，可以參看。[142]

3.《太伯里史》的波斯語譯則稱：因嚈噠王曾殺死卑路斯，且征服了吐火羅斯坦和噶吉斯坦，庫薩和一世欲進軍巴爾赫，殺死嚈噠王。嚈噠與突厥接壤，一向和睦相處。庫薩和一世乃設法與突厥可汗聯姻，離間兩者的關係。終於，突厥可汗派出大軍進攻巴爾赫，而庫薩和一世亦親征嚈噠，殺死其王，奪其財寶，蹂躪其領土，復經費爾幹納歸國。[143]

有意思的是，這裏說波斯和突厥聯姻是波斯主動，目的是離間突厥和嚈噠。

C

綜觀以上阿拉伯和波斯史料關於嚈噠覆亡的記載，矛盾之處不少。按之情理，我認爲以菲爾道西所載最接近事實。

菲爾道西寫《列王詠》乃爲波斯人張目，詩中隻字未及庫薩和一世進攻嚈噠，殺死嚈噠王，當是事實。而所謂波斯和突厥聯手滅亡嚈噠，起意於突厥欲結好波斯，共謀嚈噠。此舉自然不利於嚈噠。因此其使者被殺、禮物被奪。於是，突厥起兵討伐。很可能在阿姆河北摧毀嚈噠主力後，突厥人便掉頭南下，渡河直搗嚈噠國都，殺死嚈噠王。也可能是同時出兵阿姆河南北，嚈噠首尾不能相顧，終於亡國。

突厥可汗乘得勝之威，一度覬覦波斯本土，終因庫薩和一世及時整軍開赴東境，突厥可汗自覺力量不逮，及時刹車。嚈噠新亡，阿姆河南北廣大土地，一時難以全面控制，突厥可汗只能將河南之地交付庫薩和，以示兩國交好。

嚈噠稱得上是薩珊帝國的世讎，但在庫薩和一世時期，嚈噠國力已經開始走下坡路，對薩珊帝國的威脅很小，而真正對波斯有威脅的是新興的突厥。如果結好突厥，和突厥一起，從東西兩面鉗制嚈噠，對於波斯而言並非上策。嚈噠的存在，可以成爲波斯和突厥之間的一個緩衝。這種對新興的突厥的擔憂，很可能使波斯對聯手突厥滅亡嚈噠持消極態度。知道突厥將嚈噠的有生力量徹底摧毀之後，庫薩和一世纔派出大軍。其動機不僅僅是分一杯羹，更重要的是要向突厥顯示自己的力量，遏阻突厥進一步西進。嚈噠剛滅，對於突厥來說，一時無力再西向擴張，於是和波斯媾和，將所佔阿姆河南岸的嚈噠領土轉交波斯以示好。

如果以上理解可以接受，則各種資料的矛盾可以得到調和：

1.《太伯里史》本身的矛盾可以這樣解釋：太伯里只是說，突厥可汗佔領了庫薩和佔領之外全部嚈噠領土，並未明確記載突厥是否進兵阿姆河南岸亦即後來被波斯所佔嚈噠領土。因而，依據其記載，既可以認爲波斯所佔嚈噠領土是庫薩和一世攻取的，又很難完全排除突厥曾進軍阿姆河南岸，只是在嚈噠汗國滅亡後，纔將河南領土交付波斯的可能性。所謂突厥可汗佔領了庫薩和佔領之外全部嚈噠領土，只是最後的結果。突厥可汗佔領阿姆河兩岸嚈噠領土後，爲了示好庫薩和，將河南移交波斯，而阿姆河南岸嚈噠餘衆完全可能立新主，揭叛旗，遂遭庫薩和鎮壓。

2.《太伯里史》的波斯語譯稱嚈噠王死於波斯人之手或者是爲了消除《太伯里史》的矛盾。當然，也可能被庫薩和一世所殺嚈噠王，是嚈噠餘衆在其國被突厥破滅後另立的新主。

那麼，突厥和波斯聯盟究竟是哪一方主動？我認爲儘管波斯不會坐視嚈噠和突厥聯手，但時過境遷，一個走下坡路的嚈噠是不足爲懼的。當時，真正能夠對波斯構成威脅的是新興的突厥，而不是嚈噠。即使庫薩和主動向突厥示好，以離間突厥和嚈噠的關係，也還是不願意看到嚈噠滅亡後突厥直接和波斯接壤的局面。如果突厥和波斯聯盟是波斯起意，很難說是爲了和突厥聯手滅亡嚈噠，而僅僅是爲了避免昔日柔然支持嚈噠進犯波斯的局面重現而已。

3. 迪奈韋里明確記載了嚈噠國家滅亡後薩珊帝國佔有的領土，這樣的記載仍無妨認爲庫薩和所佔位於阿姆河南岸的嚈噠領土，是突厥攻佔後轉交給波斯的。蓋迪奈韋里並沒有記載庫薩和具體的軍事行動，也沒有記載嚈噠王死於庫薩和一世之手。

4. 關於優提基烏斯《年代記》記載的兩種釋讀，無疑後一種是正確的。《太伯里史》的波斯語譯亦稱進攻巴爾赫的是突厥。

5. 對於馬蘇迪的記載，不妨這樣理解，庫薩和是從突厥可汗手中接收嚈噠在阿姆河南岸主要領土後再東向拓展直至噴赤河流域的。被殺死的嚈噠王應該是嚈噠餘衆所擁立之新主，其名 Akhochnawaz，亦作 Akhshunwār，不過是粟特語"王"的音譯，並非特定人物之專稱。也就是説這位被庫薩和一世殺死的嚈噠王和其父祖所遇見的 Akhshunwār（Āḫšuwān）不是同一個人，也不是《太伯里史》所載被突厥可汗殺死的 Wazr。

6. 同爲波斯語史料，Mirkhond 的記載和菲爾道西基本一致。

要之，種種矛盾歸結起來，就是波斯人和突厥人在嚈噠覆亡過程中所起的作用問題。較合理的解釋應該是，阿姆河兩岸嚈噠的主要領土均由突厥攻佔，作爲突厥盟國的波斯，在嚈噠滅亡的過程中只是起了輔助作用。

事實上，儘管庫薩和迎娶了突厥可汗之女，突厥可汗讓出了他所佔阿姆河南岸的嚈噠領土，但是波斯和突厥很快就面臨衝突。

D

至於嚈噠汗國破滅的時間，歷來有不同看法。[144] 今綜合各種原始史料，參考有關諸說，申述如下。

1. 據歐格里烏斯（Evagrius）《教會史》[145]（V, 1），558年阿瓦爾人（Avars）因被突厥驅逐，西逃至於黑海，致函拜占庭皇帝查斯丁尼（Justinian I，527—565年在位），以求庇護。這可以旁證嚈噠之亡在558年或之前。[146]

今案：西史所謂阿瓦爾，無疑即漢文史料所見悅般，原居伊犁河、楚河流域，因不堪柔然侵擾，已於550年左右放棄故地西遷。[147] 由此可見，當突厥興起時，阿瓦爾即悅般之居地應在嚈噠之西。558年阿瓦爾西逃，可見此前嚈噠汗國已經崩潰。

而據中國正史，突厥興起後，其首領土門於552年發兵擊破柔然；柔然可汗阿那瓌自殺。土門死，子科羅立；科羅死，弟俟斤立，號木杆可汗。木杆於555年滅亡柔然汗國，突厥西境遂同嚈噠鄰接，緊接著就滅嚈噠。於是，周明帝二年（558）成爲嚈噠朝貢中原王朝的最後年份（《周書·異域傳下》）。當嚈噠使臣抵達周都時，其本國已經破滅。這和西史的記載可謂若合符契。[148]

至於彌南（Menander Protector，公元六世紀中葉）《希臘史殘卷》（*The History of Menander the Guardsman*）所載突厥於562年發動的對嚈噠戰爭（4.2: Exc. de Sent. 3）[149]，應該是對嚈噠餘衆的掃蕩。

2. 據彌南《希臘史殘卷》，僞阿瓦爾人於558年行抵阿蘭族

(Alans）境，並致使拜占庭請求避難之地。(5.1: Exc. de Leg. Gent) [150]
而據忒俄費拉克圖斯·西摩卡塔記載，598年，突厥可汗遣使莫里斯（Maurice）皇帝，呈一函炫耀其戰績。這位可汗曾戰勝Abdeli族（應即嚈噠）之主，乘戰勝之威，征服了Avar和Ogur。Ogur有部分逃亡歐洲，行抵高加索時，以阿瓦爾自居。忒俄費拉克圖斯·西摩卡塔稱這些西逃的Ogor人爲僞阿瓦爾人。(VII, 7-14) [151]
由此亦可見，在征服柔然之後，突厥依次征服嚈噠、阿瓦爾和僞阿瓦爾。僞阿瓦爾人既在558年逃亡抵達拜占庭境，則嚈噠之亡，必定在558年之前。

第六部分　結束語

A

　　薩珊帝國和嚈噠汗國的關係歷時一個多世紀。其間幾經起伏，但嚈噠未能侵佔波斯本土，其兵鋒最西不過抵達呼羅珊。而直至居和多一世即位，薩珊帝國也一直未能征服嚈噠，收復它認爲的故土巴克特里亞等地。
　　薩珊帝國的主要利益在於同羅馬爭奪地中海特別是小亞等地區的霸權。爲此，它需要一個安定的東部邊疆。嚈噠的崛起難免使波斯的西進計劃受到掣肘。征服嚈噠，一勞永逸消除來自東方的威脅，始終是薩珊帝國的目標，但未能如願。

對於嚈噠而言，它的西方是歷史悠久的大國波斯，東方是中國塞北強大的遊牧政權。它立國以來便身處東西兩強之間，深諳不可陷於東西兩面作戰困局的道理，力求至少結好其中一方。具體而言，它的東鄰最初是柔然，此後便是突厥。

嚈噠和柔然是主從關係——嚈噠役屬柔然。它進入中亞後，一度還充當柔然的馬前卒，進軍波斯，爲柔然火中取栗。此後，雙方不僅從未以兵戎相見，還互通婚姻。柔然的叛臣高車，也成爲嚈噠打擊的對象。消除了來自東面的威脅，嚈噠便能夠全力以赴對付波斯。它的主要目標，退一步說，是爲了保全自己在中亞的霸主地位；進一步說，是爲了迫使波斯納貢稱臣，以獲取東西貿易之利。如所周知，對於一個遊牧部族而言，貿易是生死攸關的；而直至其滅亡前夕，嚈噠始終只是一個遊牧部族。

從卑路斯一世即位起，嚈噠對波斯採取的方針主要是挾戰勝之威求和。這是因爲嚈噠人深知像波斯這樣一個大國，它自己的力量不足以兼併之，只能通過操控其統治者以獲利。嚈噠人先後協助失意的波斯貴族卑路斯奪位和下台的王中之王居和多復辟等等一系列行爲，都是爲了通過操控波斯統治者來操控這個大國。雖然有時並不很成功，但大致維持了對波斯的優勢。這是嚈噠能夠長期和波斯抗衡的原因，這也是嚈噠立足於中亞的保障。

這一局面直到庫薩和一世即位後纔發生了變化，變化的主要因素，既不在嚈噠，也不在波斯，儘管經過庫薩和一世的改革，波斯的國力有所增強。這一局面發生變化的主要原因在於突厥的崛起。

新興的突厥和中興的波斯具有各自的利益訴求。突厥的利益在於西向拓展領土，既可獲得人力和財力的支援，也有利於打通絲綢之路，掌握貿易的主動權。薩珊帝國則企圖收復它在中亞的故土如巴克特里亞等地，消滅嚈噠汗國這個世讐。波斯和突厥聯手，共謀嚈噠，似乎勢在必行。

但是，作爲歷史悠久的波斯帝國，和中亞遊牧部族打交道可謂由來已久，有豐富的經驗和教訓。具體到庫薩和一世時代，嚈噠對波斯的威脅已經讓位於新興的突厥。波斯人固然不願意見到突厥和嚈噠結盟，卻也並不樂見嚈噠汗國滅亡，因爲這將使波斯直接面對強大的突厥。

對嚈噠而言，一旦柔然被突厥破滅，形勢驟變，嚈噠不得不面對一個蒸蒸日上的東鄰——突厥。一開始它應該試圖結好突厥，見突厥勾結波斯，就加以破壞。突厥結好波斯，自有遠圖，不能容忍嚈噠的破壞，何況嚈噠勢力已經衰落。

嚈噠一旦滅亡，波斯立即面對一個新的強大東鄰——突厥。突厥的利益訴求和嚈噠相仿佛，但野心更大、實力更強。它在滅亡嚈噠後，繼續沿著草原之路向西，原來役屬波斯的高加索諸部均轉而役屬突厥。[152]在此基礎上，突厥進而謀求和拜占庭勾結，形成從東西雙方壓迫波斯的局面。

要之，隨著嚈噠覆亡出現的是突厥和薩珊帝國對抗的新局面。突厥的勢力不久就渡阿姆河南下，遲至七世紀二十年代，拓地直至罽賓，佔有了全部嚈噠舊壤。[153]由於突厥和拜占庭的夾擊，波斯國力逐漸耗盡，終於爲阿拉伯鐵騎的長驅直入敞開了大門。

波斯和嚈噠乃至突厥的博弈就是這樣按照上述邏輯展開的。

B

薩珊帝國和嚈噠之間長達一個多世紀的和戰關係勢必影響到波斯與拜占庭、亞美尼亞之間的關係。這在以上各部分已有所涉及，在此綜述其梗概：

1. 亞美尼亞在 428 年被併入薩珊帝國，淪爲薩珊帝國一個省，亞美尼亞的 Arshak 王朝於是壽終正寢。[154] 此事緊接在巴赫蘭五世（420—438 年在位）戰勝"突厥"即嚈噠人之後，或非偶然。很可能是巴赫蘭五世挾戰勝之威，纔完成了這件薩珊帝國夢寐以求的大事。

2. 伊嗣俟二世即位不久便向拜占庭宣戰，但雙方很快就媾和。這當然和狄奧多西二世因汪達爾人入侵而無意和波斯作戰有關。而波斯方面同意與拜占庭媾和則很可能是由於其東境出現麻煩。事實上，伊嗣俟二世緊接著就投入了和嚈噠人的鬥爭。伊嗣俟二世在其東北邊境與嚈噠作戰多年，一度獲勝，立即轉身撲滅了亞美尼亞的叛亂。而亞美尼亞人顯然是乘伊嗣俟二世無暇西顧時起事的。[155] 但是，伊嗣俟二世在他治期的最後幾年還是不得不致力於和嚈噠的鬥爭，他對於亞美尼亞和波斯國內基督徒的迫害也因此不得不終止。[156]

3. 伊嗣俟二世身後，二子爭位，一子卑路斯逃亡嚈噠，率領嚈噠軍隊回國。乘這場波斯內戰，阿爾貝尼亞 Transcaucasian 地區（在南高加索）宣告脫離伊朗獨立，因此，卑路斯登基後最先處理這件事情。[157] 五世紀六十年代末，卑路斯挑起第一次對嚈噠戰爭失敗，不得不支付沉重的贖金和嚈噠媾和。但這次媾和使得他得以抽身西顧，以對付亞美尼亞的動亂。[158] 卑路斯陣亡前亞美尼亞的基督徒乘薩珊帝國全力對付嚈噠之機暴動，波斯接連派遣大軍鎮壓，均未能獲勝。亞美尼亞人逐走波斯總督，建立了自己的政權。

據普里斯庫斯《拜占庭史》（Fr. 41.1）記載，波斯人認為羅馬人該用金錢資助他們和寄多羅匈人的戰爭，波斯人的勝利有利於羅馬。但羅馬人認為：波斯人是為了維護自身的利益，沒有必要給予支援。就是說波斯卑路斯的要求遭到拒絕。而據《柱行者喬舒亞年代記》（IX），卑路斯曾獲得拜占庭大量金錢的支援，這是因為公元395—396年匈人曾蹂躪羅馬，造成了巨大的破壞，拜占庭希望波斯人能夠阻止蠻族西侵。若調和上述兩條記錄，則不妨認為拒絕卑路斯要求者為Marcian（450—457年在位）或利奧一世。《柱行者喬舒亞年代記》稱用金錢支持卑路斯發動對嚈噠作戰的拜占庭皇帝是齊諾，普里斯庫斯所述卑路斯被拒絕應為齊諾即位（474）之前的情況。又據普里斯庫斯（Fr. 41.3）記載，卑路斯在對嚈噠戰爭期間曾在Gorga接見拜占庭使臣Constantius。又載（Fr. 51.1），467年，波斯遣使拜占庭炫耀對嚈噠作戰的勝利——佔領Balaam。可見羅馬人非常關心卑路斯發動的對嚈噠戰爭的成敗，而卑路斯遣使報捷則是為了獲得羅馬人金錢的援助。今案：卑路斯曾和拜占庭達成協議，共同保衛高加索，免受東方遊牧人的侵略。[159] 這可能是卑路斯對抗嚈噠時向拜占庭索取金錢的依據。

4. 巴拉斯和亞美尼亞關係也受到和嚈噠關係的影響。據亞美尼亞史家拉扎爾的《亞美尼亞史》，他登基後不得不和亞美尼亞叛亂領袖 Vahan Mamikonean 和平共處，承認亞美尼亞人有信仰基督教的自由。這很可能是因爲卑路斯死於對嚈噠發動的戰事、波斯不得不向嚈噠納貢，以致財政拮据、國力衰弱。[160]

5. 據普洛科庇烏斯，居和多無力償付欠下嚈噠的債款，向羅馬皇帝阿納斯塔修斯索要。羅馬人認爲不應支付金錢以鞏固波斯和嚈噠的關係，上策是破壞他們之間的關係。居和多乃發動對拜占庭之戰。(I, vii) [161] 居和多得嚈噠支持纔得以復辟。可能是爲了支付嚈噠的賠款，居和多向羅馬借貸，遭拒後發動了對羅馬的戰事。[162] 值得注意的是，居和多與拜占庭戰爭中，一度得到嚈噠人的幫助。(I, viii) [163]

但後來居和多和嚈噠（Huns）之間似乎也衝突不斷，以至於影響了他和拜占庭之間的戰事，最後不得不簽約講和。(I, ix) [164] 和約簽訂後，Anastasius 在 Daras 修城，威脅到波斯邊境的安全，但居和多無力加以阻止，因爲他與 Huns 的戰事久拖未決。(I, x) [165]

6. 嚈噠和薩珊帝國的對抗，持續了一百多年。長期戰爭的開支、失地和賠款，大大削弱了薩珊帝國的國力。這在一定程度上促成了庫薩和一世的改革。556 年，在和突厥聯手對付嚈噠之前（嚴格説來，是爲了認真對付新興的突厥），需要西部的穩定，庫薩和一世開始了和拜占庭的和談，經過長時間的討價還價，終於在 561 年簽訂了一個爲期 50 年的和約。[166]

凡此，皆可見嚈噠對薩珊帝國向西發展的制約作用，儘管我們沒有發現嚈噠試圖結好拜占庭的資料。只要嚈噠繼續佔領著貴霜滅亡後屬於薩珊帝國的領土，嚈噠就是薩珊帝國的心腹之患。

■ 注釋

[1] Tabari, 見 Bosworth 1999。

[2] Bosworth 1999, p. 93.

[3] Bosworth 1999, pp. 94-95.

[4] Bosworth 1999, pp. 95-96.

[5] Bosworth 1999, p. 96.

[6] Bosworth 1999, pp. 96-97.

[7] Bosworth 1999, pp. 98-99.

[8] 參見 YuTsh 2012-2, p. 100。

[9] Al-Dīnawarī, 見 Bonner 2010。

[10] Bonner 2010, p. 360.

[11] Bonner 2010, p. 360.

[12] Bonner 2010, pp. 360-361.

[13] Bonner 2010, pp. 360-361.

[14] Eutychius, 見 Pearse 2015-16。

[15] Firdausī, 見 Warner 1905。

[16] Warner 1915, pp. 84-89.

[17] "秦"係當時北亞和中亞人對中國的稱呼，說見 YuT 2016, pp. 27-28。

[18] Warner 1915, pp. 84-89.

[19] Warner 1915, pp. 89-90.

[20] Warner 1915, pp. 90-92.

[21] Warner 1915, pp. 90-92. Khalaj，古部族名，居於阿姆河兩岸。

[22] Warner 1915, pp. 90-92.

[23] Balʻami 1869.

[24] Balʻami 1869, pp. 119-120.

[25] Mirkhond, 見 Rehatsek 1892, pp. 357-360。

[26] YuT 2012, pp. 80-92.

[27] YuT 2012, pp. 53-79.

[28] YuT 2012, pp. 38-45.

[29] YuT 2012, pp. 74-76.

[30] YuT 2012, pp. 80-92.

[31] YuT 2016, pp. 275-306.

[32] Warner 1915, pp. 328-333.

[33] YuT 2016, pp. 275-306.

[34] Frye 1984, p. 352.

[35] Frye 1983, p. 145.

[36]Ełišē (Elisaeus), 見 Thomson 1982。

[37] Thomson 1982, p. 63.

[38] Thomson 1982, pp. 65-66. 參見 Frye 1983, p. 146。而據中古波斯語文獻 *Šahrestānīhā ī Ērānšahr*（passage 18），伊嗣俟二世還曾於 Qumes 城（即 Dāmgān）築工事抵禦 Huns 部落 Čōl（阿拉伯語作 Sōl）。見 Daryaee 2002,

p. 18。一般認爲這裏所指 Huns 來自裏海東南，可能和嚈噠無關。

[39] Thomson 1982, p. 72.

[40] Frye 1983, p. 147.

[41] Thomson 1982, pp. 192-193.

[42] Thomson 1982, pp. 192-193.

[43] Łazar，見 Thomson 1991。

[44] Thomson 1991, p. 133.

[45] Priscus [Fr. 33.1 (Excerpta de Legationibus, Rom. 8)]，見 Blockley 1983, p. 337; Marquart 1901, pp. 55-56。今案：456 年，Priscus 出使東方，獲悉伊嗣俟二世正在其東境與"寄多羅匈人"作戰。

[46] YuTsh 2015, pp. 89-98.

[47] YuTsh 2015, pp. 99-129.

[48] YuTsh 2012-2, pp. 219-226.

[49] YuTsh 2012-2, pp. 219-226.

[50] YuTsh 2012-2, pp. 157-174.

[51] Bosworth 1999, pp. 106-108.

[52] Bosworth 1999, pp. 109-110.

[53] 參見 YuTsh 2012-2, pp. 80-103。

[54] Bonner 2010, p. 362.

[55] Pearse 2015-16.

[56] Warner 1915, pp. 157-158.

[57] Bal'ami, pp. 127-128.

[58] Rehatsek 1892, pp. 363-364.

[59] Bosworth 1999, pp. 113-115.

[60] Bosworth 1999, pp. 109-111.

[61] Bosworth 1999, pp. 113-115.

[62] Bosworth 1999, pp. 118-119.

[63] Bosworth 1999, pp. 110-111, 117.

[64] Bonner 2010, p. 364.

[65] Pearse 2015-16 (16.7-9).

[66] Warner 1915, pp. 163-169.

[67] Bal'ami 1869, pp. 141-142.

[68] Bal'ami 1869, pp. 142-144.

[69] Rehatsek 1892, pp. 365-366.

[70] Rehatsek 1892, p. 367.

[71] Blockley 1983, p. 347.

[72] Blockley 1983, p. 349.

[73] Blockley 1983, p. 361.

[74] Dewing 1914, pp. 13-15.

[75] Dewing 1914, pp. 21-31.

[76] Frendo 1975, p. 130.

[77] Dennis 1984, p. 53.

[78] Mango 1997, p. 188.

[79] Mango 1997, pp. 189-190.

[80] Mango 1997, p. 189.

[81] 尼科弗魯斯・卡里斯圖斯《教會史》，見 YuTsh 2018, pp. 36-40。

[82] Thomson 1991, pp. 204-205, 213-215, 223, 226-227.

[83] Thomson 1991, pp. 214-215.

[84] Thomson 1991, pp. 226-227.

[85] Trombley 2000, pp. 9-10. 參見 Wright 1882, pp. 7-8。

[86] Trombley 2000, pp. 10-11. 參見 Wright 1882, p. 8。

[87] Trombley 2000, p. 11. 參見 Wright 1882, pp. 8-9。

[88] YaoSl 1973, pp. 810-821；下同。

[89] Bosworth 1999, pp. 109-110.

[90] Bosworth 1999, pp. 106-108.

[91] Frye 1983, esp. p. 146, 認爲卑路斯發動的第一次對嚈噠戰争在 469 年。

[92] Dewing 1914, p. 31.

[93] Dewing 1914, pp. 31-35.

[94] Dewing 1914, pp. 43-47.

[95] Dewing 1914, pp. 49-51.

[96] Dewing 1914, pp. 65-67.

[97] Dewing 1914, pp. 75-77.

[98] Dewing 1914, p. 81.

[99] Frendo 1975, p. 130.

[100] Frendo 1975, p. 131.

[101] Whitby 1997, pp. 111-112.

[102] Mango 1997, pp. 189-190.

[103] Migne 1865. 亦見 YuTsh 2018, pp. 36-38。

[104] Trombley 2000, p. 16. 參見 Wright 1882, p. 12。

[105] Trombley 2000, pp. 16-17. 參見 Wright 1882, pp. 12-13。

[106] Trombley 2000, pp. 20-22. 參見 Wright 1882, pp. 15-16。

[107] Bosworth 1999, p. 120.

[108] Bosworth 1999, pp. 126-127.

[109] Bosworth 1999, pp. 128-129.

[110] Bosworth 1999, pp. 135-136.

[111] Bonner 2010, p. 364.

[112] Bonner 2010, pp. 368-369.

[113] Bonner 2010, p. 369.

[114] Pearse 2015-16.

[115] Warner 1915, pp. 173-176.

[116] Warner 1915, pp. 176-182.

[117] Warner 1915, pp. 188-197.

[118] Warner 1915, p. 197.

[119] Warner 1915, pp. 197-198.

[120] Rehatsek 1892, pp. 367-368.

[121] Rehatsek 1892, pp. 369-371.

[122] Bal'ami 1869, pp. 142-144.

[123] Bal'ami 1869, pp. 149-152.

[124] YuTsh 2012-2, pp. 157-174.

[125] Dewing 1914, p. 31.

[126] XN 1974.

[127] Dewing 1914, pp. 49-51.

[128] Dewing 1914, pp. 65-67.

[129] Bosworth 1999, pp. 152-153.

[130] Bonner 2010, pp. 371-372.

[131] JiXl 1985 (ch. 1); 下同。

[132] Pearse 2015-16.

[133] Pearse 2015-16.

[134] Altheim 1962, p. 139.

[135] Barbier de Meynard 1863.

[136] Barbier de Meynard 1863, pp. 151-241, esp. p. 203.

[137] JXl 1985, p. 111.

[138] Minorsky 1970., p. 359.

[139] Warner 1905, pp. 329-333.

[140] Warner 1905, pp. 333-337.

[141] Warner 1905, pp. 342-349.

[142] Rehatsek 1892, p. 371.

[143] Belʿami 1869, pp. 161-162.

[144] 參見 YuTsh 2012-2, pp. 126-138。

[145] Walford 1846, p. 246; Whitby 2000, pp. 255-256.

[146] Haussig 1953, esp. pp. 370-371; Haussig 1969, p. 260.

[147] YuTsh 2016, pp. 307-340.

[148] Uchida 1988, esp. pp. 434-438.

[149] Blockley 1985, pp. 45-47.

[150] Blockley 1985, p. 49.

[151] Whitby 1997, p. 189.

[152] 據《太伯里史》，突厥可汗征服嚈噠後，用金錢支援艾布黑茲（Abkhiz）、班杰爾（Banjar）、白蘭杰爾（Balanjar）等高加索諸部。諸部皆歸順之。見 Bosworth 1999, pp. 152-153。

[153] 《新唐書·突厥傳下》："統葉護可汗（618—628）勇而有謀，戰輒勝，因并鐵勒，下波斯、罽賓，控弦數十萬，徙廷石國北之千泉，遂霸西域諸國，悉授以頡利發，而命一吐屯監統，以督賦入。"OuyangX 1975, pp. 6051-6070；下同。

[154] Hacikyan 2000, p. 168.

[155] Frye 1983, pp. 145-146.

[156] Frye 1983, pp. 145-146.

[157] Frye 1983, p. 146.

[158] Frye 1983, p. 147.

[159] Daryaee 2013, p. 25.

[160] Thomson 1991, pp. 218-239.

[161] Dewing 1914, pp. 49-51.

[162] 參見尼科弗魯斯·卡里斯圖斯《教會史》（XVI, 34）；Migne 1865, pp. 196-197。

[163] Dewing 1914, pp. 65-67.

[164] Dewing 1914, pp. 75-77.

[165] Dewing 1914, p. 81.

[166] 參見 Frye 1983, p. 156。

九 薩珊帝國對原噘噠領土的統治方式

A

貴霜王朝亡於薩珊帝國。薩珊朝帝國曾設置機構統治所佔貴霜領土，其首長稱 Kushanshah（Kūšānšah），史稱"貴霜—薩珊"政權。

值得注意的是，沙普爾一世的 Naqš-i-Rustam（Ka'ba-ye Zartusht）銘文[1]列出了公元260年左右薩珊帝國東部諸省，包括：

……Media、Gurgān、Merv、Herat、Aparshahr（Nishapur）全境、Kerman、Seistan、Turan、Makuran、Paradene、Hindustan，直至 Peshawar 的 Kushanshahr……

既然其中並未提到巴克特里亞，我們似乎可以認爲，Kushanshahr 是薩珊帝國爲控制以巴克特里亞爲中心的原貴霜領土而設置的地方政權的名稱，或薩珊帝國一個行政區劃的名稱。

"貴霜—薩珊"政權的研究主要依賴錢幣資料。一般認爲，Kushanshah 的世系可大致臚列如下 [2]：

1. Shapur Kushanshah
2. Ardeshir I Kushanshah
3. Ardeshir II Kushanshah
4. Firuz I Kushanshah
5. Hormizd I Kushanshah
6. Firuz II Kushanshah
7. Hormizd II Kushanshah
8. Varahran (Bahrām) I Kushanshah
9. Varahran (Bahrām) II Kushanshah

儘管目前學術界對於這一系列的年代以及具體的管轄地區存在爭議，但我們至少可以從中看出，被委任爲 Kushanshah 者毫無例外都是薩珊王室人員。

在庫薩和一世在位期間，薩珊帝國和突厥聯手，滅亡了佔領貴霜舊壤近百年的嚈噠汗國。嗣後，薩珊帝國和突厥以阿姆河爲界瓜分了嚈噠領土，而薩珊帝國爲統治原嚈噠領土，非常可能採取了和以往統治貴霜領土完全相同的方式：將包括巴克特里亞爲核心的原嚈噠領土稱爲 Kushanshahr，且任命薩珊王族作爲這些地方政權的統治者，這些地方政權的統治者也依舊稱爲 Kushanshah。

B

　　薩珊和突厥以阿姆河爲界中分嚈噠領土，某種意義上，可以說是薩珊帝國收復了失地。蓋巴克特里亞等地自沙普爾一世以來一直被稱爲Kushanshahr，一旦收復，自然沒有必要啓用新的名稱。

　　更重要的是，嚈噠人在薩珊帝國人心目中和貴霜人並無本質的區別。不僅波斯人如此，同時代的拜占庭人、亞美尼亞人不是將嚈噠和貴霜混爲一談，就是將兩者聯稱。試舉例如下：

　　亞美尼亞史家如埃里塞，稱嚈噠爲Kušan Huns（貴霜匈人）。埃里塞記錄了當時祆教祭師對伊嗣俟二世的一番話：

> 　　組建軍隊，集結力量，進軍貴霜；率領萬衆，越過關隘，安居彼處。他們都被你封鎖在遙遠的異國他鄉時，你渴望的計劃就能實現；我教看來，你將統治貴霜人的土地。

伊嗣俟二世接受了祭師的建議，對他的軍隊和盟國發出了動員令："我們決定遠征東方，再次平定貴霜人的國家，願神保佑我們！"於是，"他突然侵入了也被稱作貴霜人的匈人的國家。戰鬥持續了二年，卻未能征服他們"。上述事件發生在伊嗣俟二世即位第一至四年之間。[3]

　　伊嗣俟二世之所以投身於針對"貴霜人"的戰鬥，顯然是因爲當時的薩珊帝國遭到了來自東方的威脅。一般認爲，此時威脅伊嗣俟二世治下薩珊帝國者是來自巴克特里亞的寄多羅貴霜人。

此說不無道理。蓋自五世紀三十年代末，寄多羅貴霜人受來自阿姆河北岸的嚈噠人的壓迫，其王寄多羅不得不放棄巴克特里亞西遷。這一股力量很可能衝擊薩珊帝國東境，迫使伊嗣俟二世動員軍隊抵抗和反擊。

但是，寄多羅貴霜人這樣一個被迫西遷的遊牧部族，絕無可能長期和薩珊帝國對抗。即使伊嗣俟二世最初遭遇的是寄多羅貴霜人，他必定隨即面對接踵而來的嚈噠人。

值得注意的是，伊嗣俟二世將當時業已被嚈噠人佔領的巴克特里亞稱爲"貴霜人的國家"。這表明在這位薩珊帝國君主心目中，巴克特里亞依舊是薩珊帝國治下的Kushanshahr。

另外值得注意的是，伊嗣俟二世進入的巴克特里亞在埃里塞筆下成了"也被稱作貴霜人的匈人的國家"。既然埃里塞和伊嗣俟二世同時代，這可以說明伊嗣俟二世很清楚，曾經的Kushanshahr已被匈人佔領。這也足以證實，伊嗣俟知道他所遭遇、試圖征服的"貴霜人"並不是真正的貴霜人。上述埃里塞的記載足以表明，在薩珊帝國人乃至亞美尼亞人那裏，"嚈噠"和"貴霜"這兩個概念是緊密聯繫在一起的。

不僅亞美尼亞人關於伊嗣俟二世的記載如此，直至卑路斯時代，拜占庭史家普里斯庫斯（Fr. 41.1 [Exc. de Leg. Gent. 15]）還將嚈噠人稱之爲"寄多羅匈人"。[4] 質言之，還是將"嚈噠"和"貴霜"聯繫在一起。

同樣，507年用叙利亞語寫的《柱行者喬舒亞年代記》（IX），將嚈噠稱爲 Kūnānāye (Kūšānāye) d-hinnōn Hunnāyē（匈奴貴霜）。[5]

嚈噠和貴霜始終糾纏不清的原因歸結起來，最主要的一點是嚈噠人的佔領區正是前貴霜帝國的領土，而這一地區曾被薩珊沙普爾一世命名爲 Kushanshahr。顯然，薩珊列帝始終企圖收復 Kushanshahr。

要之，薩珊帝國一度將衝擊波斯東境的寄多羅貴霜人和嚈噠人混爲一談，甚至將進犯波斯的嚈噠人誤認爲是貴霜人，儘管在明知嚈噠人有別於貴霜人，從而稱之爲"匈人"後，仍冠之以"寄多羅"或"貴霜"，以致史籍中出現了"寄多羅匈人"、"貴霜匈人"等名稱。既然貴霜或寄多羅不可能自稱爲匈人，這些名稱只能表明，在波斯人那裏，嚈噠人已經被打上了"貴霜"的烙印，似乎非如此不足以給這個來自東方的異族定性。凡此也許均可視爲嚈噠亡後，薩珊人依舊任命 Kushanshah 統治原嚈噠領土的背景。

C

有學者指出：《魏書·西域傳》關於波斯統治者"坐金羊床，戴金花冠"描述的其實很可能是"貴霜—薩珊"政權統治者的服飾，蓋與錢幣和銀器所見薩珊帝國統治者的服飾不符，而與"貴霜—薩珊"政權統治者的服飾相符，特別與 Varahran（Bahrām）二世 Kushanshah 關係密切。具體而言，薩珊朝波斯統治者的服飾應如《隋書·西域傳》[6]所傳"坐金師子座"（《舊唐書·西戎傳》[7]作波斯國王"坐獅子床"）。考察現存全部有關的遺物，並不存在以牡羊或其角裝飾王冠的薩珊帝國君主，祇有"貴霜—薩珊"政權的統治者 Varahran（Bahrām）二世 Kushanshah 的王座的裝飾是與牡羊有關的。至於"戴金花冠"亦不見於薩珊朝波斯國王，而見於"貴霜—薩珊"政權金幣上所刻若干國王立像之王冠，如 Hormizd 一世 Kushanshah 和 Varahran 二世 Kushanshah 之王冠頂部。花應是洋薊（artichoke），原產地中海沿岸。由此可見，"坐金羊床，戴金花冠"所描述者應爲"貴霜—薩珊"政權統治者的服飾。也就是説《魏書·西域傳》關於波斯的記載中混入了"貴霜—薩珊"政權的情況。[8]

問題在於，魏收所撰《魏書·西域傳》久已佚失，今本《魏書·西域傳》乃後人自《北史·西域傳》[9]采入。既然《北史·西域傳》是李延壽據《魏書·西域傳》、《周書·異域傳下》和《隋書·西域傳》編成，便有可能根據《北史·西域傳》恢復《魏書·西域傳》的原貌，辦法是從《北史·西域傳》中剔除《周書·異域傳下》和《隋書·西域傳》的文字。《魏書·西域傳》復原結果表明，上述引文出諸《周書·異域傳下》，並非《魏書·西域傳》原文。[10]

果真如此，"坐金羊床，戴金花冠"就很難説是貴霜帝國亡後，薩珊帝國在其領土上安置的 Kushanshah 之服飾，而只能是嚈噠亡後，薩珊帝國在其領土上安置的 Kushanshah 之服飾。

而嚈噠亡後，薩珊帝國在其領土所置統治機構以及統治者之名稱，和貴霜亡後在其領土上所置相同，在中國史籍中也能夠找到蛛絲馬跡。就在《周書·異域傳下》中，有一條奇怪的記載：

"波斯國，大月氏之別種。"這種提法在諸正史"西域傳"中絕無僅有。蓋如所周知，波斯人和大月氏人並無任何淵源。

這一提法唯一的合理解釋是《周書》編者或這位編者所依據的資料混淆了薩珊帝國和這一帝國設置於其東部疆域的統治機構Kushanshahr的結果。由於Kushanshahr的統治者的名諱和薩珊帝國列帝的名諱一一對應，且Kushan即貴霜自東漢以來一直被中原王朝稱爲"大月氏"，於是波斯人也就成了"大月氏之別種"。

這裏應該特別強調的是，這條記載不是出現在《魏書》，而是出現在《周書》中。這清楚地表明，《周書》編者所接觸的Kushanshah事實上並非設置於原貴霜帝國的領土之上，而應該是設置於嚈噠汗國領土之上的Kushanshah。

結合上述證實"坐金羊床，戴金花冠"是Kushanshah服飾的研究，可以肯定，被認爲"大月氏別種"者正是在嚈噠亡後，薩珊帝國在其領土上設置的Kushanshahr。

不僅如此，《周書·異域傳下》還稱"嚈噠，大月氏之種類"。長期以來，這則記載未得確解。蓋嚈噠即嚈噠，就其淵源而言，和大月氏毫無瓜葛。我一度將《周書》這一表述誤解爲編者混淆了薩珊帝國和貴霜—薩珊政權的結果。[11]現在看來，此說是過於簡單化了。蓋《魏書》中並未出現類似的提法，直至《周書》描述的時代纔出現關於嚈噠淵源的新說必定另有原因。

現在看來，《周書》致誤的根本原因當然在於波斯人、拜占庭人、亞美尼亞人等對於嚈噠的真正起源一無所知，而具體原因則在於嚈噠亡後，薩珊帝國在其領土上設置了Kushanshah，這和昔日它在貴霜帝國領土上設置的一樣，采用了完全相同的名稱。《周書·異域傳下》既稱波斯是"大月氏之別種"，又稱嚈噠是"大月氏之種類"，強烈暗示了這一點。

最後，上述薩珊帝國統治原貴霜和嚈噠領土的方式，還使我們想起《周書·異域傳下》"波斯國"條的另一則記載：

> 王即位以後，擇諸子內賢者，密書其名，封之於庫，諸子及大臣皆莫之知也。王死，乃衆共發書視之，其封內有名者，即立以爲王，餘子各出就邊任，兄弟更不相見也。國人號王曰翳囋，妃曰防步率，王之諸子曰殺野。

貴霜帝國治下巴克特里亞、犍陀羅等地，早在阿喀美尼德時期已經是波斯帝國的邊遠省份，薩珊時期也一樣，而諸位 Kushanshah 之名諱與薩珊列帝一一對應，足見確係"出就邊任"的王子。至於"王之諸子曰殺野"，"殺野"正是 shah（šāh）的對譯。錢幣學的研究業已表明，這些打鑄、頒行"薩珊—貴霜"錢幣的地方統治者都是薩珊王族無疑。

D

綜上所述，薩珊帝國和突厥聯手滅亡嚈噠後，一度控制了阿姆河以南地區。它統治巴克特里亞等地的方式，和它滅亡貴霜後在貴霜領土上採用的統治方式完全相同，也是建立薩珊—貴霜政權。《周書·異域傳下》所謂"嚈噠，大月氏之種類"，客觀上並不是指嚈噠本身，而是指統治原嚈噠領土的薩珊王朝地方政權——薩珊—貴霜，這就是《周書》編者將嚈噠和大月氏掛鉤的原因。

由此可見，錢幣學家似乎應該深入研究業已發現的"薩珊—貴霜"錢幣，或許可以從中析出薩珊帝國在嚈噠亡後所置Kushanshah 頒行的錢幣，從而為這些錢幣作更精確的斷代。

■ 注釋

[1] R. N. Frye. The History of Ancient Iran. München: 1984, p. 371; Rezakhani 2017.

[2] Bivar 1956; Bivar 1969. 其他說法尚有多種，如 Carter 1985, pp. 215-281。

[3] Thomson 1982, pp. 63-66. 參見 Enoki 1965。

[4] Blockley 1981-1983. 普里斯庫斯生於 410—420 年間，死於 472 年之後，與薩珊帝國同時代。

[5] Wright 1882.

[6] WeiZh 1982, pp. 1842-1861；下同。

[7] LiuX 1975, pp. 5289-5318.

[8] Tanabe 1997.

[9] LiYsh 1974, pp. 3208-3249；下同。

[10] 詳見 YuTsh 2003, pp. 65-94。

[11] YuTsh 2005, p. 521.

十 薩珊帝國庫薩和一世與突厥

本文考察庫薩和一世在位期間薩珊帝國與突厥之關係。

A

一般認爲，庫薩和一世與新興的突厥聯手滅亡了稱霸中亞一個多世紀的嚈噠汗國（Hephthalite Khaganate）。這是庫薩和一世治期，波斯和突厥之間最重要的關係。這段歷史僅見諸阿拉伯語和波斯語記載。記載這一事件的阿拉伯語文獻主要爲太伯里的《歷史》[1]、迪奈韋里的《長篇記述》[2]、馬蘇迪的《黄金草原》[3]和優提基烏斯的《年代記》[4]。記載此事的波斯語文獻主要爲菲爾道西的《列王詠》[5]、米爾孔德的《清净的花園》[6]、《太伯里史》的波斯語譯[7]。以上各種文獻中，最接近歷史本來面目的應該是菲爾道西的《列王詠》。

此外，有關嚈噠滅亡的時間，主要依據拜占庭史料。如歐格里烏斯的《教會史》[8]，以及彌南[9]、忒俄費拉克圖斯·西摩卡塔[10]等人的著述。

綜合研究上述諸文獻，突厥和波斯聯手滅亡嚈噠的過程可以大致勾勒如下：

552年，突厥滅亡了柔然汗國，其西境乃與嚈噠接壤。可能是爲了打通西向的貿易路綫，突厥遣使波斯。其使者在途經嚈噠領土時被嚈噠人截殺。[11]於是，突厥起大軍征討嚈噠。結果嚈噠軍隊被打敗，嚈噠王被殺。阿姆河兩岸原嚈噠的主要領土均被突厥佔領。庫薩和一世得悉嚈噠國亡後亦起大軍，意在防止突厥進一步西進。突厥可汗卻致函庫薩和一世，表達修好意願，且建議聯姻，庫薩和一世迎娶了突厥可汗之女，突厥則將所征服阿姆河南岸嚈噠領土轉交波斯。[12]

儘管原始記載有種種不一致乃至抵牾之處，但似乎可以肯定，在這場突厥和波斯聯手滅亡嚈噠的戰爭中，主動的一方是突厥，被動的一方是波斯；起主要作用的是突厥，波斯只是一個輔助角色。雖然嚈噠與波斯之間恩怨糾纏百餘年，但波斯並不願意新興的突厥取代業已衰落的嚈噠成爲波斯的東鄰。嚈噠滅亡後，薩珊帝國和突厥很快就發生矛盾乃至衝突。

B

儘管庫薩和迎娶了突厥可汗之女，突厥可汗讓出了他所佔阿姆河南岸的嚈噠領土，但是波斯和突厥很快就面臨衝突。拜占庭史家彌南的《希臘史殘卷》[13]記載了兩者交惡的經過：

> 查斯丁皇帝在位第四年初，突厥使團抵達拜占庭。隨著突厥勢力日益強大，原爲嚈噠臣屬———現轉歸突厥統治的粟特人，請求突厥王派遣一個使團到波斯，要求波斯人準許粟特人在波斯境內通行，將生絲賣給米底人。Sizabul（室點密）同意這一請求，派出以馬尼亞克（Maniakh）爲首的粟特使團前往波斯，拜見波斯王，請求准許粟特人在波斯自由販賣生絲。波斯王對此要求極爲不快，不願意讓突厥人自由進入波斯境內，所以拖至次日不做答復，並一拖再拖。數度拖延後，粟特人仍堅持要求給與答覆，庫薩和（一世）召集臣僚討論此事。此時嚈噠人喀圖爾富（Katulph）因嚈噠王姦污其妻而背叛其族人投向突厥人，不久又離開突厥人投往米底人，勸波斯王決不可使粟特絲綢自由出入，而應將它買下，付給公平的價錢，當著突厥使團的面將它焚毀，以示波斯王行事公正，同時表明波斯王不願使用來自突厥的生絲。於是生絲被燒掉，粟特使團回國，對出使波斯國發生之事怏怏不快。
>
> 粟特人告知Sizabul波斯人所爲，Sizabul又向波斯派出第二個使團，因爲他極欲在波斯和本國之間建立友好關係。第二個突厥使團到達波斯，波斯王與高級官員及喀圖爾富討論後認定，斯基泰人生性不仁不義，與突厥人建立友好關係，完全違背波斯的利益。波斯王遂命令毒死一些使團成員，以阻止他們

此後不再前來。除三四人倖免外，突厥使團大多數成員被掺入食物的致命毒藥鴆死；同時波斯王又使人在波斯人中散佈消息，說突厥使者不適應波斯燥熱氣候，窒息而死，因爲突厥國土常年爲冰雪覆蓋，所以遠離寒冷氣候即無法生存。雖然倖免者難免懷疑其中另有原因，但回國後仍像波斯人一樣摇唇鼓舌，散佈同樣的消息。然而，Sizabul 精明聰慧，明白發生的一切和其中真相，意識到使者乃死於陰謀。於是波斯和突厥人之間銜恨交惡。(10.1, Exc. de Leg. Gent. 7)

此處"查斯丁皇帝"，指拜占庭皇帝查斯丁尼（Justinian I，527—565 年在位），而突厥王 Sizabul，一般認爲即中國史籍所見室點密。結合菲爾道西《列王詠》(III, 4) 有關滅亡嚈噠之前突厥可汗主動遣使波斯的記載，可見突厥開闢西向商道願望之迫切。而如所周知，粟特人善於經商，其人自古以來，一貫依託中亞的强權開展東西貿易，從中獲利。突厥戰勝嚈噠後，粟特地區也落入突厥勢力範圍，粟特人便投靠突厥統治者，企圖開通經由波斯的貿易綫路。和一般的遊牧政權一樣，控制交通道、開展貿易，也是突厥的生命綫。粟特人和突厥人可以説一拍即合。因此，馬尼亞克的請求得到支持，粟特商團便前往波斯。粟特人的訴求"波斯人準許粟特人在波斯境内通行，將生絲賣給米底人"，無非是在波斯境内自由經商。這裏所謂"米底人"，其實是波斯人的代名詞（下文稱嚈噠人 Katulph 往投"米底人"可證）。

值得注意的是，粟特商團並沒有提出要借道波斯和羅馬進行貿易，很可能是這些粟特人沒有這個計劃，當然也可能是他們考慮到薩珊帝國和拜占庭之間的複雜關係；這裏採用"米底"一詞，也可能特指波斯西北部，原米底王國興起的地方，這或許表明了粟特人有進一步向西拓展商道的意向。

那位變節的嚈噠人究竟用什麼說詞打動波斯人，使庫薩和一世堅決不允許粟特絲綢自由出入波斯國境，我們不得而知。但波斯人當衆焚毀粟特絲綢，最明顯的原因是不願意波斯自己的絲綢業受到粟特絲綢原料和成品的衝擊。據《梁書·西北諸戎傳》"波斯國"條載：

> 波斯國……婚姻法：下聘訖，女婿將數十人迎婦，婿著金綫錦袍，師子錦袴，戴天冠，婦亦如之。

又同傳"滑國"條稱普通元年，滑人遣使獻"波斯錦"等物。據《周書·異域傳下》記載：

> 波斯國，……其俗：丈夫剪髮，戴白皮帽，貫頭衫，兩廂近下開之，並有巾帔，緣以織成；婦女服大衫，披大帔，其髮前爲髻，後被之，飾以金銀華，仍貫五色珠，絡之於膊。

又載波斯國産"綾、錦"。《隋書·西域傳》亦載波斯國産"錦"。[14] 既然有自己的絲織業，自然要加以保護，不允許價廉物美的中國生絲和絲綢入境是可以理解的。

但是，在我看來，庫薩和一世反對粟特絲綢或生絲出入其國境的主要目的並不全在於保護本國的絲織業乃至商道，主要原因是不願意見到粟特人背後的突厥因此獲益。也就是説，不想讓突厥通過控制絲綢貿易和貿易通道，增強國力，最終成爲波斯勁敵。庫薩和一世從一開始就對西向擴張的突厥勢力十分警惕，這是波斯人和嚈噠人打了一百多年交道積累的經驗。另一方面，突厥統治者一再派出商團和使團前往波斯，可見其打開商道欲望之迫切。進行商品交換是遊牧部族單一自然經濟發展的需要，是部族強盛的需要。

既然無從在波斯打開缺口，突厥只能經高加索，西向和拜占庭交通。彌南《希臘史殘卷》[15]繼續説：

> 粟特首領馬尼亞克趁機向 Sizabul 進言，建議他爲突厥利益計而與羅馬人建立友好關係，將生絲銷售給他們，因爲羅馬人對生絲的消費多於他國。馬尼亞克又説，他本人非常願意隨突厥使者一同前往羅馬帝國，以促成羅馬人和突厥人建立友好關係。Sizabul 贊同這一建議，遣馬尼亞克及其他一些人作爲使者，攜帶珍貴生絲並國書前往羅馬帝國，拜見羅馬皇帝，傳達問候和致意。(10.1, Exc. de Leg. Gent. 7)

從此，揭開了突厥和拜占庭聯手共謀波斯的新局面。[16]

C

其實，早在突厥和波斯聯手對付嚈噠之際，兩國已經產生矛盾。據《太伯里史》[17]記載：

> 他（室點密可汗）用金錢支援了艾布黑茲（Abkhaz）、班傑爾（Banjar）、白蘭傑爾（Balanjar）諸部。於是，此諸部皆歸順他，並且告訴他（室點密可汗），波斯列帝一直是以他們交付贖金作爲不侵犯他們國土的條件的。於是，他（室點密可汗）親率十一萬兵衆來犯（波斯），並攻打到素勒（Şūl）地區。他派人前往庫薩和處，對他耀武揚威，要求他向他繳納帑幣，並向艾布黑茲、班傑爾和白蘭傑爾（人）繳付贖金。在庫薩和執政以前，這贖金原是由他們獻給他（波斯君主）的。庫薩和沒有理睬他的恫嚇，也沒有答應他關於佔據波斯人在素勒門的防禦工事，強佔諸道路、隘口上各堡壘的要求。其實室點密可汗已抵達那些地區——對於可汗使他（庫薩和）注意到能以五千馬、步軍控制亞美尼亞關隘的舉動也不作出反應。當（室點密可汗）接觸到素勒關隘的防禦工事時，因受挫而率衆退卻了。他無力從久爾疆（Jurjān）方面與波斯抗衡，因爲庫薩和早就下令在那裡構築了一些要塞。

其中提到的艾布黑茲是西北高加索的部族，主要生活在今黑海沿岸 Abkhazia 地區。白蘭傑爾位於北高加索。班傑爾今地不詳，但夾在艾布黑茲和白蘭傑爾之間，三者或相鄰。突厥人所犯素勒，應即打耳班（Darband），在裏海和高加索之間。[18] 久爾疆即 Gurgān，位於裏海東南，乃薩珊帝國北方重要據點。

以上諸部被提及表明突厥挾戰勝嚈噠之威，進一步西進，打敗阿瓦爾和僞阿瓦爾人，追逐其人直至高加索地區，從而觸犯其盟國薩珊帝國的勢力範圍。艾布黑茲、班傑爾、白蘭傑爾三者都是生活在高加索的部族，都是薩珊帝國的屬國，而由於突厥勢力的西進，上述諸國不再向波斯納貢，全部倒向突厥。突厥最突出的行爲就是進攻素勒地區，且以五千馬步軍控制了亞美尼亞關隘，旨在以此爲立足點，進一步向西拓展。庫薩和一世則加強了久爾疆附近的防禦工事，使突厥知難而退。

至於上述事件發生的具體時間，太伯里沒有明確記載，只是將這段記述安排在滅嚈噠之後，表明其事很可能緊跟在嚈噠滅亡之後。研究表明，突厥和波斯聯手滅亡嚈噠在 558 年左右，緊接著突厥人就發動對阿瓦爾或僞阿瓦爾人的攻擊，迫使後者西逃。據 Menander 記載，西逃阿瓦爾已抵達 Alans 境，並且通過後者遣使拜占庭。(5.1: Exc. de Leg. Gent. 1) 彌南《希臘史殘卷》[19] 且明確記載 Silzibul 在破嚈噠之後緊接著就征討阿瓦爾人（Avars）：

> [562 年,] 突厥主 Silzibul 獲悉阿瓦爾人逃亡以及其人侵害突厥人利益之事，傲然宣稱（這樣的舉動在蠻族司空見慣）：他們不是鳥，不能飛過天空，逃脫突厥人的劍；他們不是魚，不能深入海底；他們祇能在地上走動而已。收拾了嚈噠人，我

就去討伐阿瓦爾人,他們一定難逃我強有力的攻擊。這樣自吹自擂一番之後,Silzibul 就踏上了討伐嚈噠的征途。(4.2: Exc. de Sent. 3)

很可能正是爲了追擊這西逃的阿瓦爾人,突厥人勢力纔伸向裏海以西、高加索地區的。

突厥破僞阿瓦爾人後,因逐北穿越高加索北部,這勢必經過艾布黑茲等波斯屬國,也就是説侵入了薩珊帝國北方的勢力範圍,於是有素勒的衝突。此事詳情不得而知,而據太伯里,似乎突厥受阻於波斯堅固的防禦,雙方並未真正交手。即便如此,由於屬國易主,波斯和突厥之間嫌隙已生。蓋突厥西進高加索時間上應緊隨滅嚈噠之後,故當應粟特商人之請,遣使波斯時,庫薩和一世覺得突厥人不可信任。

由此可見,突厥和波斯間的所謂聯盟一開始就互不信任、充滿矛盾。

D

波斯和突厥聯手滅嚈噠後,兩國以阿姆河爲界中分嚈噠領土,732 年(唐開元二十年)苾伽可汗所立《闕特勤碑》[20]有云:

當上方蒼天下方黑地開闢之時,人類的子孫亦出生於其間矣。人類子孫之上，我祖宗 Bumïn 可汗及 Istämi 可汗實爲之長，即與突厥人民製定統治國家的制度。天下四隅，悉爲敵人，我祖悉征討之，使之遵守和平，垂首屈膝。東至興安嶺，西至鐵門，悉爲我居之地。

"西至鐵門"云云，乃指嚈噠滅亡後突厥之西境。但是，不久突厥就越過阿姆河佔領了巴克特里亞等地。一般認爲，時在統葉護可汗時期。蓋《新唐書·突厥傳下》有載：

> 統葉護可汗勇而有謀，戰輒勝，因并鐵勒，下波斯、罽賓，控弦數十萬，徙廷石國北之千泉，遂霸西域諸國。

今案：這僅僅是一種可能性。

另一種可能性則是早在庫薩和一世晚年突厥勢力已逾阿姆河而南。蓋據《隋書·北狄傳》[21]載文帝詔："達頭前攻酒泉，其後于闐、波斯、挹怛三國一時即叛。"按之《周書·宣帝紀》[22]：宣政元年（578）十一月"突厥寇邊，圍酒泉，殺掠吏民"。這似乎表明至遲在 578 年，亦即達頭攻酒泉之時，突厥已逾阿姆河南下。

一則，此處所謂"挹怛"無疑是嚈噠汗國亡後，突厥於阿姆河以北原嚈噠領土上所設役屬突厥的地方政權。既然和波斯聯手滅嚈噠後，突厥領有阿姆河北原嚈噠領土，故此處叛突厥之"挹怛"應指突厥在阿姆河北所設統治嚈噠原有領土之地方政權，其首領可能是歸附突厥的嚈噠人，亦可能是當地土著。

二則，此處所謂"波斯"，不可能指薩珊帝國。因爲薩珊帝國未嘗臣服突厥，談不上叛附。這裏的"波斯"似乎也不可能指嚈噠亡後，波斯在阿姆河以南原嚈噠領土上所置"貴霜—薩珊"政權，因爲這些"貴霜—薩珊"政權服屬波斯，對突厥而言也談不上叛附。因此，這裏的"波斯"只可能指業已被突厥征服了的由薩珊帝國安置在阿姆河以南原嚈噠領土上的"貴霜—薩珊"政權。[23]

須知阿姆河以南巴克特里亞等地本來是貴霜領土。薩珊帝國在征服貴霜後，設置地方政權統治這些地區，史稱"貴霜—薩珊"。當薩珊王朝征服嚈噠後，很可能在阿姆河南嚈噠領土（亦即貴霜舊土）上恢復了"貴霜—薩珊"政權。而當突厥逾阿姆河而南，征服原嚈噠領土後，很可能保留了表示歸附的"貴霜—薩珊"政權。當達頭可汗圍攻酒泉時，這些地方政權乘機叛亂。這些叛達頭的地方政權本來是薩珊帝國所設，因此被稱爲"波斯"。

《周書·異域傳下》既稱"波斯國，大月氏之別種"，又稱"嚈噠，大月氏之種類"。兩"大月氏（氏）"均指代貴霜。"波斯國"乃指薩珊帝國在阿姆河以南所置"貴霜—薩珊"政權。這類政權不僅在滅亡貴霜後設置，而且在滅亡嚈噠後同樣設置。因此此處所謂"嚈噠"乃指薩珊帝國在阿姆河南岸原嚈噠領土上設置的"貴霜—薩珊"政權也。要之，《隋書》文帝詔所見"波斯"應即《周書·異域傳下》所載"波斯"，此"波斯"雖薩珊帝國所置，因一度歸附突厥，故得云"叛"也。

由此或可推知，在578年之前突厥已逾阿姆河而南，很可能就在波斯毒殺突厥使團之後不久，此亦室點密報復之一端也。

■ 注釋

[1] Bosworth 1999.

[2] Bonner 2010.

[3] Barbier de Meynard 1863.

[4] Pearse 2015-16.

[5] Warner 1915.

[6] Rehatsek 1892.

[7] Bel'ami 1869.

[8] Walford 1846.

[9] Blockley 1985.

[10] Whitby 1997.

[11] 這情景頗有些類似北魏早期遣使西域被柔然阻攔。見 WeiSh 1974, pp. 2261-2287。

[12] 詳見本書第八篇；以及 YuTsh 2012-2, pp. 126-138; YuTsh 2016, pp. 316-327。

[13] Blockley 1985, pp. 111-115. 漢譯文引自 ZhangXsh 2002(1), pp. 173-174。

[14] 關於薩珊帝國的絲織業，參見 SunPl 1995, pp. 35-36。據云，260 年，沙普爾一世遠征敘利亞，帶回的俘虜中有織造業工匠，於是引進製造金錦和斜紋組織、緯綫起花的織造新技術。Ahwāz 和 Shoshtar 二城形成兩個織造業中心。四世紀中葉，沙普爾二世（Shapur II, 309—379 年在位）在 Susa

迤北的 Karkhade Ledan 城設立王家織造作坊,王室經濟從專營這種高級的織造業得到極大的利益;説本 Pigulevskaia 1963。

[15] Blockley 1985, p. 115. 漢譯文引自注 13 所引書, p. 174。

[16] 關於突厥和拜占庭的交往,見 ZhangXsh 2002(2)。

[17] Bosworth 1999, pp. 152-153. 漢譯文引自 SongX 1987。

[18] Bosworth 1999, pp. 153-154, 注 394。

[19] Blockley 1985, pp. 45-47.

[20] Tekin 1968, p. 263. 漢譯文引自 MaChshou 1957, p. 21。

[21] WeiZh 1982, pp. 1863-1886.

[22] LinghuDf 1974, pp. 115-129.

[23] 詳見本書第九篇。

附錄　迦膩色伽的年代補説

我曾寫過一篇《迦膩色伽的年代》(以下簡稱《年代》)[1]，旨在證明貴霜王朝迦膩色伽（一世）並未在登基時建元。可是，由於未能及時掌握若干國外重要的研究成果，尤其是没有掌握歸屬迦膩色伽之父閻膏珍（Vima Kadphises）的兩篇銘文的有關研究成果，基礎不堅實，論證有問題，《年代》一文之結論必須復查，自不待言。

A

《年代》一文立論之基礎主要在兩篇歸屬迦膩色伽之父閻膏珍的銘文：

第一篇是 187 年的 Khalatse 銘文（CKI 62），舊説此銘文之年代應按元年爲前 58/57 年的所謂超日紀元（Vikrama saṃvat era）計算，絶對年代便是公元 129 年。[2]

今案：以往將此銘文年代釋讀爲 187 年，因而只能按所謂超日紀元計算。但是，依據最新的釋讀，該銘文的年代不是"187"，而是"287"[3]，其年代自然不能再按所謂超日紀元而只能按元年爲公元前 174 年之 Yavana 紀元推算。因此，絕對年代也就成了公元 112 年。

第二篇是 299 年的 Surkh Kotal 銘文，其年代歷來認爲應按元年爲前 170 年的 Eucratides 紀元計算，絕對年代爲公元 129 年。但是，這"299"也是誤讀，正確數字應爲"279"。[4] 和 Khalatse 銘文一樣，該銘文採用的也是 Yavana 紀元。因此，此銘文之絕對年代應爲公元 104 年。今案：所謂 Eucratides 紀元乃 Yavana 紀元之別稱，因 Eucratides 是最早統治興都庫什南北的希臘—巴克特里亞國王，Yavana 紀元一度被認爲是 Eucratides 所創而得名。一般認爲，其元年應爲前 174 年而不是前 170 年。[5]

既然歸屬閻膏珍的兩篇銘文均採用 Yavana 紀元，而承襲其父採用紀元之"迦膩色伽紀元"之"元年"，不妨理解爲省去了 Yavana 紀元 301 年之百位數[6]，而絕對年代爲公元 127 年。據此，有關貴霜王朝諸王的年代可表列如下：

Kushan kings	the so-called Kaniṣka Era	Yavana Era	Christian Era
Kaniṣka I	1-23	301-323	127-149
Huviṣka	28-62	328-362	154-188
Vāsudeva	64/67-98	364/367-398	190/193-224
Huviṣka II	104	404	230
Vasiska	120-128	420-428	246-254
Kaniṣka II	131-141	431-441	257-267

以下依據表列數據逐一檢討《年代》一文的論證過程。

B. 檢討之一：中國史料

1.《後漢書·西域傳》稱所傳西域事情"皆安帝末班勇所記"。傳文未及迦膩色伽，似乎説明迦膩色伽即位遲於安帝末年（125）。又，傳文未及閻膏珍之死，似乎説明閻膏珍可能去位於 125 年之後。今案：這和上表所列數據毫無矛盾。也就是説迦膩色伽登基之年在公元 125—127 年之間。

2.《後漢書·西域傳》："安帝元初中（114—119），疏勒王安國以舅臣磐有罪，徙於月氏，月氏王親愛之。後安國死，無子，母持國政，與國人共立臣磐同產弟子遺腹爲疏勒王。臣磐聞之，請月氏王曰：安國無子，種人微弱，若立母氏，我乃遺腹叔父也，我當爲王。月氏乃遣兵送還疏勒。國人素敬愛臣磐，又畏憚月氏，即共奪遺腹印綬，迎臣磐立爲王，更以遺腹爲磐橐城侯。"此處所謂"月氏"無疑指貴霜王朝，安帝元初中疏勒王安國徙臣磐時，正值閻膏珍在位。

但是，安國去世後遣兵送臣磐歸國者應爲閻膏珍之子迦膩色伽。蓋據同傳，"順帝永建二年（127），臣磐遣使奉獻，帝拜臣磐爲漢大都尉，兄子臣勳爲守國司馬"。臣磐仗貴霜之力登基，勢必獲得東漢朝廷承認。因此，永建二年很可能是臣磐登基之年，蓋臣磐即位後理應立即遣使朝漢。

另一方面，《大唐西域記》卷一有載：迦膩色伽時，"河西蕃維，咸威送質"。若將這則記載和上引《後漢書·西域傳》的記載結合起來，則不妨認爲，迦膩色伽繼位後，西域諸國繼續在朝東漢的同時送質貴霜，其中應包括疏勒。[7] 換言之，臣磐即位後，曾送質於貴霜。要之，不能據《大唐西域記》，指臣磐即疏勒王安國所送質子，進而認爲安帝元初中迦膩色伽業已在位。

3. 據《三國志·魏書·明帝紀》，太和三年（229），十二月"癸卯，大月氏王波調遣使奉獻，以調爲親魏大月氏王"。《年代》一文將公元229年遣使曹魏明帝之大月氏王波調比定爲 Vāsudeva（一世）。而據上表所列數據，Vāsudeva 一世於所謂"迦膩色伽紀元"第 64/67—98 年（公元 155/193—224 年）在位，乍看似乎不合；但不妨考慮以下兩種可能性：

其一，已知 Vāsudeva 最後年號爲所謂"迦膩色伽紀元"的98年，但很可能是年並非其在位之最後年份。換言之，所謂"迦膩色伽紀元"98 年（公元 224 年）可理解爲 Vāsudeva 去位年代之上限。

其二，即使 Vāsudeva 於 224 年其去位之年遣使東漢，使者長途跋涉，或有耽擱，229 年始達魏都受封。

C. 檢討之二：亞美尼亞史料

據 Moses Khoren 的《亞美尼亞史》（II, 72）記載，貴霜統治者 Vehsachan 曾應亞美尼亞王 Khosrov 之召，共同反抗 Artashir。[8]

今案：Vehsadjan 可與 Vāsudeva 勘同，而 Artashir 無疑即薩珊王阿爾達希爾（Ardashīr）一世（公元 224—240 年在位）。[9] Vāsudeva 既於所謂迦膩色伽紀元 64/67—98 年（Yavana 紀元第 363/367—398 年，即公元 190/193—224 年）在位，當與 Ardashīr 一世同時代。蓋公元 224 年應爲 Vāsudeva 去位之年的上限。

D. 檢討之三：波斯、阿拉伯史料

貴霜王朝似乎最先失去對 Bactria 及其周圍地區之控制，一般認爲這是薩珊王朝進攻的結果。這一事件可能發生在薩珊王朝的創始人 Ardashīr 一世的治期（224—240）。蓋據 Al-Ṭabarī 的記載[10]：

> 他（阿爾達希爾）自 Sawād 返回 Iṣṭakhr，復自彼處依次進軍 Sijisitan、Jurjān（Gorgan）、Abarshahr（Nishapur）、Marw（Merv）、Balkh 和 Khwārazm（Khwarizm），直抵 Khurāsān 最遠的邊陲。此後，他回到 Marw。他殺人如麻，將首級獻祭於 Anāhīdh 之祆廟。嗣後，他自 Marw 返歸 Fārs，在 Jūr 住下來。貴霜、Ṭūrān 和 Makrān 諸王均遣使請降。

但也可能發生在沙普爾一世（Shāpūr I）治期（240—270）。蓋沙普爾一世的 Naqsh-i Rustam 銘文聲稱，包括"直至 Peshawar 的 Kushanshahr"在内的各處業已臣服，成爲薩珊人之附庸。[11] 換言之，薩珊王朝對貴霜領土的進攻和佔領可能發生在公元 224—270 年間的任何時候。

今案：波斯、阿拉伯史料與以上推定的迦膩色伽及其繼承者的在位年代並無矛盾。

阿爾達希爾一世可能進攻貴霜的年代（233—238）[12] 正落在曹魏明帝的治期（227—239），而稍晚於波調朝魏的年代（229），則可知與阿爾達希爾一世發生關係的貴霜統治者有可能是波調。蓋波調可與 Vāsudeva 一世（已知其銘文最遲的年代是所謂"迦膩色伽紀元"第 98 年，亦即 Yavana 紀元第 398 年）勘同。而如前述，其末年之上限為 Yavana 紀元第 398 年（公元 224 年），正值阿爾達希爾一世登基。因此，如果 Vāsudeva 一世去位是由於受到薩珊打擊，則未必在沙普爾一世治期。貝格拉姆 III 出土的 8 枚 Vāsudeva 的劣質銅幣既可能與阿爾達希爾一世也可能與沙普爾一世之打擊有關。阿爾達希爾一世和沙普爾一世的進攻可能重創貴霜、使之臣服，卻未必結束貴霜的統治。

E. 檢討之四：印度史料

塞種紀元（元年為 78 年）第 72 年的 Junāgadh 銘文表明西印度"大總督"（mahākṣatrapa）Rudradāman 在公元 150 年左右佔領了信德、Sauvira 及 Mālava。[13] 而所謂迦膩色伽紀元第 11 年的 Sui Vihār 銘文表明這一帶當時在貴霜治下。迦膩色伽即位的年代因此被提前[14]，或因此被推遲。[15]

今案：《後漢書·西域傳》稱閻膏珍征服印度後，"置將一人監領之"。"監領"應該是貴霜人統治中亞和印度廣大征服地區的主要手段。置"將"，可能是利用土著，亦即扶植傀儡。[16] 而所謂"大總督"，畢竟不是最高統治者的尊號，也許就是《後漢書·西域傳》所謂"將"。完全有理由認爲迦膩色伽採用其父閻膏珍一樣的統治方式。具體而言，作爲貴霜王朝的"大總督"，Rudradāman 承認貴霜的宗主權，但有較大的自治權，可以採用自己的紀元。換言之，所謂迦膩色伽紀元第 11 年（公元 137 年）的 Sui Vihār 銘文和塞種紀元第 72 年（公元 150 年）的 Junāgadh 銘文間並不存在不可調和的矛盾。

F. 檢討之五：羅馬證據

錢幣學的研究表明，貴霜錢幣可能拷貝自羅馬錢幣：閻膏珍摹倣了 Trajan（98—117 年在位），迦膩色伽一世（127—149 年在位）摹倣了 Hadrian（117—138 年在位），Huviṣka（154—188）則摹倣了 Antonius Pius（138—161 年在位），諸如此類。[17]

今案：這種類型對比帶有很大的不確定性[18]，同一位錢幣學家，以相同的錢幣作依據，也會得出不同的結論。[19] 縱然很難將錢幣類型作爲迦膩色伽年代之絕對證據，但以上推定的迦膩色伽及其繼承人的大致在位年代，無妨認爲其錢幣之原型拷貝自年代較早之羅馬錢幣。

G. 檢討結果

　　以上考察表明，其他各種資料與依據銘文推定的迦膩色伽在位年代並無抵牾之處。但是，無論任何一種資料或其綜合，均無從據以確定迦膩色伽即位於哪一年。所謂"迦膩色伽紀元"不過是迦膩色伽沿用其父閻膏珍曾採用的紀元亦即所謂 Yavana 紀元而已，所謂"迦膩色伽紀元"的元年便是省略了百位數 3 的 Yavana 紀元。應該強調指出，沒有確鑿的證據表明 Yavana 紀元 301 年亦即公元 127 年就是迦膩色伽即位之年，只能視作其即位之年的下限。

　　要之，並沒有所謂"迦膩色伽紀元"。不僅迦膩色伽一世沒有建元，貴霜王朝的創始人丘就卻並未建元，迦膩色伽之父、祖均未建元，所謂"迦膩色伽紀元"至少沿用了 98 年，也説明後繼貴霜諸王並無登基即建元之舉。由此可見，在新的基礎上，《年代》一文的主要結論是成立的。

■ 注釋

[1] YuTsh 2015, pp. 72-88.

[2] Konow 1929, pp. 79-81.

[3] Cribb 2005.

[4] Harmatta 1994.

[5] Falk 2007; Falk 2014.

[6] Van Lohuizen-de Leeuw 1949, pp. 232-262, van Lohuizen-de Leeuw 1968.

[7] Narain 1990, esp. pp. 164-165, 指出臣磐曾送質於迦膩色伽。

[8] Thomson 1978, pp. 218-219.

[9] Ghirshman 1946, p. 155.

[10] Bosworth 1999, p. 15.

[11] Frye 1984, pp. 371-373, esp. 371.

[12] Harmatt 1965.

[13] Salomon 1998, pp. 89-90.

[14] Kielhorn 1905-06.

[15] Puri 1965, pp. 38-39.

[16] YuTsh 1986, pp. 129-142.

[17] Göbl 1960, Göbl 1968.

[18] MacDowall 1968.

[19] 參見 Göbl 1984, pp. 61-64。

徵引文獻

A

Adler 2002 = *The Chronography of George Synkellos. A Byzantine Chronicle of Universal History from the Creation*, translation with Introduction and Notes by William Adler, Paul Tuffin, Oxford: Oxford University Press, 2002.

Altheim 1962 = F. Altheim, *Geschichte der Hunnen*, Bd. V, Berlin, 1962.

Altheim 1969 = F. Altheim, *Geschichte der Hunnen*, Bd. II, Berlin, 1969.

Asheri 2007 = David Asheri, Alan Lloyd, Aldo Corcella, *A Commentary on Herodotus Books* I-IV, edited by Oswyn Murray and Alfonso Moreno, with a Contribution by Maria Brosius, translated by Barbara Graziosi, Matteo Rossetti, Carlotta Dus and Vanessa Cazzato, Oxford University Press, 2007.

Assar 2005 = G. F. Assar, "Genealogy and Coinage of the Early Parthian Rulers II: A Revised Stemma", *Parthica: incontri di culture nel mondo antico* 7 (2005), pp. 29-63.

Assar 2006 = G. A. Assar, "Moses of Chorene and the Early Parthian Chronology", E. Dąbrowa, ed., *Greek and Hellenistic Studies* (Ekctrum 11), Krakow, 2006, pp. 61-86.

Axworthy 2008 = Michael Axworthy, *A History of Iran: Empire of the Mind*, Basic Books, 2008.

Barbier de Meynard 1863 = Maçoudi, *Les Prairies d'or*, Arabic edition and French translation of *Muruj al-dhahab* by Barbier de Meynard and Pavet de Courteille (tome deuxième), Paris, 1863.

Basham 1968 = A. L. Basham, ed., *Papers on the Date of Kaniṣka*, Leiden, 1968.

Baumer 2012 = Christoph Baumer, *The History of Central Asia: The Age of the Steppe Warriors* (Volume 1), I. B. Tauris, 2012.

Beckman 2018 = D. Beckman, "The Many Deaths of Cyrus the Great", *Iranian Studies* 51/1 (2018), pp. 1-21.

Bedrosian 1985 = *P'awstos Buzand's History of the Armenians*, translated from Classical Armenian by Robert Bedrosian, *Sources of the Armenian Tradition*, New York, 1985.

Bel'ami 1869 = *Chronique de Abou Djafar Mo'hammed ben Djarir ben Yezid Tabari* (Tome Deuxième), Traduite sur la version persane d'Abou-'Ali Mohammed Bel'ami, par H. Zotenberg, Paris, 1869.

Bevan 1966 = E. R. Bevan, *The House of Seleucus*, 2 vols, London: Routledge and Kegen Paul, 1966.

Billerbeck 2011 = Margarethe Billerbeck, ed., *Stephani Byzantii Ethnica*, vol. I, Berlin, 2006.

Billerbeck 2016 = Margarethe Billerbeck, ed., *Stephani Byzantii Ethnica*, vol. IV, Berlin, 2016.

Bivar 1956 = A. D. H. Bivar, "The Kushano-Sassanian Coin Series", *Journal of the Numismatic Society of India* 18 (1956), pp. 13-42.

Bivar 1969 = A. D. H. Bivar, "Sasanians and Turks in Central Asia", *Central Asia*, edited by G. Hambly, New York, 1969, pp. 49-62.

Bivar 1983 = A. D. H. Bivar, "The Political History of Iran under the Arsacids", Ehsan Yarshater, ed., *Cambridge History of Iran*, 3.1, London: Cambridge University Press, 1983, pp. 21-99.

Blockley 1981-83 = R. C. Blockley, *The Fragmentary Classicising Historians of the Later Roman Empire I, II, Text, Translation and Historiographical Notes* (Eunapius, Olympiodorus, Priscus and Malchus), ARCA Classical and Medieval Texts, Papers and Monographs 10, Francis Cairns, 1981-1983.

Blockley 1985 = R. C. Blockley, *The History of Menander the Guardsman, Introductory Essay, Text, Translation, and Historiographical Notes*, published by Francis Cairns Ltd., printed in Great Britain by Redwood Burn Lid, Trowbridge, Wiltshire, 1985.

Blois 2011 = François de Blois, Willem Vogelsang, "Dahae", *Encyclopædia Iranica*, online edition, 2011.

Boardman 1982 = John Boardman, ed., *The Cambridge Ancient History 4: Persia, Greece, and the Western Mediterranean*, Cambridge, 1982.

Bonner 2010 = *A Historiographical Study of Abū Ḥanīfah Aḥmad Ibn Dāwūd Ibn Wanand Al-Dīnawarī's Kitāb al-Aḫbār al-Ṭiwāl* (Especially of that part dealing with the Sasanian kings) by Michael Richard Jackson Bonner submitted for the degree of Doctor of Philosophy in Oriental Studies, 2010. (http://www.mrjb.ca/current-projects/abu-hanifah-ahmad-ibn-dawud-al-dinawari)

Bonner 2012 = Al-Dīnawarī, Abū Ḥanīfah Aḥmad b. Dāwūd, *Kitāb al-akhbār al-ṭiwāl* (the General History or the Book of Lengthy Histories), translated by Michael Richard Jackson Bonner, 2012. (https://archive.is/xvb0p)

Bostock 1855 = *The Natural History of Pliny*, translated by J. Bostock and H. T.

Riley, London, 1855.

Bosworth1993 = Albert Brian Bosworth, "Aristotle, India and the Alexander Historians", *Topoi. Orient-Occident* / Année 1993 3/2, pp. 407-424.

Bosworth1999 = C. E. Bosworth, tr., *The History of al-Ṭabarī (Ta'rīkh al-rusul wa'l-mulūk)*, vol. 5, The Sāsānids, the Byzantines, the Lakhmids, and Yemen (Abu Ja'far Muhammad bin Jarir al Tabari), State University of New York, 1999.

Braund2007 = David Braund, S. D. Kryzhitskiy, ed., *Classical Olbia and the Scythian World From the Sixth Century BC to the Second Century AD*, British Academy, 2007.

Briant2002 = Pierre Briant, *From Cyrus to Alexander, A History of the Persian Empire*, translated by P. T. Daniels, Indiana Eisenbrauns, 2002.

Brosius1998 = M. Brosius, *Woman in Ancient Persia*, Clarendon Press, 1998.

Browne1900 = E. G. Browne, "Some Account of the Arabic Work Entitled 'Niháyatu'l-irab fí akhbá'l-Furs wa'l-'Arab', Particularly of that Part Which Treats of the Persian Kings", *The Journal of the Royal Asiatic Society of Great Britain and Ireland*, 1900, pp. 195-259.

Brownson2013 = Carleton L. Brownson, Walter Miller, E. C. Marchant, O. J. Todd, and others, *Complete Works of Xenophon by Xenophon*, Delphi Classics, 2013.

Brunner2012 = C. J. Brunner, "Iran V. Peoples of Iran (2) Pre-Islamic", *Encyclopædia Iranica* XIII, Fasc. 3-4 (2012), pp. 326-344.

Brunt1983 = P. A. Brunt, tr., *Arrian Anabasis Alexandri*, Books I-IV, V-VII, Indica, London, 1983.

Burstein1978 = S. M. Burstein, *The Babyloniaca of Berossus, Sources from the Ancient Near East*, vol. 1, Fascicle 5, Malibu, Calif., 1978.

Bury 1900 = John B. Bury, *A History of Greece to the Death of Alexander the Great*, London, 1900.

Callieri 2016 = Pierfrancesco Callieri, "Sakas: In Afghanistan", *Encyclopædia Iranica*, online edition, 2016.

Cameron 1951 = George G. Cameron, "The Old Persian Text of the Bisitun Inscription", *Journal of Cuneiform Studies*, 5-2 (1951), pp. 47-54.

Cameron 1975 = George G. Cameron, "Darius the Great and His Scythian (Saka) Campaign, Bisitun and Herodotus", *Acta Iranica* 4 (1975), pp. 77-88.

Carter 1985 = M. L. Carter, "A Numismatic Reconstruction of Kushano-Sasanian History", *Museum Notes* 30 (1985), pp. 215-81, Pls. 47-52.

CKI = Stefan Baums and Andrew Glass, "Catalogue of Kharoṣṭhī Inscriptions", at http://gandhari.org/a_inscriptions.php.

Cook 1985 = J. M. Cook, "The Rise of the Achaemenids and Establishment of Their Empire", Ilya Gershevitch, ed., *The Cambridge History of Iran*, vol. 2, Cambridge, 1985, pp. 200-291.

Cribb 1990 = J. E. Cribb, "Numismatic Evidence for Kushano-Sasanian Chronology", *Studia Iranica* 19 (1990); fascicule 2, 151-193.

Cribb 2005 = Joe Cribb, "The Greek Kingdom of Bactria, its Coinage and its Collapse", O. Bopearachchi & M.-F. Boussac, ed., *Afghanistan. Ancien carrefour entre l'est et l'ouest: Actes du colloque international organisé au Musée archeologique Henri-Pradès-Lattes*, Turnhout, 2005, pp. 207-225.

Curtis 2007 = Vesta Sarkhosh Curtis, Sarah Stewart, eds., *The Age of the Parthians, Ideas of Iran*, vol. 2, London: I. B. Tauris.

Curtis 2019 = Vesta Sarkhosh Curtis, "From Mithradat I (c. 171-138 BCE) to Mithradat II (c. 122/1-91 BCE): the Formation of Arsacid Parthian Iconography", *Afar* in *Nameh, Essays on the Archaeology of Iran in Honour of Mehdi Rahbar*, edited by Yousef Moradi, with the assistance of Susan Cantan, Edward J. Keall and Rasoul Boroujeni. Tehran, The Research Institute of Cultural Heritage and Tourism (RICHT), 2019, pp. 25-30.

Dandamayev 1989 = M. A. Dandamaev, *A Political History of the Achaemenid Empire*, Brill, 1989.

Dandamayev 1990 = Muhammad A. Dandamayev, "Cambyses II", *Encyclopædia Iranica*, online edition, 1990.

Dandamayev 1994 = M. A. Dandamayev, "Media and Achaemenis Iran", J. Harmatta, *History of Civilizations of Central Asia*, vol. II: The Development of Sedentary and Nomadic Civilizations: 700 BC to AD 250, UNESCO, 1994, pp. 35-65.

Dani 1996 = A. H. Dani, B. A. Litvinsky and M. H. Zamir Safi, "Eastern Kushans, Kidarites in Gandhara and Kashmir, and Later Hephthalites", *History of Civilizations of Central Asia*, vol. III: The Crossroads of Civilizations, A. D. 250 to A. D. 750, edited by B. A. Litvinskiy, UNESCO, 1996, pp. 163-166.

Daryaee 2002 = *Šahrestānīhā ī Ērānšahr: A Middle Persian Text on Late Antique Geography, Epic, and History, with English and Persian Translations and Commentary*, ed., and tr. by Touraj Daryaee, Mazda Publishers, Inc. Costa Mesa, California, 2002.

Daryaee 2013 = Touraj Daryaee, *Sasanian Persia: The Rise and Fall of an Empire*, I. B. Tauris, 2013, p. 25.

Daryaee 2016 = Touraj Daryaee, "From Terror to Tactical Usage: Elephants in the Partho-Sasanian Period", Curtis, Vesta Sarkhosh; Pendleton, Elizabeth J.; Alram, Michael; Daryaee, Touraj, eds., *The Parthian and Early Sasanian*

Empires: Adaptationand Expansion, Oxbow Books, 2016, pp. 36-41.

Davies 1998 = Iolo Davies, "Alexander's Itinerary (Itinerary of Alexandria). An English Translation", *Ancient History Bulletin* 12, 1-2 (1998), pp. 29-54.

Debevoise 1938 = N. C. Debevoise, *A Political History of Parthia*, Chicago, 1938.

Dennis 1984 = George T. Dennis, tr., *Maurice's Strategikon: Handbook of Byzantine Military Strategy*, Philadelphia: University of Pennsylvania Press, 1984.

Dewing 1914 = H. B. Dewing, tr., Procopius, *History of the Wars, with an English Translation*, vol. 1, New York, 1914.

Dindorf 1829 = *Corpus Scriptorum Historiae Byzantinae* XXIII (Georgius Syncellus et Nicephorus Cpolitanus [Niebuhrii Editio]), ed., W. Dindorf, Bonn, 1829, p. 359 (vol. 1, p. 676).

Falk 2007 = Harry Falk, "Ancient Indian Eras: An Overview", *Bulletin of the Asia Institute* (new series) 21 (2007), pp. 131-145.

Falk 2014 = H. Falk, "Kushan Dynasty iii. Chronology of the Kushans", *Encyclopædia Iranica* (online edition), 2014.

Freese 1920 = *The Library of Photius*, vol. 1, translated into English by J. H. Freese, London: Society for Promoting Christian Knowledge & New York: The Macmillan Company, 1920.

Frendo 1975 = Joseph D. Frendo, *Agathias: The Histories*, translated with an Introduction and Short Explanatory Notes by Joseph D. Frendo, Walter de Gruyter, Berlin, New York, 1975.

Frye 1963 = R. N. Frye, *The Heritage of Persia*, New York, 1963, pp. 48, 130, 172.

Frye 1983 = Richard N. Frye, "Iran under the Sasanians", *The Cambridge History of Iran* III/1, ed., Ehsan Yarshater, Cambridge, 1983, pp. 116-180.

Frye 1984 = R. N. Frye, *The History of Ancient Iran*, München, 1984.

Gall 2009 = Hubertus von Gall, "Naqš-e Rostam", *Encyclopædia Iranica*, online edition, 2009.

Gamkrelidze 1989 = Т. В. Гамкрелидзе & Вяч. Вс. Иванов, "Первые индоевропейцы в истории: предки тохар в древней Азии", Вестник древней истории (1989/1), pp. 14-39 (漢譯見 XuWk 2018).

Garvie 2009 = A. F. Garvie, *Aeschylus Persae*, Oxford, 2009.

Garvin 2002 = Erin Edward Garvin, *A Commentary on Photios' Epitome of the Persika of Ktesias, Books 7 to 11: The Life of Kyros*, PRISM: University of Calgary's Digital Repository (Graduate Studies), 2002.

Gazerani 2015 = Saghi Gazerani, *The Sistani Cycle of Epics and Iran's National History: On the Margins of Historiography*, Brill, 2015.

Geer 1984(I-XII) = Russel M. Geer, tr., *Diodorus of Sicily, with an English Translation*, London, 1984.

Gera 1993 = Deborah Levine Gera, *Xenophon's Cyropaedia, Style, Genre, and Literary Technique*, Oxford, 1993.

Gershevitch 1979 = Ilya Gershevitch, "The False Smerdis", *Acta Antiqua Academiae Scientiarum Hungaricae* 27/4, Budapest, 1979, pp. 337-351.

Gershevitch 1985 = Ilya Gershevitch, The *Cambridge History of Iran*, vol. 2, The Median and Achaemenian Periods, Cambridge University Press, 1985.

Ghirshman 1946 = R. Ghirshman, *Bégram, recherches archéologiques et historiques sur les Kouchans*, Le Caire, Imperimerie d L'Institut français d'Archéologie Orientale, 1946.

Göbl 1960 = R. Göbl, "Roman Patterns for Kushṇa Coins", *Journal of the Numismatic Society of India* 22 (1960), pp. 75-95.

Göbl 1968 = R. Göbl, "Numismatic Evidence Relating to the Date of Kaniṣ4ka", A.

L. Basham, ed., *Papers on the Date of Kaniṣka*, Leiden, 1968, pp. 103-113.

Göbl 1984 = Robert Göbl, System und Chronologie der Mhnzprägung des Kušānreiches, Wien, 1984.

Godley 1920 = A. D. Godley, *Herodotus, with an English Translation*, vol. I, Oxford, 1920.

Grene 1987 = D. Grene, tr., *Herodotus, The History*, The University of Chicago Press, Chicago & London, 1987.

Guirgass 1888 = Abu Ḥanifa Dinavari, *Akbār al-ṭewāl*, ed. by V. Guirgass, Leiden, 1888.

Hacikyan 2000 = Agop Jack Hacikyan et al., *The Heritage of Armenian Literature: From the Oral Tradition to the Golden Age* 1, Detroit: Wayne State University Press, 2000.

Hamilton 1856 = *Geography of Strabo*, vol. II, translated, with notes by H. C. Hamilton, London, 1856.

Hamilton 1899 = F. J. Hamilton and E. W. Brooks, tr., *The Syriac Chronicle Known as that of Zachariah of Mitylene*, London: Methuen & Co., 1899.

Hands 1878 = Several Hands, tr., *Plutarch's Morals*, Corrected and Revised by W. W. Goodwin, Boston, 1878.

Harmatt 1965 = J. Harmatt, "Minor Bactrian Inscription", *Acta Antiqua Academiae Scientiarum Hungaricae* 13 (1965), pp. 149-205.

Harmatta 1979 = J. Harmatta, "Darius' Expedition Against the Sakā Tigraxaudā", *Studies in the Sources on the History of Pre-Islamic Central Asia*, edited by J. Harmatta, Budapest, 1979, pp. 19-28.

Harmatta 1994 = J. Harmatta, "Languages and literature of the Kushan Empire", *History of civilizations of Central Asia*, vol. II, UNESCO, 1994, pp. 417-440.

Haussig 1953 = H. W. Haussig, "Theophylakts Exkurs über die skythischen Völker", *Byzantion* 23 (1953), pp. 275-462.

Haussig 1969 = H. W. Haussig, "Die Quellen über die Zentralasiatische Herkunft der Europäischen Awaren", *Central Asiatic Journal* II (1956), pp. 21-43; F. Altheim, *Geschichte der Hunnen* II, Berlin, 1969.

Henning 1978 = W. B. Henning, "The First Indo-Europeans in History", G. Ulmen, ed., *Society and History: Essays in Honor of Karl August Wittfogel*, The Hague, Paris, New York, 1978, pp. 215-230.

Herzfeld 1928 = Ernst Herzfeld, "The Hoard of the Kâren Pahlavs", *The Burlington Magazine for Connoisseurs*, vol. 52, no. 298 (1928), pp. 21-23, 27.

Herzfeld 1932 = E. Herzfeld, "Sakastān, Geschichtliche Untersuchungen zu Ausgrabungen am Kūh ī Khwādja Mit 4 Kartenskizzen", *Archaeologische Mitteilugen aus Iran* 4 (1932), pp. 1-116.

Hirth 1885 = F. Hirth, *China and the Roman Orient*, Shanghai and Hongkong, 1885.

Holland 2005/06 = Tom Holland, *Persian Fire: The First World Empire and the Battle for the West*, New York, 2005/06.

Holt 1999 = Frank L. Holt, *Thundering Zeus: The Making of Hellenistic Bactria*, Berkeley, CA: University of California Press, 1999.

How 1912 = W. W. How, J. Wells, *A Commentary on Herodotus*, vol. 1-2, with Introduction and Appendixes, Oxford, 1912.

Jacobs 2011 = Bruno Jacobs, "Achaemenid Satrapies", *Encyclopædia Iranica*, online edition, 2011.

Jacobs 2016 = Bruno Jacobs, "Achaemenid Satrapies", *Encyclopædia Iranica*, online edition, 2011, available at http://www.iranicaonline.org/articles/achaemenid-satrapies (accessed on 20 September 2016).

Johanna 2018 = Lhuillier Johanna, "Central Asia During the Achaemenid Period in Archaeological Perspective", *Acta Iranica* 58, pp. 257-271.

Jones 1916-36 = H. L. Jones, tr., *The Geography of Strabo, with an English Translation*, 8 vols, London, 1916-1936.

Junge 1949 = P. J. Junge, "Parthia II A. Das Partherreich in hellenistischer Zeit", A. Pauly, ed., *Real-Encyclopadie der classischen Altertumswissenschaft*, Band XVIII, 4 (1949), pp. 1968-1986.

Kent 1953 = Roland G. Kent, *Old Persian, Grammar, Texts, Lexicon*, New Haven, 1953.

Kielhorn 1905-06 = F. Kielhorn, "Junagadh Rock Inscription of Rudradaman; the Year 72", *Epigraphia India* 13 (1905-1906), pp. 36-49.

Koshelenko 1996 = G. Koshelenko, A. Bader, W. Gaibov (1996), Die Margiana in hellenistischer Zeit, B. Funck (Hg.), *Helknismus. Beitrage zur Erforschung von Akkulturation und politischer Ordnung in den Staaten des hellenistischen Zeitalters. Akten des Internationalen Hell, enismus-Kolloquiums 9-14. März in Berlin*, Tübingen, pp. 121-145.

Kurkjian 1964 = Vahan M. Kurkjian, *A History of Armenia*, New York: Armenian General Benevolent Union of America, 1964.

Laird 1921 = A. G. Laird, "The Persian Army and Tribute Lists in Herodotus", *Classical Philology* 16-4 (1921), pp. 305-326.

Langlois 1867 = V. Langlois, *Collection des Historiens Anciens et Modernes, ed l'Arménie* (I-II), Paris, 1867.

Lasserre 1975 = F. S. Lasserre, *Geographika*, T. VIII (Livre XI), texte etabli et traduit par F. Lasserre, Paris, 1975, p. 14.

Lecoq 1987 = Pierre Lecoq, "Aparna", *Encyclopaedia Iranica* 2, New York:

Routledge & Kegan Paul, 1987.

Lee 1952 = H. D. P. Lee, tr., Aristotle, *Meteorologica*, London, 1952.

Lendering 2019 = Jona Lendering, "Mathišta", 2019. https://www.livius.org.

Lendering 2020 = Jona Lendering, "Paišiyâuvâdâ", 2020. https://www.livius.org.

Lendering 2020-1 = Jona Lendering, "Atossa", 2020. https://www.livius.org.

Lerner 2015 = J. D. Lerner, "Mithridates I's conquest of western Greek-Baktria", Проблемы истории, филологии, культуры (Journal of History, Philology and Cultural Studies) 47/1 (2015), pp. 45-55.

Lhuillier 2018 = Johanna Lhuillier, "Central Asia during the Achaemenid period in archaeological perspective", Gondet & Haerinck, eds., *L'orient est son jardin, Hommage à Rémy Boucharlat*, Peeters, 2018, pp. 257-271.

Lincoln 2007 = Bruce Lincoln, *Religion, Empire, and Torture: The Case of Achaemenid Persia, with a Postscript on Abu Ghraib*, Chicago, 2007.

Liverani 2014 = Mario Liverani, *The Ancient Near East: History, Society and Economy*, Routledge, 2014.

Llewellyn-Jones 2010 = Lloyd Llewellyn-Jones, James Robson, *Ctesias' 'History of Persia': Tales of the Orient* (Routledge Classical Translations), Routledge, 2010.

Loginov 1996 = S. D. Loginov, A. B. Nikitin (1996), "Parthian Coins from Margiana: Numismatics and History", *Bulletin of the Asia Institute* 10 (1996), pp. 39-51.

MacDowall 1968 = D. W. MacDowall, "Numismatic Evidence for the Date of Kaniṣ4ka", A. L. Basham, ed., *Papers on the Date of Kaniṣka*, Leiden, 1968, pp. 134-149.

Magie 1932 = *Historia Augusta*, vol. III: The Lives of Carus, Carinus and Numerian, London, 1932.

Mango 1997 = *The Chronicle of Theophanes Confessor Byzantine and Near Eastern*

History A. D. 284-813, translated with Introduction and Commentary by Cyril Mango and Roger Scott, with the assistance of Geoffrey Greatrex, Clarendon Press, Oxford, 1997.

Marquart 1901 = J. Marquart, *Ērānšahr nach der Geographie des Ps. Moses Xorenac'i*, Berlin, 1901.

Migne 1865 = Nicephori Callisti Xanthopuli, Ecclesiasticæ Historiæ, Libri XVIII, accurante et denuo recognoscente J.-P. Migne, Parisiis: excudebatur et venit apud J.-P. Migne, 1865.

Miller 1914 = Walter Miller, tr., *Xenophon, Cyropaedia* (Books 5-8), Loeb Classical Library 52, London, 1914.

Minns 1913 = E. H. Minns, *Scythians and Greeks*, Cambridge, 1913.

Minorsky 1970 = V. Minorsky, *Ḥudūd al-'Ālam "the Regions of the World"*, *A Persian Geography* (372 A.H. - 982 A.D.), London, 1970.

Morgenstierne 1938 = Georg Morgenstierne, *Indo-Iranian Frontier Languages 2: Iranian Parmir Languages (Yidgha-Munji, Sanglechi-Ishkashmi and Wakhi)*, Oslo, 1938.

Mukherjee 1976 = B. N. Mukherjee, *The Disintegration of the Kushāṇa Empire*, Varanasi: Dept. of Ancient Indian History, *Culture & Archaeology*, Banaras Hindu University, 1976.

Müller 1848 = C. Müller, *Fragmenta Historicorum Graecorum*, vol. II, Paris, 1848.

Narain 1962 = A. K. Narain, *The Indo-Greeks*, Oxford, 1962.

Narain 1987 = A. K. Narain, "The Sakā Haumavargā and the Ἀμύργιοι: The Problem of Their Identity", *Bulletin of the Asia Institute* New Series, vol. 1, 1987 (1989), pp. 27-31.

Narain 1990 = A. K. Narain, "Indo-Europeans in Inner Asia", D. Sinor, ed., *The*

Cambridge History of Early Inner Asia, Cambridge, 1990, pp. 151-176.

Nichols 2008 = Andrew Nichols, *The Complete Fragments of Ctesias of Cnidus: Translation and Commentary with an Introduction*, University of Florida, 2008.

Nieling 2010 = Jens Nieling and Ellen Rehm, ed., *Achaemenid Impact in the Black Sea. Communication of Powers*, Aarhus University Press, 2010.

Nixon 1994 = C. E. V. Nixon, and Barbara Saylor Rodgers, *Praise of Later Roman Emperors: The Panegyrici Latini*, Berkeley: University of California Press, 1994.

Nourzhanov 2013 = Kirill Nourzhanov, Christian Bleuer, *Tajikistan: A Political and Social History*, Canberra: Australian National University Press, 2013.

Olbrycht 2010(1) = Marek Jan Olbrycht, "Mithradates I of Parthia and His Conquests up to 141 BC", M. Dzielska, E. Dąbrowa, M. Salamon, and S. Sprawski, eds., *Hortus historiae. Studies in Honour of Professor Jozef Wolski on the 100th Anniversary of His Birthday*, Krakow, 2010, pp. 229-245.

Olbrycht 2010(2) = Marek Jan Olbrycht, "The Early Reign of Mithradates II the Great in Parthia", *Anabasis, Studia Classica et Orientalia* 1 (2010), pp. 144-158.

Olmstead 1963 = A. T. Olmstead, *History of the Persian Empire*, Chicago & London, 1963.

P'iankov 1994 = I. V. P'iankov, "The Ethnic of Sakas", *Bulletin of the Asia Institute* (New Series), vol. 8, The Archaeology and Art of Central Asia Studies From the Former Soviet Union (1994), pp. 37-46.

Paton 1923 = Polybius, *The Histories, with an English Translation* by W. R. Paton, published by William Heinemann Ltd.; G. P. Putnam's Sons, Loeb Classical Library series, London, New York, 1923.

Pearse 2015-16 = *The Annals of Eutychius of Alexandria, or Sa'id ibn Bitriq* (c. 10th CE) (Ch. 15-17), translated by Roger Pearse, 2015-16. (http://www.roger-pearse.com/weblog/tag/eutychius)

Perrin 2013 = Bernadotte Perrin, tr., *Complete Works of Plutarch*, Delphi Classics 2013.

Pigulevskaia 1963 = N. V. Pigulevskaia, *Les Villesde L'ÉtatIranien, auxépoquespartheet sassanide*, Paris, 1963.

Pilipko 1976 = V. N. Pilipko, "Klad parfyanskich monet iz Garry-kyariza", VD/2: pp. 120-127.

Podrazik 2017 = Michał Podrazik, "Rebellions Against the Great King in the Achaemenid Empire: Some Remarks", *Anabasis* (Studia Classica et Orientalia) 8 (2017), pp. 277-291.

Puri 1965 = B. N. Puri, *India under the Kushāṇas*, Bombay, 1965.

Rackham 1938 = Pliny, *Natural History*, tr., H. Rackham, Loeb Classical Library, 1938.

Rapp 2014 = Stephen H. Rapp, *The Sasanian Wold through Georgian Eyes: Caucasia and the Iranian Commonwealth in Late Antique Georgian Literature*, Ashgate Publishing Ltd, 2014.

Rawlinson 1862 = H. C. Rawlinson, *The History of Herodotus*, New York, 1862.

Rehatsek 1892 = Mirkhond, *The Rauzat-us-Safa; or Garden of Purity* (part I, 1), translated from the Original Persian by E. Rehatsek, edited by F. F. Arbuthnot, London, 1892.

Rezakhani 2017 = Khodadad Rezakhani, "From The Kushans to the Western Turks", *King of The Seven Climes, A History of the Ancient Iranian World* (3000 BCE-651 CE), edited by Touraj Daryaee, UCI, 2017, pp. 199-225.

Ridley 1982 = F. Paschoud, Zosime, *Histoire Nouvelle* (five volumes; 1971-1989), in English, there is R. T. Ridley, Zosimus, New History, 1982.

Robson 1929 = E. I. Robson, tr., Arrian, *Anabasis Alexandri*, London and New York, 1929.

Rolfe 1939 = John C. Rolfe, tr., *Ammianus Marcellinus, with an English Translation*, London, 1939.

Rolfe 1956 = John C. Rolfe, tr., Quintus Curtius, *Historiae Alexandri Magni, with an English Translation*, London: William Heinemann Ltd, Harvard University Press, 1956. (The Leob Classical Library)

Rtveladze 1995 = E. V. Rtveladze, "Parthia and Bactria", A. Invernizzi, ed., *In the Land of the Gryphons: Papers on Central Asian Archaeology in Antiquity* (Monografie di Mesopotamia 5), Firenze: 1995, pp. 181-190.

Sachs 1996 = Abraham Sachs, Hermann Hunger, *Astronomical Diaries and Related Texts from Babylonia: Diaries from 164 BC to 61 BC Texts*; Verlag der Österreichischen Akademie der Wissenschaften, 1996.

Salomon 1998 = Richard Salomon, *Indian Epigraphy: A Guide to the Study of Inscriptions in Sanskrit, Prakrit, and the other Indo-Aryan Languages*, Oxford, 1998.

Sánchez 2014 = Manel García Sánchez, "The Second after the King and Achaemenid Bactria on Classical Sources", Borja Antela-Bernardez and Jordi Vidal, eds., *Central Asia in Antiquity: Interdisciplinary Approaches*, Oxford: Archaeopress, 2014, pp. 55-63.

Sancisi-Weerdenburg 2002 = H. Sancisi-Weerdenburg, "The Personality of Xerxes, King of Kings", *Brill's Companion to Herodotus*, Brill, 2002, pp. 579-590.

Sancisi-Weerdenburg 2005 = H. Sancisi-Weerdenburg, "Exit Atossa: Images of Woman in Greek Historiography on Persia", A. Kuhrt & A. Cameron, eds., *Images of Woman in Antiquity*, Routledge, 2005, pp. 20-33.

Schiena 2008 = Simonetta Schiena, "The False Smerdis: A Detective Story of

Ancient Times: The Reconstruction by Ilya Gershevitch", *East and West*, December 2008, vol. 58, no. 1/4 (December 2008), pp. 87-106.

Schmitt 2011 = Rüdiger Schmitt, "Artaxerxes I", *Encyclopædia Iranica*, online edition, 2011.

Schmitt 2012(1) = Rüdiger Schmitt, "Haumavargā", *Encyclopædia Iranica*, online edition, 2012.

Schmitt 2012(2) = Rüdiger Schmitt, "Masistes", *Encyclopædia Iranica*, online edition, 2012.

Shahbazi 1982 = A. Sh. Shahbazi, "Darius in Scythia and Scythians in Persepolis", *Archaeologische Mitteilungen aus Iran*, Band 15 (1982), pp. 189-235.

Shepherd 1796 = Polyaenus, *Stratagems of War*, translated by E. Shepherd, London, 1796.

Sims-Williams 1998 = N. Sims-Williams, "Further Notes on the Bactrian Inscription of Rabatak, with an Appendix on the Names of Kujula Kadphises and Vima Taktu in Chinese", *Proceedings of the Third European Conference of Iranian Studies, Held in Cambridge, 11th to 15th September 1995*, Part 1 (Old and Middle Iranian Studies), edited by Nicholas Simas-williams, Wiesbaden, 1998, pp. 79-96.

Smimova 2007 = N. Smimova, "Some Questions Regarding the Numismatics of Pre-Islamic Merv", J. Cribb, G. Herrmann (eds.), *After Alexander. Central Asia before Islam* (Proceedings of the British Academy, 133), Oxford, 2007, pp. 377-388.

Specht 1897 = M. É. Specht, "Les Indo-Scythes et l'Époque du Régne de Kanischka, d'après les sources chinoises", *Journal Asiatique* IX Serie, 10 (1897), 152-193.

Stronk 2017 = Jan P. Stronk, *Semiramis' Legacy. The History of Persia According to Diodorus of Sicily*, Edinburgh University Press Ltd, 2017.

Tanabe 1997 = K. Tanabe, "The Kushano-Sasanian Governors hidden in Roman and Chinese Sources", *Studies in Silk Road Coins and Culture*, edited by K. Tanabe, J. Cribb, H. Wang, London / Kamakura, 1997, pp. 75-88.

Tarn 1930 = W. W. Tarn, "Seleucid-Parthian Studies", *Proceedings of the British Academy* XVI (1930), pp. 105-135.

Tarn 1951 = W. W. Tarn, *The Greek in Bactria and India*, London: Cambridge, 1951.

Thirlwall 2010 = Connop Thirlwall, *A History of Greece*, volume 2 of 8, originally published in 1836 (Cambridge Library Collection-Classics), Cambridge, 2010.

Thomson 1976 = *Agathangelos History of the Armenians*, translation and commentary by R. W. Thomson, Albany: State University of New York Press, 1976.

Thomson 1978 = *Moses Khorenats'i History of the Armenians*, translation and commentary on the Literary Sources by R. W. Thomson, Harvard University Press Cambridge, Massachusetts, London, 1978.

Thomson 1978 = R. W. Thomson, *Moses Khorenats'i History of the Armenians*, translation and commentary on the Literary Sources, Harvard University Press Cambridge, Massachusetts, London, 1978.

Thomson 1982 = R. W. Thomson (Translation and Commentary), *Ełishē. History of Vardan and the Armenian War*, Harvard University Press, 1982.

Thomson 1991 = R. W. Thomson, *The History of Łazar P'arpec'i*, Atlanta, Georgia: Scholars Press, 1991.

Thomson 1999 = Sebeos, *The Armenian History Attributed to Sebeos* I, tr., with notes Robert W. Thomson, historical commentary by James Howard-Johnston, Assistance from Tim Greenwood, Liverpool, 1999.

Trombley 2000 = *The Chronicle of Pseudo-Joshua the Stylite*, translated with notes and introduction by F. Trombley and J. W. Watt, Liverpool University Press, 2000.

Tuplin 1987 = Christopher Tuplin, "The Administration of the Achaemenid Empire", I. Carradice, ed., *Coinage and Administration in the Athenian and Persian Empires*, Oxford, 1987, pp. 109-166.

Vaissière 2016 = Étienne de La Vaissière, "Kushanshahs i. History", *Encyclopædia Iranica*, online edition, 2016, available at http://www.iranicaonline.org/articles/kushanshahs-01. (accessed on 20 September 2016)

Van De Mieroop 2007 = Marc Van De Mieroop, *A History of the Ancient Near East: c. 3000-323 BC*. Second Edition (Blackwell History of the Ancient World), Malden, MA: Blackwell Publishing, 2007.

Van Lohuizen-de Leeuw 1949 = J. E. Van Lohuizen-de Leeuw, *The "Scythian" Period*, Leiden: E. J. Brill, 1949.

Van Lohuizen-de Leeuw 1986 = J. E. Van Lohuizen-de Leeuw, "The Second Century of the Kaniska Era", *Journal of the Society for South Asian Studies* 2 (1986), pp. 1-9.

Vasilev 2015 = Miroslav Ivanov Vasilev, ed., *The Policy of Darius and Xerxes Towards Thrace and Macedonia* (Mnemosyne Supplements, History and Archaeology of Classical Antiquity 379), Brill Academic Publishers, 2015.

Verbrugghe 2001 = Gerald P. Verbrugghe, John M. Wickersham, *Berossos and Manetho, Introduced and Translated Native Traditions in Ancient Mesopotamia and Egypt*, Michigan, 2001.

Walford 1846 = E. Walford, tr., *Evagrius Scholasticus, Ecclesiastical History (AD 431-594)*, London, 1846.

Warner 1915 = A. G. and E. Warner, tr., *The Sháhnama of Firdausí*, vol. 7, London, 1915.

Watson 1853 = Marcus Junianus Justinus, *Epitome of the Philippic History of Pompeius Trogus*, translated, with notes, by the Rev. J. S. Watson, London, 1853.

Watson 1886 = *Eutropius' Abridgement of Roman History*, literally translated, with notes, by Rev. John Selby Watson, Hinds & Noble, Publishers, 4 Cooper Institute, New York, 1886.

Weiskopf 1989 = M. Weiskopf, *The So-Called "Great Satraps' Revolt", 366-360 B.C.*, Concerning Local Instability in the Achaemenid Far West, Stuttgart, 1989.

Wells 2004 = H. G. Wells, *The Outline of History*, vol. 1: Prehistory to the Roman Republic (illustrated ed.), Barnes & Noble Publishing, 2004.

Wheeler 1854 = James Talboys Wheeler, *The Geography of Herodotus*, London, 1854.

Whiston 1870 = W. Whiston, tr., *The Complete Works of the Learned and Authentic Jewish Historian, Flavius Josephus: Comprising the Antiquities of the Jews, A History of the Jewish Wars, Three Dissertations Concerning Jesus Christ, John the Baptist and the Life of Josephus, Written by Himself*, translated by William Whiston, London and New York, 1870.

Whitby 1997 = Michael and Mary Whitby, *The History of Theophylact Simocatta: An English Translation with Introduction and Notes*, Oxford, 1997.

Whitby 2000 = *The Ecclesiastical History of Evagrius Scholasticus*, translated with an introduction by Michael Whitby, Liverpool University Press, 2000.

Widengren 1971 = Geo Widengren, "The Establishment of the Sasanian Dynasty in the Light of New Evidence", *Atti del Convegno internazionale sul tema: La Persia nel Medioevo (Roma, 31 marzo-5 aprile 1970)*, Rome, 1971, pp. 711-784.

Wiesehöfer 1998/2001 = Josef Wiesehöfer, *Ancient Persia: From 550 BC to 650 AD*, translated by Azizeh Azodi, London: I. B. Tauris, distributed by St. Martin's, New York, 1998/2001.

Wright 1882 = W. Wright, *The Chronicle of Joshua the Stylite*, with a English Translation into and Notes, Cambridge, 1882.

WuX 2017-1 = Wu Xin, "Land of the Unrule-ables: Bactria in the Achaemenid Period", *Fitful Histories and Unruly Publics, Rethinking Temporality and Community in Eurasian Archaeology*, edited by K. O. Weber, E. Hite, L. Khatchadourian, A. T. Smith, Brill, 2017, pp. 258-287.

WuX 2017-2 = Wu Xin, "Land of the Unrule-able: Bactria in the Achaemenid Empire", *Fitful Histories and Unruly Publics: Rethinking Temporality and Community in Eurasian Archaeology*, edited by Kathryn O. Weber, Emma Hite, Lori Khatchadourian, Adam T. Smith, Brill, 2017, pp. 258-287.

Yardley 2004 = *Curtius Rufus, The History of Alexander*, translated by John Yardley, with an Introduction and Notes by Waldemar Heckel, Penguin Books Ltd, 2004.

Yule 1942 = C. H. Yule, tr. and ed., *Cathay and the Way Thither, being a Collection of Medieval Notes of China*, Paris, 1914. New Edition, revised throughout in the light of recent discoveries by Henri Cordier, vol. 1, China: Reprinted in Peking, 1942.

YuTsh 2018 = *Sources on the History of the Hephthalites*, compiled by Yu Taishan, Beijing: The Commercial Press, 2018.

Zadok 2001 = R. Zadok & T. Zadok, "LB texts from the Yale Babylonian Collection", NABU 1997/13, 14 (2001).

B

Enoki 1958 = 榎一雄, "キダーラ王朝の年代について",《東洋學報》41~3

（1958年），pp. 1-52。

Enoki 1965 = 榎一雄，"初期アルメニア史書に見えるエフタルとクシャン"，《東洋學報》47~4（1965年），pp. 1-56。

Shiratori 1970 = 白鳥庫吉，"塞民族考"，《白鳥庫吉全集》，vol. 6，《西域史研究》（上），岩波書店，1970年，pp. 361-480。

Tanabe 1994 = 田邊勝美，"ローマと中國の史書に秘められたクシャノーササン朝"，《東洋文化研究所紀要》124 (1994)，pp. 33-101。

Uchida 1988 = 内田吟風，"西突厥初世史の研究"，《北アジア史研究・鮮卑柔然突厥篇》，京都：同朋舍，1988年，pp. 429-493。

C

BanG 1975 = 班固《漢書・西域傳》，中華書局，1975年，pp. 3871-3932。

Chensh 1964 = 陳壽《三國志》，中華書局，1964年。

FanY 1973 = 范曄《後漢書・西域傳》，中華書局，1973年，pp. 2909-2938。

JiXl 1985 = 季羨林等《大唐西域記校注》，中華書局，1985年。

LiH 1983 = 李活譯，阿里安《亞歷山大遠征記》，商務印書館，1983年。

LinghuDf 1974 = 令狐德棻等《周書・異域傳下》，中華書局，1974年，pp. 907-930。

LiTj 1992 = 李鐵匠《古代伊朗史料選輯》（上古史部分），商務印書館，1992年。

LiuX 1975 = 劉昫等《舊唐書・西戎傳》，中華書局，1975年，pp. 5289-5318。

LiYsh 1974 = 李延壽《北史・西域傳》，中華書局，1974年，pp. 3208-3249。

MaChsh 1957 = 馬長壽《突厥人和突厥汗國》，上海人民出版社，1957年。

MaY 1990 = 馬雍、王炳華，"公元前七至二世紀的中國新疆地區"，《中亞學刊》第 3 輯，中華書局，1990 年，pp. 1-16。

MiaoLt 2016 = 苗力田《亞里士多德全集》（第二卷"天象學"），中國人民大學出版社，2016 年。

OuyangX 1975 = 歐陽修等《新唐書》，中華書局，1975 年。

SimaQ 1975 = 司馬遷《史記・大宛列傳》，中華書局，1975 年，pp. 3157-3180。

SongX 1987 = 宋峴譯，余太山箋證"《太伯里史》所載嚈噠史料箋證"，《中亞學刊》第 2 輯，中華書局，1987 年，pp. 51-64。

SunPl 1995 = 孫培良《薩珊朝伊朗》，西南師範大學出版社，1995 年。

WangGw 1959 = 王國維"尼雅城北古城所出晉簡跋"，《觀堂集林》（卷一七），中華書局，1959 年。

WangYzh 1985 = 王以鑄譯，希羅多德《歷史》，商務印書館，1985 年。

WeiSh 1974 = 魏收《魏書・西域傳》，中華書局，1974 年，pp. 2261-2287。

WeiZh 1973 = 魏徵等《隋書・西域傳》，中華書局，1973 年，pp. 1842-1861。

XiDy 2015 = 席代岳譯，普羅塔克《道德論叢》（全四卷），吉林出版集團有限責任公司，2015 年。

XN 1974 = 夏鼐"綜述中國出土的波斯薩珊銀幣"，《考古學報》1974 年第 1 期，pp. 91-110。

XuSy 2018 = 徐松岩譯注，希羅多德《歷史》，上海人民出版社，2018 年。

XuWk 2005 = 徐文堪譯"歷史上最初的印歐人：吐火羅人在古代中東的祖先"，《吐火羅起源研究》，昆侖出版社，2005 年，pp. 397-437。

YaoSl 1973 = 姚思廉《梁書・西北諸戎傳》，中華書局，1973 年，pp. 810-821。

YuH 1964 = 裴注陳壽《三國志》引魚豢《魏略・西戎傳》，中華書局，1964 年，pp. 858-863。

YuTsh 1986 = 余太山《嚈噠史研究》，齊魯書社，1986 年。

YuTsh 1992 = 余太山《塞種史研究》，中國社會科學出版社，1992 年。

YuTsh 1995 = 余太山《兩漢魏晉南北朝與西域關係史研究》，中國社會科學出版社，1995 年。

YuTsh 2003 = 余太山"《魏書·西域傳》原文考"，《兩漢魏晉南北朝正史西域傳研究》，中華書局，2003 年。

YuTsh 2005 = 余太山《兩漢魏晉南北朝正史西域傳要注》，中華書局，2005 年。

YuTsh 2012-1 = 余太山《古族新考》，商務印書館，2012 年。

YuTsh 2012-2 = 余太山《嚈噠史研究》，商務印書館，2012 年。

YuTsh 2015 = 余太山《貴霜史研究》，商務印書館，2015 年。

YuTsh 2016 = 余太山《古代地中海和中國關係史研究》，商務印書館，2016 年。

YuTsh 2023 = 余太山"希臘—巴克特里亞的獨立和迪奧多圖斯王朝"，《絲瓷之路——古代中外關係史研究》IX，商務印書館，2023 年，待刊。

ZhangXsh 2002(1) = 張緒山譯，H. 裕爾撰，H. 考迪埃修訂《東域紀程錄叢》，雲南人民出版社，2002 年。

ZhangXsh 2002(2) = 張緒山"6—7 世紀拜占庭帝國和西突厥的交往"，《世界歷史》2002 年第 1 期，pp. 81-89。

索引

【説明】本索引收入正文中主要人名、地名、族名等，分漢文、西文兩部分，按音序排列。條目後數字爲本書頁碼。

A

阿爾達希爾一世 82-86, 125, 126, 130, 131, 245

阿噶森格羅斯 82-86, 126

阿胡拉瑪兹達 28, 30, 35, 36, 51

阿卡德 12, 46, 47, 58

阿考法卡 37

阿拉霍西亞 28, 30, 36, 41, 46, 47, 61, 62, 81, 98, 101, 117

阿拉克賽斯 3, 4, 6-18, 21, 22, 27, 43

阿蘭 203

阿美斯特莉絲 56, 57

阿米提斯 33, 51, 66

阿那克 83-86

阿納斯塔修斯（一世）182, 192, 209

阿瑞亞 28, 30, 36, 41, 46, 47, 77, 81, 98-102, 106, 117, 121

阿薩息斯 70-75, 77-79, 81-83, 85-90, 92-96, 102, 104, 116, 121, 129, 145

阿塔巴納斯一世 111, 112, 115, 117, 123

阿塔巴努斯 55, 56

阿塔法尼斯 53

阿塔帕努斯 59, 60

阿塔因塔 56, 57, 68

阿托薩 39, 54, 55, 57

阿瓦爾 203, 204, 234, 235

埃克巴塔那 48

埃蘭 28, 36, 65

艾布黑兹 217, 233-235

艾哈努姆 97

安條克（二世）72-74

安條克三世 96, 97, 106

安條克七世 108

安息 118-121

巴比倫 3, 5, 16, 19, 28, 30, 36, 58, 73, 108, 113, 116

巴爾迪亞 48-50, 52

巴爾赫 135, 137-140, 149-151, 153, 168, 169, 199, 202

巴赫蘭一世 131, 135

巴赫蘭二世 133-138

巴赫蘭五世 138-141, 148-161, 163-167, 170, 171, 207

巴克特拉 62, 99, 104, 109-111, 119, 166

巴克特里亞 15-18, 22, 28, 30, 36, 39, 41, 42, 45-52, 54-69, 71-75, 77, 79-83, 86-89, 92-107, 109-111, 113, 114, 117-122, 124, 125, 129, 131, 136, 139-141, 143, 150, 151, 156, 158-160, 163-167, 177, 204, 206, 218-221, 225, 236, 237, 241

巴拉斯 172, 185-188, 190, 192, 209

巴散提斯 41, 62, 81

拔汗那 194, 195

白蘭傑爾 233, 234

柏薩斯 41, 61-63, 67, 68, 80, 81

班傑爾 233, 234

卑路斯 144, 167-192, 194, 195, 197, 199, 205, 207-209, 214, 221

貝希斯登 9, 17, 20, 21, 25-29, 31, 34-37, 46-50, 65, 80

波調 127, 128, 243, 245

波斯 1, 4-6, 8-10, 14, 17-19, 21, 25, 26, 28-32, 34, 35, 38-44, 49, 50, 55, 57, 59, 61-68, 72, 74, 75, 79, 80, 90, 112, 113, 133-140, 142-144, 148-174, 176-202, 204-209, 211, 217, 220, 222-225, 227-238, 244, 245

波斯波利斯 35-37, 44, 46, 47, 65

博斯普魯斯 26

捕喝 194

布哈拉 140, 152, 153, 159, 197, 199

查斯丁尼（一世）203

查斯丁尼（二世）230

超日紀元 240, 241

臣磐 242, 243, 248

赤鄂衍那 194

達頭 236, 237

大流士一世 9, 17, 20, 21, 25-38, 42-44, 46-53, 55-58, 65-67, 79, 80

大流士（三世）40, 60-63, 67, 68, 80, 87-89

大檀 156

大宛 79, 114, 118-121

大夏 79, 88, 89, 109-111, 113, 114, 118-120, 128

大益 63

大月氏 79, 88, 89, 109-111, 114, 117-120, 122, 127, 128, 141, 155, 156, 224-226, 237, 243

德蘭葵亞那 11, 22, 28, 30, 36, 46, 47, 98, 101, 117, 122

德米特里厄斯 102-104

狄奧多西二世 161, 207

迪奧多圖斯 96, 97

迪奧多圖斯（一世）71, 72, 75, 88, 92-95, 105

迪奧多圖斯（二世）95-97

迪比斯人 18, 19, 24

費爾幹納 110, 114, 117, 196, 199

弗敵沙 169

弗拉特斯二世 105, 107, 108, 110, 111, 115, 117

噶吉斯坦 169, 199

岡比西斯二世 8, 9, 21, 28-30, 48-52, 66

高附 128

高加梅拉 61, 68

高墨達 48, 50

戈爾甘 127, 151, 152

姑墨 157

媯水 118, 119, 121

龜茲 128, 158, 160

貴霜 1, 82-90, 114, 125-132, 134-145, 156, 158, 160-168, 176, 181, 198, 199, 210, 218-226, 237, 240-247

貴霜匈人 220, 222

海斯塔斯皮斯 39

和櫝 120

河外地區 138, 139, 149-151, 154, 159, 194

赫卡尼亞 11, 15, 19, 22, 24, 41, 62, 76, 77, 94

赫利奧克勒斯 109

呼羅珊 100, 126, 138-140, 149-152, 154, 158-160, 162, 168, 170, 178, 194, 195, 198, 204

花刺子模 11, 22, 28, 36, 46, 47, 65, 151

滑國 231

紀渾河 154, 197

寄多羅 141, 143, 144, 164, 165, 221, 222

寄多羅貴霜 87, 139-144, 156, 158, 160, 164-166, 168, 220-222

寄多羅匈人 143, 144, 163, 173, 208, 212, 221, 222

罽賓 119, 128, 206, 217

迦布羅 194

迦膩色伽 128, 240-248

迦膩色伽二世 130

犍陀羅 28, 30, 31, 37, 44, 225

監氏 110, 119

金山 115

久爾疆 233, 234

居和多一世 174, 181, 204

居魯士二世 3-9, 12, 15, 20, 27-30, 33, 43, 46-50, 61, 65, 79

喀布爾 12, 135, 168

卡里亞人 31

卡帕多西亞 28, 30, 37, 45

卡斯庇人 38

康居 118, 120, 121
克洛伊索斯 4, 6, 8
庫薩和一世 157, 184, 193-202, 205, 206, 209, 219, 227, 228, 231, 232, 234-236
庫思老 82-86, 90, 126
拉比克索斯 51
藍市 110, 119
利奧一世 178, 180, 208
呂底亞 4, 8, 16, 44
馬爾吉亞那 45, 99-102, 106, 117, 121
馬卡 28, 31, 37
馬拉松 38
馬資達克 184-187, 190
瑪薩革泰 3-15, 17-23, 27-30, 33, 44, 77-79, 109
瑪西斯特 56-58
米底 10, 23, 28, 30, 36, 39, 41, 48, 54, 56, 65, 66, 102, 108, 127, 229-231
米特里達提一世 97-106, 119, 122, 124
米特里達提二世 112, 115-117, 119-122
木鹿 101, 105, 120, 121, 126, 127, 135, 138, 140, 142, 151, 152, 156, 159, 162, 186
那巴贊斯 62
那色波 194
納爾西 138, 139, 148-150
納拉姆辛 113
尼沙普爾 142, 162, 163, 166
歐克拉提德斯 71, 97-105, 121, 122
歐西德謨斯 96-99, 101, 103

帕拉圖 109
帕米尼奧 68
帕提亞 1, 11, 22, 28, 30, 36, 47, 49, 62, 65, 70-78, 82-86, 88, 89, 92-105, 107, 108, 110-112, 115, 117, 118, 120-122, 124, 149
帕提澤提斯 48, 49
普拉提亞 38-40, 45
奇姆美利亞 10, 13, 21
千泉 217, 236
乾陀羅 141, 164
秦 140, 151-157, 165, 197-199, 210
佉沙 194
柔然 138, 140, 141, 143, 155-160, 164-167, 199, 202-206, 238
撒塔巨提亞 28
薩迪斯 28, 35, 36, 44, 56
薩爾馬提亞 133
薩末鞬 194
薩提巴贊斯 41, 81
塞地 14, 15, 29, 88, 109
塞琉古（二世）72, 95
塞琉西亞 133
塞斯坦 122, 127, 134, 135, 137, 138, 171
塞種 1, 25, 79, 80, 89, 94, 107-111, 114, 115, 117, 124, 245, 246
沙普爾二世 128, 129, 238
沙普爾一世 127, 130-132, 218, 220, 222, 238, 244, 245
鄯善 128, 157

上亞細亞 16, 17
社崙 157, 158
設拉子 9
身毒 120
石國 217, 236
石汗那 140, 153, 168, 169, 186, 191, 194, 197
疏勒 128, 242, 243
斯玢達達特斯 49-51
斯基泰 3, 5, 6, 9, 10, 13, 14, 20-22, 26, 27, 32, 33, 39, 41, 42, 44, 61, 62, 68, 70-73, 75-78, 80-82, 88, 92, 93, 100, 107-109, 111, 115-117, 121, 122, 229
斯庫德拉 31, 33, 37
斯昆哈 26, 27, 80
斯美爾迪斯 48-50, 66
斯帕利斯 32, 33
蘇薩 48, 56
素勒 233-235
粟特 113, 197, 198, 202, 229-232, 235
索格底亞那 16-19, 22, 28, 30-35, 36, 41, 45-47, 61, 63, 69, 77, 80, 98-101, 109, 118, 121, 139, 141, 143, 150, 155, 156, 159, 160, 164-266
塔里堪 168, 169, 177, 191
泰爾梅茲 168, 169
泰西封 133, 135, 136, 138, 149, 198
坦岳可薩克斯 49-51
提里達特思 72, 74, 75
提里達特思三世 82, 86

天竺 128
鐵勒 217, 236
鐵門 194, 236
統葉護可汗 217, 236
突厥 1, 138-140, 148-155, 157, 158, 164-166, 170, 171, 183-187, 193-196, 199-207, 209, 217, 219, 220, 225, 227-230, 232-239
圖蘭 140, 153, 169
吐火羅斯坦 113, 138, 141, 144, 146, 155, 160, 164, 168, 169, 178, 194-196, 199
托米麗司 3-8, 33
嗢没斯 134, 168, 169, 178
嗢没斯三世 167-169, 173, 177
烏孫 88, 110, 117, 155, 157-160
烏弋山離 120, 122
希斯塔斯普 59, 60
下亞細亞 16, 23
小月氏 141
謝䫻 194
匈奴貴霜 221
薛西斯一世 36-39, 46, 47, 52, 53, 55-59, 65, 68
亞達薛西斯一世 59
亞達薛西斯二世 74
亞里阿密尼斯 52-58, 66
亞美尼亞 30, 36, 37, 65, 82-87, 89, 90, 104, 126, 128, 129, 141-143, 145, 148, 154, 160-167, 175, 177, 207-209, 220, 221,

224, 233, 234, 243
亞述 28, 30, 36, 38, 46, 47
焉耆 128, 157
閻膏珍 240-242, 246, 247
嚈噠 1, 138-141, 143, 144, 148, 154-161,
　　164-175, 177-187, 189-210, 212, 214,
　　217, 219-237
嚈噠匈人 144, 173
伊奧尼亞 16, 28, 31, 36
伊賽多涅斯 3, 13-15, 20-23, 29-31, 34,
　　35, 79
伊嗣俟二世 141-144, 161-169, 173, 177,
　　207, 211, 212, 220, 221
伊蘇斯 67
挹怛 236
于寘 120, 128
于闐 152, 157, 236
月氏 242
悅般 157, 158, 160, 203
嚈噠 224-226, 237
扎格羅斯 50, 65
者舌 197
柘支 194

B

Abarshahr 125, 184, 244
Abdeli 204
Abkhaz 233
Aces 11, 12, 22

Achaemenid Empire 1
Aegli 47
Agathangelos 82
Agathokles 74
Āḫšuwān 171, 202
Ahuramazda 30
Ahwáz (Ahwāz) 185, 186, 238
Ai-Khanoum 97
Akaufaka 37
Akhochnawaz 195, 202
Akhshunwār 170, 171, 202
Alans 204, 234
Albania 41, 77
Alexandaria 110
Amestris 56
Amoraeus 18
Amorges 32-34, 44
Ámul 152
Āmul 139, 151
Ámwí 197
Amyrgians 33
Amytis 17, 33, 51
Anāhīdh 125, 244
Anak 83
Anastasius 182, 209
Andragoras 72-74
Anōšarvān 195
Anouchirwân 195
Antiochus II Theos 72

Antiochus III 96
Antiochus VII 108
Antonius Pius 246
Anūshirwān 195
Apar 142, 162, 163
Aparnia 70, 71, 75, 76
Aparshahr 127, 218
Arachosia 28
Arakadriš 48
Aras 11, 21
Araxes 3, 21
Arbela 68
Ardabíl 152
Ardashīr (I) 82, 125, 244
Ardeshir I Kushanshah 131, 132, 219
Ardeshir II Kushanshah 131, 219
Argippaei 22
Aria 28
Ariamenes 52
Arimaspi 13
Armenia 28
Arsaces (I) 70, 74, 85, 91, 116
Arsakes 74
Arshak (the Great) 85, 104, 207
Artabana 112, 115-117, 123
Artabanus 55, 112, 116
Artabanus (I) 111-116
Artapanus 59
Artaphernes 53, 55

Artashir 243, 244
Artasyras 50
Artaxerxes I 59
Artaxerxes II 44
Artaÿnte 56
Asii 29, 31, 32, 34, 44, 77-80, 88, 109, 114
Asorestan 175
Aspionus 99, 100, 102, 106
Assyrian Empire 46
Astyïgas 17
Atossa 39
Avar 204
Ázargashasp 152
Babylonia 16
Bactra 62, 142, 162
Bactria 28, 87, 244
Bactrus 12
Bagapates 9, 50
Baghx 129
Bahl 84, 86-88
Bahḷ Aṙavawtin 85, 86, 88
Bahrām I 131
Bahrām II 133
Bahram V 138
Baigand 186
Balaam 173, 179, 208
Balābis 186
Balanjar 173, 179, 208
Balās 185, 188

Balâsch 187
Balash 172, 184, 187, 188
Balásh 186
Bālāsh 184, 188
Balch 195
Balḫ 168
Balkh 125, 129, 131, 140, 158, 169, 194, 195, 197, 244
Banjar 217, 233
Bardiya 48
Barsaentes 41
Bedekhschàn 169
Behistun 9
Bellâsh 186
Bessus 41, 80
Blases 182-185, 188
Buḫārā 194
Bukhárá 140, 152, 197
Bumïn 236
Cambyses II 8
Cappadocia 28
Carians 31
Carmanians 49
Caspia 14
Caspii 38
Chách 197, 198
Chaghán 140, 169, 186, 197
Chín 140, 151, 197
Choaspes 12

Choramnians 49, 65
Chorasmians 11
Cimmerians 10
Colchians 10, 21
Croesus 4
Ctesiphon 133
Cyropolis 17, 18
Cyrus II 3
Däae 70, 71, 75-78, 80, 82, 108
Daas 19, 20
Dahae 20, 24, 37, 45, 61, 63, 76
Darapsa 99
Darius I 9
Darius III 40
Demetrius 102
Derbices 18, 19
Diodotus (I) 71, 72, 92
Drangians 11
Dyrbaier 19
Ecbatana 48
Elam 28
Ephthalitae Huns 144, 173
Ethiopia 35
Eucratides I 71
Euthydemus 96
Faghánísh 169, 197
Farab 140, 153
Farġāna 194, 196
Fārs 125, 153, 154, 244

索引 | 281

Ferghāna 114

Gandara 28

Gasiani 29, 31, 32, 44, 77, 79-82, 87-90, 93, 109, 114, 117, 123

Gaugamela 61

Gaumata 48

Geli 134, 137

Ghardjistàn 169

Ghátkar 197, 198

Gilaks 134, 137

Gorga 173, 178, 208

Gorgan 125, 244

Gorgo 174

Gulzaryún 197

Gurgán 198

Gurgān 127, 151, 218, 234

Guti 112-114, 116-118

Gynders 10, 21

Hadrian 246

Haital 197

Haitálians 168, 186, 197

Harpagus 16, 23

Haumavargā Sakā 30

Hayātilah 171

Heliocles 109

Herat 127, 218

Heyatilites 195

Himerus 108

Hindustan 127, 218

Hormizd 134-138

Hormizd I Kushanshah 132, 135, 219

Hormizd (II) 137

Hormizd III 167

H̱urāsān 150

Huviṣka 241, 246

Hyrcanians 11

Hystaspes 39, 59

Iaxartes 77, 109

Issedones 3, 29, 79

Issus 67

Iṣṭakhr 125, 244

Istämi 236

Ister 10, 21

Izabates 50

Jāmāsb 184, 189

Jāmāsf 185, 189

Jâmasp 186

Jaxartes 42

Junāgadh 245, 246

Jurjān 125, 151, 233, 244

Justinian I 203, 230

Kaʿba-ye Zartusht 127, 130, 218

Kabades 183

Kābulistān 168, 194

Káchár Báshí 197

Kaniṣka I 241

Kaniṣka II 130, 241
Karēn Pahlav 84
Kashmíhan 152, 186
Kavad I 174
Ḳawād 176, 183
Kerman 65, 127, 218
Khalatse 240, 241
Khatlán 140, 153, 197
Khojand 18
Khurasan 127
Khosrov 82, 243
Khosrov II 126
Khosrow I 157
Khottolàn 195
Khouschnewàz 169
Khurāsān 100, 125, 244
Khúshnawáz 171
Khutan 152, 197
Khuttal 196
Khuttalān 196
Khwārazm 125, 244
Kidarite Huns 144
Kišš 194
Kubád 186
Kunchas 173
Kušan Huns 220
Kuṣāṇa 87
Kushans 87, 142
Kushanshah 130-132, 135-138, 218, 219, 222-226
Kushanshahr 127, 130-132, 136, 138, 146, 218, 220-222, 224
Kushan dynasty 83
Labyxos 51
Leo I 178
Lesbos 10, 21
Libya 37
Lower Asia 16
Lydia 4
Macedonia 41
Madá'in 198
Maeotis 12, 76, 78
Mái 140, 153, 197
Maka 28
Makrān 125, 244
Makuran 127, 218
Maniakh 229
Marathon 38
Mardonius 38-40
Margh 140, 153, 197
Margiana 45, 121
Marw 125, 244
Marzbān 149, 150, 153
Marzīq 185
Mašhad-e Morḡāb 9
Masishtu 58
Masistes 56-58
Massagetae 2

索引 | 283

Matieni 10, 21
Mauaces 61, 81
Mazandaran 151
Media 10, 218
Merv 101, 120, 125, 127, 131, 132, 151, 218, 244
Mithridates I 97
Mithridates II 112
Mycale 56, 58
Nabarzanes 62
Naqš-i-Rustam 30, 31, 33, 35, 37, 47, 65, 127, 130, 218
Narâm-Sin 113
Narsī 138
Nasā 151
Nasaf 194
Našaf 194
Nephthalite Huns 175, 183
Nephthalites 174
Nesaea 76
Nippur 58
Nisá 152
Nisaia 48
Nishapur 125, 127, 142, 162, 218, 244
Niwšapuh 142, 162
Núshírwán 186
Ochus 70, 71, 75-78, 81, 82
Ogur 204
Ormies 134, 135
Otanes 49

Oxus 15, 76, 77, 99
Pahlav 83-88
Paišiyâuvâdâ 48
Parachi 29, 43
Paradene 127, 218
Parii 76
Parmenio 68
Parmises 33
Parnassus 12
Parthia 87
Pasargadae 9, 23, 28
Pasiani 44, 77-79, 90, 109, 123
Patizeithes 48
Peroz I 144
Persepolis 35, 36, 46
Perside 153, 154
Peshawar 127, 146, 218, 244
Pherecles 73
Philip II 73
Phraates II 105
Phrataphernes 41
Phriapetes 72
Pírúz 168, 186
Pissuri 77
Plataea 38
Plato 109
Prexaspes 48, 49
Qabād 185
Qubāđ 178
Rayy 245, 246

Rudradāman 134, 136, 137

Rufii 134, 136, 137

Sacae 5, 9, 14-17, 22, 25, 32-34, 37-42, 44, 45, 58, 61, 68, 77-82, 87-90, 109

Sacarauli 15, 22, 29, 31, 34, 77, 78, 109, 114

Saci 134

Sacesphares 34

Ṣaġāniyān 168

Saghanshah 134

Sakā 9, 17, 20, 21, 25-37, 43, 44, 65, 80

Salamis 55, 58

Samarkand 194

Sarangians 11, 22

Sardis 28

Sarmatians 133, 135

Šāš 194

Sasanian Kushanshah 130-132, 135, 138

Sasanian Kushanshahr 130, 131, 136

Saspires 10, 21

Satibarzanes 41

Sattagydia 28

Sawād 125, 244

Scythia 3

Seistan 127, 218

Seleucia 133

Seleucus II 72, 95

Shahra 140, 153

Shaknán 197

Shāpūr I 244

Shāpūr II 238

Shiraz 9

Shughni 29, 43

Ṣiġānīyān 194

Sikayauvatish 48

Silzibul 234, 235

Sind 31, 44

Sinğibū 194

Sinjibū 193, 196

Sizabul 229, 230, 232

Skudra 31

Skunkha 26, 27

Skuxa 27

Smerdis 48, 65

Sogdiana 17

Sparethre 32

Spargapises 4

Sphendadates 49

Spitaces 19

Spitamas 19

Súfarai 186, 191, 192

Suguda 17

Šūḫar 171, 185

Sui Vihār 245, 246

Sūkhrān 171

Ṣūl 233

Surkh Kotal 241

Susa 48, 238

Tʻetals 142, 162

Tabaristan 168

Tālākā 169

Ṭālaqān 12, 17, 63
Tàleqàn 49
Tanais 100
Tanyoxarkes 49
Tapuria 100
Teleas 96
Tiridates 72, 74
Thamanaeans 11
Thamyris 34, 44
Theodosius II 161
Theodotus 72
Thogarii 111, 112, 114
Tibethes 51
Tigraxaudā Sakā 30, 44
Tiridates III 82
Tirmid 146, 197
Tirmiđ 168
Tochari 29, 31, 34, 77-79, 109-114, 117
Tokharistàn 169
Tokhāristan 113
Tomyris 3, 44
Toχrï 112-114, 117
Trajan 72, 246
Transoxania 138
Transoxiane 195
Traxiane 100
Tuḫaristān 168
Ṭukhāristān 168
Tukri 113, 114
Tukriš 113

Turan 127, 218
Turân 169
Túrán 153
Ṭūrān 125, 244
Turiva 99, 100, 102, 106
Upper Asia 16
Valas 183
Valash 182, 187, 188
Vāsudeva 128, 241, 243-245
Vehsachan 84, 243
Vima Kadphises 240
Vlassos 183, 188
Vrkan 162, 175
Waručān 162
Wazr 194
Wísagird 169, 197
Xandii 76
Xanthii 76, 77
Xerxes I 36
Yagnobi 29, 43
Yavana 241, 244, 245, 247
Yazdgird II 141
Zābulistān 194
Zagros 50, 65
Zam 197
Zamashp 184
Zamasp 182, 184, 185, 188
Zariaspa 99
Zēnōn 176

後記

陰錯陽差，1978年被社科院研究生院錄取，內定搞古代中亞史。歷經三年苦不堪言的研究生生涯，自己不適合研究中亞史再清楚不過！由於種種原因畢業後未能改變方向，遷延逡巡，勢成騎虎。無奈之餘，只能自欺，將業師指定的範疇一再縮小，對自己的要求也降了又降。蹉跎至今，念之黯然。

勉力執筆，排遣無聊，然年邁昏瞶，舉步維艱，資料多賴國內外友人支持，謹在此深致謝意。

今年是孫毓棠師百十週年華誕（1911—2021），思來想去，唯一可告慰他老人家的似乎是，我好歹還沒有放棄古代中亞：傷亡枕藉、彈盡糧絕，但陣地還在。

余太山
2021年7月10日